Charles Edward Brownrigg

Latin Prose of the Silver Age

Selections

Charles Edward Brownrigg

Latin Prose of the Silver Age
Selections

ISBN/EAN: 9783337075569

Printed in Europe, USA, Canada, Australia, Japan

Cover: Foto ©Thomas Meinert / pixelio.de

More available books at **www.hansebooks.com**

LATIN PROSE
OF THE SILVER AGE

SELECTIONS

EDITED BY

C. E. BROWNRIGG, M.A.
CHIEF CLASSICAL MASTER IN MAGDALEN COLLEGE SCHOOL, OXFORD

WITH AN

INTRODUCTION

BY

T. H. WARREN, M.A.
PRESIDENT OF MAGDALEN COLLEGE

LONDON
BLACKIE & SON, Limited, 50 OLD BAILEY, E.C.
GLASGOW AND DUBLIN
1895

PREFACE.

The following selections have been made from the chief prose writers in the period 14 A.D.–180 A.D. (death of Augustus to that of Aurelius): to have included all the prose writers would have necessitated extending the book to undesirable limits.

Although, with striking exceptions (notably Tacitus and the younger Pliny), these prose authors are not generally read by young students, and despite the fact that from some stand-points such an abstention may be wise, yet it has none the less always seemed a matter of regret that boys of higher forms and even other students should have little or no knowledge of these writers except that which is gleaned from passages in "Unseen" books. The mere fact that passages do appear in such books and in public examination papers, is a sufficient testimony that from the lower stand-point of practical utility it is an advantage to have some acquaintance with silver age authors other than Tacitus and the younger Pliny: but, to take higher ground, a knowledge of this kind must bring with it a more comprehensive view of Latin literature.

In making these selections I have had no previous collection before me, but while reading the authors have marked a number of pieces which seemed to bring out the variety and salient characteristics of the writings: from the whole number I have made for the purpose of this volume the selections published. As depending on a single judgment it is not a very certain process, and it is more than possible that those who know these authors may miss some favourite passages and consider that others of inferior merit have been included; but I hope I have not sacrificed too much in my desire for variety. The elder Pliny has given me most trouble, even though I cannot profess to have read him from cover to cover.

The notes are intended to give only slight assistance in translation: to make the book as complete as possible (within a small compass), I have tried to explain the allusions throughout: Petronius, indeed, would be especially difficult without some kind of a commentary.

As it is confessedly an editor's duty to furnish a text which admits of translation, and more especially so in the case of selections, I have done my best to satisfy the canon. In the greater number of authors I have, for the most part, followed the text of the recent editions in the Teubner series: Friedländer (Leipzig, 1891) has furnished that for Petronius, Eyssenhardt for the Golden Ass of Apuleius. When words appear in italics they are conjectures generally of the German editors, but in one or two cases of my own: when on the other hand words which, although appearing in the MSS., interfere with the sense, have been omitted, I trust the fact has not been overlooked in the notes. In Petronius one or two lines have been omitted for obvious reasons. For so many authors any attempt at a complete *apparatus criticus* seemed outside the purpose, but at the same time I did not like to leave serious difficulties of reading unnoticed.

For general information I owe most to the history of Teuffel (Schwabe's translation), and in less degree to those of Schanz, Simcox, and Cruttwell: on the particular authors to Friedländer's edition of the *Cena Trimal-*

chionis, Roth's preface to Suetonius, Hildebrand's Apuleius, the writings of Hertz on Gellius, Peterson's edition of Quintilian, bk. x., and Tacitus' *Dialogus de oratoribus*. Other smaller debts are acknowledged in the notes, but (with the exception of Mayor's Juvenal) I have more generally referred to German than to English editors: indeed, except on Tacitus and Pliny the younger, English commentaries are few and far between. I very much regret, however, that this small book was practically completed before Professor Tyrrell's recent volume came into my hands, full as it is of interesting criticism and suggestion.

In conclusion I should like to express my gratitude to the President of Magdalen College for having written the Introduction: it is the latest of the many services he has done me, and I could wish that the book were more worthy of the trouble he has taken. At the same time it should be pointed out that for my errors of selection or comment he is in no way responsible.

C. E. B.

MAGDALEN COLLEGE SCHOOL,
   June 6, 1895.

CONTENTS.

	Page
PREFACE,	v
GENERAL SCHEME OF WRITERS OF THE SILVER AGE,	xiii
INTRODUCTION,	xxiii

SELECTIONS :—

VELLEIUS PATERCULUS— 1

    I. *A consideration of the fact that in the different arts, history, tragedy, comedy, &c., many eminent men are contemporaneous,* 2
   II. *A brief account of the rise, projects, and death of Tiberius and C. Gracchus,* 4
  III. *The character and early career of Julius Caesar,* - 7
  IV. *Defeat and death of Cn. Pompeius,* . . . 10
   V. *The battle of Actium and defeat of Antony,* - 11
  VI. *The rise of Arminius, and disastrous defeat of the army of Varus,* 13

SENECA— 16

    I. *Extract from Consol. ad Marciam,* . . 18
   II. *Extract from Consol. ad Marciam,* . . 20
  III. *Life should be lived in harmony with nature,* - 22
  IV. *The right acquisition and use of money not alien to the life of a philosopher,* 23
   V. *The evils of inconsiderate anger,* . . . 25
  VI. *The wrong use of money,* 27
 VII. *Nothing befits a ruler so much as clemency,* . 28
VIII. *The gift depends on the giver, not on the size of the gift,* 29
  IX. *The right manner of giving,* 31
   X. *Various causes assigned for earthquakes,* . . 32

LATIN OF THE SILVER AGE.

		Page
XI.	Seneca moralizes on the use of mirrors,	34
XII.	The true bearing and outward appearance of the philosopher,	36
XIII.	It is not pain but fortitude in pain which is desirable,	37
XIV.	The ethics of suicide,	40
XV.	The uncertainty of life,	43
XVI.	Extract from the Ἀποκολοκύντωσις,	47

PETRONIUS— 49

    I. Trimalchio's singing slave, ... 49
    II. Trimalchio after dinner reads his will, . . 51
    III. Trimalchio tells the story of his life, . . 52

PLINY THE ELDER— 55

    I. The earth we live on, ... 56
    II. Conceptions and fallacies about the gods, . 58
    III. Mutability of fortune, ... 61
    IV. Death and the spirits of the dead, . . . 64
    V. The pearl and its history, . . . 65
    VI. The nightingale, ... 68
    VII. Wine at Rome, ... 69
    VIII. Apelles and Protogenes, ... 72

QUINTILIAN— 74

    I. Quintilian mourns the loss of his wife and sons, 75
    II. How to produce emotion in others, . . 78
    III. Quintilian's estimate of Roman authors, . 81
    IV. On gesture in oratory, ... 89
    V. The good orator must be a good man, . . 91
    VI. The principles of education, . . . 94
    VII. Quare ineruditi ingeniosiores vulgo habeantur, 96

TACITUS— 99

    I. The character and death of Agricola, . . 100
    II. The pleasures of the orator's life, . . 102
    III. The manners of the Aestii: their mode of collecting amber, ... 104

CONTENTS.

	Page
IV. The death of Otho after the news of Bedriacum,	105
V. Preparations for the siege, and description of Jerusalem,	107
VI. Seneca's correspondence with Nero,	109
VII. The death of Seneca,	112

PLINY THE YOUNGER— - - - - - 114

I. A contrast between the occupations of Rome and literary leisure,	115
II. A description of Pliny's villa,	115
III. Pliny's account of his uncle's method of life,	120
IV. A ghost story,	122
V. A description of the Clitumnus,	125
VI. An overflow of the Tiber,	126
VII. The fame of Pliny and Tacitus,	127
VIII. A description of Trajan's entry into Rome,	128

SUETONIUS— - - - - - - 131

I. Death of Julius Caesar,	132
II. Appearance and habits of Augustus,	134
III. Tiberius' behaviour on his accession,	136
IV. The cruelty of Caligula,	138
V. Nero's passionate devotion to the circus and singing,	141
VI. Death of Nero,	143
VII. Death of Galba,	146
VIII. Good acts of Titus,	147
IX. Fears of Domitian,	149

APULEIUS— - - - - - - - 152

I. Psyche is tempted by her sisters to disobey her husband's command, and by lighting a lamp to see his face while asleep,	153
II. Venus, enraged at Cupid's love for Psyche, sets various tasks to the unhappy girl,	156
III. An arrest and a trial,	158
IV. The properties of a mirror,	162

	Page
AULUS GELLIUS—	- 163
I. *A point of casuistry: what is one's duty to one's friend?*	- 163
II. *A question of grammatical usage,*	- 166
III. *Who were senatores pedarii?*	- 168
IV. *A criticism of Seneca as a critic,*	- 169
V. *Explanation of technical terms,*	- 171
VI. *Methods of secret correspondence,*	- 173
VII. *A criticism of Virgil,*	- 175
NOTES,	- 179

GENERAL SCHEME OF THE CHIEF SILVER AGE WRITERS,

FROM THE DEATH OF AUGUSTUS TILL THE REIGN OF M. AURELIUS.

(The Grammarians and Jurists are omitted.)

EMPEROR.	WRITER.	WORKS.
AUGUSTUS, died 14 A.D. TIBERIUS, 14–37 A.D.	CREMUTIUS CORDUS. AUFIDIUS BASSUS.	Cordus, whose works are not extant, wrote on the end of the republic and the founding of the empire (vide Tac. *Ann.* iv. 34, 35). Bassus (also not extant) on the same subject and the wars in Germany (for a notice, vide Quintil. x. 1. 103; Selection iii. of Quint., line 116–129).
	VELLEIUS PATERCULUS, floruit circ. 30 A.D.	Epitome of (Greek and) Roman History up to consulship of M. Vinicius (30 A.D.), in two books (the first being incomplete).
	VALERIUS MAXIMUS, floruit circ. 30 A.D.	*Factorum et dictorum memorabilium libri novem*—largely drawn from Livy, but also in a less degree from Cicero and Sallust.
	A. CORNELIUS CELSUS, floruit circa 30 A.D.	A writer on a variety of subjects, but we now possess only eight of his original thirteen books on medicine. Quintilian (xii. 11. 24) refers to him rather contemptuously as a man "mediocri ingenio".

EMPEROR.	WRITER.	WORKS.
GAIUS CALIGULA, 37–41 A.D. ** ** CLAUDIUS, 41–54 A.D. ** ** NERO, 54–68 A.D.	PHAEDRUS.	Five books of versified Aesop's fables, with additions, *e.g.* anecdotes of the times of Augustus and Tiberius, &c. Phaedrus was a freedman, born probably in Thrace. The first two books seem to have been published under Tiberius, the last three under Caligula.
	SENECA, (?) 4–65 A.D.	A list of his writings, &c., will be found in the introductory note to the selections.
	CURTIUS RUFUS, floruit circa 50 A.D.	Ten books dealing with the history of Alexander the Great: the first two books are lost. There is a dispute about the date of Curtius, as while some critics would place him under Augustus, others refer him to the reign of Vespasian: a recent Italian critic places him under Aurelius, and Niebuhr and Ranke still later.
	COLUMELLA, circa 50 A.D.	Twelve books *De re rustica*, and another earlier treatment of the same subject of which we have the treatise *De arboribus:* he also wrote on other subjects, as he himself mentions books written *contra astrologos.* He was a native of Gades.
	ASCONIUS PEDIANUS. 3–88 A.D.	A critic and commentator, especially on Virgil and Cicero. (Of his criticisms we possess, in imperfect form, those which deal with five speeches of Cicero—that on the *Pro Milone* being best known.)

EMPEROR.	WRITER.	WORKS.
NERO, 54–68 A.D.	A. PERSIUS FLACCUS, 34–62 A.D.	Six hexameter satires on men and manners viewed from the Stoic stand-point.
	ANNAEUS LUCANUS, 39–65 A.D.	A voluminous writer (also a Spaniard, like so many contemporary authors), whose greatest work, the *Pharsalia*, or the epic of the Civil War in ten books, has been preserved for us. Quintilian's estimate of him will be found in the third selection from Quintilian.
	PETRONIUS ARBITER, time of Nero.	The author of a satirical novel dealing mainly with plebeian life at Rome, but containing also some literary criticism couched in the form of parodies. Of the original work we possess considerable fragments (see Bücheler's edition), the most considerable being the *Cena Trimalchionis*. The date of the satire is much disputed, but if we accept the evidence of Tac. (*Ann.* xvi. 17–18) there are strong reasons for assigning it to the times of Nero.
	T. CALPURNIUS SICULUS, time of Nero.	Wrote seven eclogues in imitation of Virgil. Possibly also a verse panegyric on Piso which has come down to us without the name of the author.
	LUCILIUS JUNIOR (?), time of Nero.	A poem called *Aetna*, in imitation of and wrongly ascribed to Virgil (in the appendix to whose poems it has come down to us).
GALBA, OTHO, VITELLIUS, 68–69 A.D.		

EMPEROR.	WRITER.	WORKS.
VESPASIAN, 69-79 A.D.	C. PLINIUS SECUNDUS (Pliny the Elder), 23-79 A.D.	*De Jaculatione equestri*; *De vita Pomponi*; *Bellorum Germaniae* xx.; *Dubii sermonis* viii., a grammatical work; *A fine Aufidii Bassi* xxxi., a history of which we have a few unimportant fragments: it was used by Tacitus; *Naturae Historiarum* xxxvii. This is the list given by the younger Pliny in his account of his uncle's writings and manner of life (vide Selection iii.).
TITUS, 79-81 A.D.	C. VALERIUS FLACCUS, ?-90 A.D.	Eight books of *Argonautica*, being an obvious imitation of the similar work of Apollonius Rhodius: he attempts to copy Virgil's style, and occasionally with success.
DOMITIAN, 81-96 A.D. NERVA, 96-98 A.D.	SILIUS ITALICUS, 25-101 A.D.	Seventeen books forming the epic *Punica*, or a verse history of the second Punic War, the material being largely, if not entirely, derived from Livy, and the style based on that of Virgil. Silius was also a Greek scholar, as is shown by his *Homerus Latinus*, at first a translation and afterwards an abstract of the *Iliad*. It is a very disputed point, however, if this work is to be referred to Silius, as the traditional author was, according to the early MSS. heading, Homerus, or else, according to later MSS., Pindarus. The ascription to Silius depends on the interpretation of certain acrostics in the poem itself (vide Teuffel, p. 115 and references).

GENERAL SCHEME OF WRITERS.

EMPEROR.	WRITER.	WORKS.
NERVA, 96–98 A.D.	P. PAPINIUS STATIUS, ?45–?96 A.D.	In addition to his *Thebais* (an epic dealing with the quarrel of the brothers Eteocles and Polynices in twelve books), we have also an incomplete *Achilleis*, and five books of *Silvae* (rapidly composed metrical sketches, some extremely difficult to translate). That he was also a writer of mimes is proved by the allusion to the *Agave* in Juvenal, 7. 86 (vide Mayor's note).
	M. VALERIUS MARTIALIS, circ. 40–102 A.D.	Epigrams on life in Rome in fifteen books: properly speaking, there are twelve books of epigrams, with an introductory book dealing with theatrical performances (under Titus) sometimes called *Liber Spectaculorum*, and two concluding books with the distinctive titles of *Xenia* and *Apophoreta*.
	M. FABIUS QUINTILIANUS, circ. 35–95 A.D.	Work on the decay of oratory, *Institutio Oratoria*, ten books, *Declamationes* (but vide Introd. to the selection from Quintil.).
	SEX. JULIUS FRONTINUS, circ. 40–93 A.D.	A writer on agriculture, engineering, and tactics. We possess three of his books dealing with military tactics and two with the water supply of Rome.
	D. (?M.) JUNIUS JUVENALIS. Date uncertain, but from, probably, before 67 A.D. to certainly after 127 A.D.	Sixteen satires, the authenticity of the last being a matter of dispute, as far back as the scholia.

Emperor.	Writer.	Works.
Trajan, 98–117 A.D.	(P.) Cornelius Tacitus. Date uncertain, but from, probably, about 55 A.D., if he was quaestor under Titus (if this be the right interpretation of the introductory chapter of the Histories) to after the accession of Hadrian.	*Dialogus de Oratoribus* (on the decay of oratory under the empire). *Agricola* (a history of Tacitus' father-in-law, with especial reference to his exploits in Britain). *Germania.* *Historiae* (from Galba to Domitian: Tacitus intended to continue the work to include the reigns of Nerva and Trajan) in (?) fourteen books, of which we have the first four and a portion of the fifth. *Annales* (Augustus to Nero), in possibly sixteen books: we have the complete history of Tiberius, nothing of Caligula, and portions only of Claudius and Nero, *i.e.* books i.–iv.; portions of v. and vi., and fairly complete but with serious gaps xi.–xvi. The number of books to be assigned to the Histories and Annals depends on how we assign the thirty books on the lives of the Caesars which Jerome mentions.
	C. Plinius Caecilius Secundus (Pliny the Younger), 62–circ. 114 A.D.	1. *Gratiarum Actio*, or as it is generally called, *Panegyric*— a speech in which Pliny returns thanks to Trajan for his election to consulship (100 A.D.). 2. Nine books of letters to various correspondents. 3. Correspondence between Pliny and Trajan during the former's governorship of Bithynia.

EMPEROR.	WRITER.	WORKS.
TRAJAN, 98–117 A.D.	Several writers on technical subjects belong to this period, *i.e.* Hyginus on land boundaries, Balbus on geometry, Siculus Flaccus on questions dealing with land: of all these we possess remains.	
HADRIAN, 117–138 A.D.	C. SUETONIUS TRANQUILLUS. Date uncertain, but born probably under Vespasian before 75 A.D. The last reference to S. is in a letter of Fronto to the young Aurelius, which Roth (vide preface to his edition, p. vii.) would assign to the time of Antoninus Pius.	i. Eight books on the lives of the Caesars (J. Caesar to Domitian). The first life is deficient, as is proved by the quotations of Lydus, *De magistratibus Romanorum* (discovered at beginning of this century), who wrote in middle of 6th century. There are many other writings (mostly lost to us) of Suetonius. A list of ten is given by Suidas, and such fragments as remain will be found in the App. to Roth's edition: it can scarcely be doubted (vide Roth, p. lxxi. seq.) that S. wrote both in Greek and Latin. The following seem to have been the chief writings:— ii. *De viris illustribus*: from this we possess the lives of Terence, Horace, Lucan (in part), Pliny the Elder (in part). The lives of Juvenal, Tacitus, and Pliny the Younger are clearly not genuine (vide Roth, p. lxxvii.): that of Virgil is probably to be referred to the commentator Donatus, while even the

Emperor.	Writer.	Works.
Hadrian, 117–138 A.D.	C. Suetonius Tranquillus.	ancient critics did not regard that of Persius as the work of Suetonius: we have also part of the book dealing with grammarians and rhetoricians. iii. *De maledictis* (περὶ δυσφήμων λέξεων). From fragments seems to have been written in Greek. iv. *Romana Instituta*—dealing apparently with the Roman triumph (lost: vide sub Prata). v. *De nominibus, et de genere vestium* (as the book is called by Servius, ad. Virg. Aen. vii. 612): lost. vi. *Historia Ludicra*; games at Rome: lost: probably also in Prata. vii. *De Graecorum lusibus* (περὶ τῶν παρ' Ἕλλησι παιδιῶν). From fragments seems like iii. to have been written in Greek. viii. ix. The two genealogies mentioned by Suidas are probably to be referred, the one to the lives of the Caesars, the other to the Vivi Illustres. x. περὶ τῶν ἐν τοῖς βιβλίοις σημείων. xi. *Prata* (probably in ten books), dealing with a variety of subjects, as the title suggests (A. Gellius says that similarly the word λειμῶνας was used in Greek), and probably containing among other things the book on the Ro-

GENERAL SCHEME OF WRITERS.

EMPEROR.	WRITER.	WORKS.
HADRIAN, 117-138 A.D.	C. SUETONIUS TRANQUILLUS.	man year mentioned by Suidas, *Romana Instituta* and *De Ciceronis republica*. We possess a few fragments from the *Prata*. xii. περὶ ἐπισήμων πορνῶν (mentioned by Lydus). xiii. *De vitiis corporalibus* (mentioned by Servius). xiv. *De institutione officiorum* (mentioned by Priscian). xv. Three books, *De Regibus* (mentioned in a letter of Ausonius'). xvi. *De Rebus variis* (? to be referred to Prata).
	(ANNAEUS) FLORUS, time of Hadrian.	A digest of Roman history down to Augustus, compiled chiefly from Livy.
ANTONINUS PIUS, 138-161 A.D.	M. CORNELIUS FRONTO. Consul 142 A.D.; died after 175 A.D., as is proved by his allusion to coins with name of Commodus, not struck before that year.	We have several books of letters addressed to Aurelius, Antoninus Pius, and personal friends, and treatises on rhetoric addressed to Aurelius. Fronto was a native of Cirta in Africa.
	GAIUS. A contemporary of Hadrian, but was still writing after the death of Antoninus Pius.	The most conspicuous of a group of jurists who flourished at this time: his chief works were seven books *Rerum cotidianarum*, and four *Institutionum* (which we possess almost complete).
AURELIUS, 161-180 A.D.	AULUS GELLIUS. Date of birth and death uncertain, but probably wrote about 170 A.D.	Twenty books: of book viii. we possess only the titles of the sections, and book xx. is incomplete.

EMPEROR.	WRITER.	WORKS.
AURELIUS, 161–180 A.D.	L. APULEIUS. Contemp. of Antoninus and Aurelius.	*Metamorphoses* (eleven books); *Apologia* (a defence of himself when charged with employing magic); *Florida* (extracts from public lectures); *De Deo Socratis*; *De Platone et eius dogmate*; *De mundo* (a paraphrase of a possibly Aristotelian treatise). He also wrote poems; a work called *Hermagoras*, discussions of questions of natural science; and various mathematical and other works.

INTRODUCTION.

*Postquam, Saturno tenebrosa in Tartara misso,
Sub Iove mundus erat; subiit argentea proles,
Auro deterior, fulvo pretiosior aere.*
Ov. Met., i. 113–5.

The story of the evolution of the Roman Empire is perhaps the most interesting chapter in all civil history. The internal change from a primitive and patriarchal monarchy to the oligarchy which called itself the republic, from this oligarchy, through certain phases of endeavour after democracy in the limited sense in which that word was understood by the ancient world, to a despotism, at first thinly veiled under constitutional fictions, but soon becoming absolute and even tyrannical; the parallel changes in outward relations, by which a city-state was converted into a world-empire, and through which Rome solved the great political problem of antiquity, and found an answer to that riddle of the Sphinx proposed in turn to Sparta, Athens, and Carthage; the long *status quo* of the imperial period, as Rome's best modern historian terms it, and then the decay, the 'decline and the fall'—all this forms a narrative full of interest and suggestion, and one which fully and exactly to understand is for Englishmen, especially in our day, of paramount importance.

The history of Rome's literature, not only as containing the greater part of the record of this constitutional life-story, but also as giving us the best clue to the spirit and therefore the secret of its various stages, is hardly less interesting, and is even more singular. It follows, but follows in a curious relation, the course of her political history. Beginning late, long after the establishment of Roman nationality, Roman literature dies early, predeceasing by some centuries the downfall even of the Western Empire. It dies, in fact, as and when the empire ceases to be truly Roman.

Why is this so? That states and societies must ultimately be dissolved, like individuals, like all things human and mortal, would seem to be a natural law, and that empires should prematurely decline owing to special causes is not unnatural.

> "I know that all beneath the moon decays,
> And what by mortals in this world is brought
> In time's great periods shall return to nought;
> That fairest states have fatal nights and days."

But what of literatures? Do they merely depend upon the life of the society to which they belong, or have they in themselves a limit, a curve, a parabola which they must trace, an inevitable life-history of growth, of blossoming, and decay; or again, are there cycles or recurring seasons in their life, by which attempt passes into creation, creation into criticism, and a dissipation or suspension of forces must precede new productivity? We can hardly yet pronounce.[1]

Certain it is that the decline and fall of Roman literature was very rapid. For a while the realm of letters, like that of the state, was saved by reinforcement from the provinces. Nothing is more interesting than to watch this process, notable everywhere, most notable in the case of Spain, which as it gave or gave back to Rome

---

[1] Compare Velleius Paterculus' interesting remarks, p. 3, line 53 in this selection.

Trajan and Hadrian, so gave to Roman letters the Senecas and Lucan, Martial and Quintilian, Columella and Mela. The sacred fire kindled at the centre spreads ever further and further, finding new material for its flame, from Rome to Italy, from Italy to Gaul and Spain, and leaping the sea to Africa. It is on the furthest verge of the empire in our own Britain that it smoulders on longest, fostered by men like Aldhelm and Bede, and it is thence that it is rekindled.

But the centre had grown dark nearly five hundred years earlier. Roman literature in the strict sense of the word ends with the death of Marcus Aurelius, if indeed it does not end before. After this period for some two hundred years no writer of any eminent originality arises at Rome. The declension from the Golden to the Silver Age is not so remarkable as the abrupt ending of the latter.

The first cause of this premature decline of the literature of Rome is not far to seek. It was obvious to the Romans themselves, that it was the decay of freedom. *Postquam bellatum apud Actium, atque omnem potestatem ad unum conferri pacis interfuit, magna illa ingenia cessere.*[1]

That this is a *vera causa* will appear more indisputably if we follow the phases of the Silver Age with some closeness. If we take with Mr. Brownrigg the limits of the Silver Age to be, as hinted above, A.D. 14 and A.D. 180, it covers a period of a little more than one hundred and sixty years. This period falls naturally into two halves, some eighty years from the death of Augustus to that of Domitian, and some eighty more to the death of Aurelius. These halves present a striking contrast of light and shade. "During fourscore years," says Gibbon, speaking of the first half, "excepting only the doubtful

[1] Tac. *Hist.*, i. 1.

respite of Vespasian's reign, Rome groaned beneath an unremitting tyranny which exterminated the ancient families of the Republic, and was fatal to almost every virtue and every talent which arose in that unhappy period."[1]

The process of the extinction of the old spirit and the old freedom was naturally gradual. Much of it had really perished long before, under Augustus, in the civil war, under Julius, and even earlier yet,

> *Olim vera fides, Sulla Marioque receptis*
> *Libertatis obit: Pompeio rebus adempto*
> *Nunc et ficta perit.*[2]

Augustus himself outlived his own greatness, and almost all those glorious talents who had aggrandized or graced his rule. In his later years, and under his successor, the decline, as we read in the *Annals*, began, and freedom was by degrees more and more circumscribed. Words were really or nominally free after deeds were proscribed, *Facta arguebantur, dicta impune erant*.[3] The victim was first poisoned, then gagged, then despatched. The old free spirit lingered awhile and occasionally burst out. As the tyranny deepened it became necessary to be absolutely inconspicuous. To flatter and amuse might preserve for a while, but to excel even in these arts was dangerous. In the reign of Nero, to be virtuous was certain death, to be vicious only uncertain safety. *Nobilitas, opes, omissi gestique honores pro crimine, et ob virtutes certissimum exitium*.[4] Neither the genius of Lucan, nor the respectability of Seneca, nor the cynical frivolity of Petronius, neither austerity nor complaisance were any permanent protection from the

---

[1] Gibbon, *Decline and Fall*, chap. iii., with note 51.
[2] Lucan, *Phars.*, ix. 204.   [3] Tac. *Ann.*, i. 72.   [4] Tac. *Hist.*, i. 2.

jealousy or caprice of the emperor. During his early years there was a momentary lull, and the outspoken notes of the *Pharsalia* are heard.[1] But they were the very swan-song of liberty. Again, under the brief reigns of Vespasian and Titus, there was a somewhat longer respite, and the Flavian age with its writers arose. Then Domitian, the duller and uglier Nero, once more forced literature into silence or flattery, and "cleared Rome of what most shamed him", truth and virtue. At last with Nerva a better day dawned, and literature immediately revived, when once more, "girt with friends or foes a man could speak the thing he would", *rara temporum felicitate ubi sentire quae velis et quae sentias dicere licet.*[2] This is the period of Tacitus and the younger Pliny, and of Juvenal.

But it was too late for the stock so often and so cruelly lopped really to put forth any new life, or else other and deeper seated causes were at work. Slavery continued to eat out the heart of the ancient world. "The long peace and the uniform government of the Romans introduced a slow and secret poison into the vitals of the empire."[3] The provinces settled into a flat monotony; the empire swamped Rome, and as a detail Greek overpowered Latin. The very efforts, made with the best intention to foster letters, endowment and subsidy, the multiplication of universities and colleges, the diffusion of education, hastened the process or stereotyped the results, and original production sank, while a "cloud of critics, of compilers, of commentators", darkened the face of learning, and the decline of genius was soon followed by the corruption of taste."[4]

[1] Even these are introduced with the grossest flattery.
[2] Tacitus, *Hist.*, i. 1. Cf. Martial, xii. 6. 1-2.
[3] Gibbon, *Decline and Fall*, chap. ii.   [4] Ibid.

Such in its main outline is the history of Latin literature during the so-called Silver Age. The period of which it is the expression is one then by no means wanting in interest. It is a period crowded with event and incident, full of tragedy,[1] not wanting in comedy, full of lessons, moral and intellectual. It is an age of high culture and material civilization, of lofty strivings, as well as of horrible degradations. Professional skill in every branch was carried to the highest pitch. It abounded in excellent lawyers and doctors, from Pliny and Tacitus, Celsus and Galen downward. The instruments and implements, surgical, culinary, and other, of Pompeii are almost as elaborate and good as those of our own day. The philosophers, who filled the place of modern theologians, and the schoolmasters, at the head of whom respectively stand Seneca and Quintilian, were many, and well informed. Books were easily and well produced and multiplied. Good editions and commentaries abounded. But what gives to this age the deepest interest of all is that it is the most central and most important of all ages, for humanity and for ourselves. The Silver Age may be said to begin with the era of the birth of Christianity. It is the age of the Acts of the Apostles, the age of the first years of the Christian Church. It is no unnatural or insignificant legend that connects Seneca with St. Paul. Though there is no proof that they ever came into conscious contact, the threads of their lives crossed each other curiously more than once. The careless Gallio of Acts xviii. is Seneca's brother, the *dulcis Gallio* of Seneca *Quaest. Nat.* 4. Praef., and of Statius Silv. ii. 7. 32. The Felix who "left Paul bound" (Acts xxiv. 27) is the

---

[1] As Ben Jonson, Gray, and in our own day Mr. Robert Bridges, have recognized and revealed.

brother of Pallas the favourite of the Emperor Claudius. Bernice, who came "with great pomp" and sat in court with her husband Agrippa to listen, as an interesting entertainment, to this novel prisoner's trial before Felix' successor Festus, was afterward to follow the train of Vespasian and the uncertain favours of Titus. The saints who salute the Philippians in St. Paul's epistle are "chiefly they of Caesar's household" (Phil. iv. 22). It is true, and it is sad, that as we read of it in the Silver Age writers Christianity appears as the object of misunderstanding and persecution, to the thinkers foolishness, to the rulers a stumbling-block; but to us who read with knowledge of after events, it is at once comforting and enlightening to mark how when the night was darkest, the day was nearest, and to see the light gradually gaining upon the gloom, and a quiet dawn rising behind the glare and smoke of Nero's conflagrations.

Selections, like translations, seldom, perhaps never, satisfy the advanced student, who is certain to complain either of something inserted or of something omitted. But they have their use and value, and for the novice especially these may be considerable. They furnish an introduction for the taste, a compendium for the memory. Goethe, be it remembered, learned to love Shakespeare through a selection sometimes ridiculed in England, namely Dodd's Beauties. And in dealing with minor authors, or with a Silver Age, a selection is particularly helpful and appropriate. The main effort of school-boys should be devoted to the Golden Ages, to the best and purest writers. The strength and abundance, above all the *reality* of Caesar and Cicero, the sublime intuitions, the majesty and pathos, the *candida anima*, the 'beautiful soul' of Virgil speaking in his perfect music, the terse vigour, wisdom, patriotism, and happy art of Horace, the grace of Terence, the intellectual passion of Lucretius, the idealism and pictorial pomp of Livy, these are indeed golden,

Aurea perpetua semper dignissima vita.

These, with the great Greek writers, are the best staple, these set the best standard for the opening mind as soon as it is worthy of them But the highest peaks and ranges are better known and measured when we have stood also and paused to study them upon the lower. The student should be given, as soon as may be, some glimpse or general idea of how the whole land lies, some *aperçu* of what followed, as of what led up to, the culmination.

To provide the opportunity of this in a simple and convenient form is, I conceive, the object of my friend Mr. Brownrigg's little book, to which he has invited me to write this preface.

He gives, it will be seen, selections of varying length from some ten prose authors. He has assumed, and I think rightly, that the chief poets of the Silver Age are fairly well known. Juvenal is certainly well known. Persius and Martial, and to some extent also Lucan and Statius, are authors not unfamiliar to the sixth-form room in Anthologies or selections made by the master or 'pieces for unseen translation'.

But few school-boys read anything of Velleius Paterculus, of the elder or even the younger Pliny, of Seneca or Quintilian. Of these writers he has given characteristic and proportionate specimens. He has added a hint of some of its various features in giving a page or two from Petronius, the best, as also the worst, specimen of the avowed decadent, a page or two of the *chronique scan-*

daleuse of Suetonius, and of the useful pedantry of Aulus Gellius. He has done well, I think, to include Tacitus, the greatest writer of the empire, the one golden prose writer of the Silver Age, without whom no presentment of the time could be complete.

Finally there is Apuleius of Madaura, educated at Carthage and Athens, Punic, Greek, cosmopolitan, anything rather than Roman, a bizarre figure in Latin letters, with his culture and myth, his 'precious' style full of revived archaisms, his flavour half of Plato, half of the Arabian Nights. Strictly speaking Apuleius lies in time as in place outside this age. His style is neither of gold nor silver, but of a sort of tinsel or ormolu compounded of various alloys, yet possessing a wonderful finesse and flexibility of its own. Until we have read him we do not know what the gamut of the Latin tongue contains. The prettinesses to which he compels it are as surprising as the wild honey found in the dead lion's carcase. His African idiom is interesting, too, as furnishing a link between the Silver Age and the unclassical yet strangely eloquent language of the Latin fathers, Tertullian and Augustine, and again with the Vulgate of St. Jerome.

If the style is the man or of the man, even more is the style of the age. The style of the silver writers is emphatically characteristic of the Silver Age. In appreciating the one we understand the other. Like the age the style is, in its faults, self-conscious and artificial, stilted and stagey, full of the rhetoric of the schools and the reciter's or the lecturer's room, unable to open its lips without trope and epigram,

Paene iam quidquid loquimur figura est[1];

in its merits, clear and clean cut, and discriminating, the

[1] Quintilian, ix. 3. 1. Cf. vi.i., Proem. 26. Nos quibus sordet omne quod natura dictavit, qui non ornamenta quaerimus sed lenocinia

fit expression of the priggish yet genuine resolution of the Stoics, with their suicides always theatrical, sometimes half noble, of the age of Nero and Domitian, but also of Nerva and Trajan, of Petronius and Suetonius, but also of Quintilian and Tacitus.

The age, then, and its authors are full of interest, and just at this time a true appreciation of it may teach and help us much. Our own day shows some symptoms of a golden phase of letters paling into silver. We have lived through a great period of creative activity. There are signs abroad of a declension into a more rhetorical and formal era, into a self-conscious seeking after style, into a mawkish euphuism not unlike that so tersely described and derided by Persius and Petronius.

The Silver Age of Rome seems to show us that to seek style as the first thing is not always to find it, that to teach it will not always give it, and that there is no salvation even for a literature in the diffusion of education, the popularization of ideas and the vulgarization of technique, if a deeper spirit and faith be wanting.

Perhaps the parallel should not be pressed, or the moral drawn too confidently. But in any case if this little book conduces, as I think it is well fitted to do, to a wider and juster knowledge of the career and meaning of the literature of Rome and the scope of the Latin tongue, it will have attained its object and its justification.

T. H. W.

SELECTIONS FROM
LATIN OF THE SILVER AGE.
(PROSE.)

VELLEIUS PATERCULUS.

This historian flourished about 30 A.D. or a little earlier. Of his life we have considerable details, at any rate from 1 A.D. to 29 or 30 A.D., the year of the consulship of Vinicius, to whom he dedicated his work. He was a soldier in the army of Tiberius Caesar: we find him as tribunus militum, praefectus equitum, quaestor (A.D. 7): he is employed as legatus on several occasions, and, with his brother, took a distinguished part in Tiberius' triumph of A.D. 13. In the following year he was appointed praetor (being a candidatus Caesaris, *i.e.* one of the four who had to be elected 'sine repulsâ et ambitu'. Tac. Ann. i. 15). Higher than this he does not seem to have risen, and we have no allusion in his writings to any fact later than 30 A.D.

In his actual writings he covers in an extremely condensed form the history of the East and Greece, with passing remarks on literary history: he then reviews the early growth of Rome, treating the subject at greater length as he approaches his own day. He is, however, very inconsistent in the space he allots to different events. As an annalist he is not without merit, but as a historical critic he lacks impartiality. The most striking characteristic of his work is the short but graphic delineation of some of the leading actors in Roman history: in dealing with events he is much more meagre of information, as *e.g* of Pharsalia or Actium. Perhaps there has been a tendency to depreciate Velleius owing to his fulsome attitude of flattery towards Tiberius and Sejanus towards the close of the second book, but we must not forget that it

was as a general that Tiberius was most successful, and it was
as a servant of that general that Velleius wrote. In style,
as might be expected, he has not broken with the traditions
of the golden age: his diction, with certain exceptions, is
not unclassical, but often he is careless in the ordering and
arrangement of his sentences, which stretch on endlessly
and are further complicated by awkward parentheses. He
also displays the tendency, which was afterwards to become
so irresistible, to secure effect by epigram and antithesis,
and in his strained artificiality he has been well compared
(by Teuffel, Hist. Rom. Lit., vol. ii. p. 18) to Sallust.

I.

*A consideration of the fact that in the different arts — history,
tragedy, comedy, &c., many eminent men are contemporaneous.*

Cum haec particula operis velut formam propositi ex-
cesserit, quamquam intellego mihi in hac tam praecipiti
festinatione, quae me rotae pronive gurgitis ac verticis
modo nusquam patitur consistere, paene magis necessaria
praetereunda quam supervacanea amplectenda, nequeo
tamen temperare mihi, quin rem saepe agitatam animo
meo neque ad liquidum ratione perductam signem stilo.
Quis enim abunde mirari potest, quod eminentissima
cuiusque professionis ingenia in eandem formam et in
10 idem artati temporis congruere spatium, et quemadmodum
clausa capso aliove saepto diversi generis animalia nihilo
minus separata alienis in unum quaeque corpus con-
gregantur, ita cuiusque clari operis capacia ingenia in
similitudine et temporum et profectuum semet ipsa ab
aliis separaverunt. Una neque multorum annorum spatio
divisa aetas per divini spiritus viros, Aeschylum Sopho-
clen Euripiden, inlustravit tragoediam; una priscam illam
et veterem sub Cratino Aristophaneque et Eupolide
comoediam; ac novam Menandrus aequalesque eius
20 non aetatis magis quam operis Philemo ac Diphilus

et invenere intra paucissimos annos neque imitandam reliquere. Philosophorum quoque ingenia Socratico ore defluentia omnium, quos paulo ante enumeravimus, quanto post Platonis Aristotelisque mortem floruere spatio? Quid ante Isocratem, quid post eius auditores eorumque discipulos clarum in oratoribus fuit? Adeo quidem artatum angustiis temporum, ut nemo memoria dignus alter ab altero videri nequiverint.

Neque hoc in Graecis quam in Romanis evenit magis. Nam nisi aspera ac rudia repetas et inventi laudanda nomine, in Accio circaque eum Romana tragoedia est; dulcesque Latini leporis facetiae per Caecilium Terentiumque et Afranium subpari aetate nituerunt. Historicos etiam, ut Livium quoque priorum aetati adstruas, praeter Catonem et quosdam veteres et obscuros minus octoginta annis circumdatum aevum tulit, ut nec poëtarum in antiquius citeriusve processit ubertas. At oratio ac vis forensis perfectumque prosae eloquentiae decus, ut idem separetur Cato (pace P. Crassi Scipionisque et Laelii et Gracchorum et Fannii et Servii Galbae dixerim) ita universa sub principe operis sui erupit Tullio, ut delectari ante eum paucissimis, mirari vero neminem possis nisi aut ab illo visum aut qui illum viderit. Hoc idem evenisse grammaticis, plastis, pictoribus, sculptoribus quisquis temporum institerit notis, reperiet, eminentiam cuiusque operis artissimis temporum claustris circumdatam. Huius ergo recedentis in quodque saeculum ingeniorum similitudinis congregantisque se et in studium par et in emolumentum causas cum saepe requiro, numquam reperio, quas esse veras confidam, sed fortasse veri similes, inter quas has maxime. Alit aemulatio ingenia, et nunc invidia, nunc admiratio imitationem accendit, naturaque quod summo studio petitum est, ascendit in summum difficilisque in perfecto mora est, naturaliterque quod procedere non potest, recedit. Et ut primo ad consequendos quos priores ducimus accendimur, ita ubi aut praeteriri aut aequari eos posse desperavimus, studium cum spe senescit, et quod adsequi non potest, sequi desinit et velut occupatam relinquens materiam quaerit 60 novam, praeteritoque eo, in quo eminere non possumus, aliquid, in quo nitamur, conquirimus, sequiturque ut frequens ac mobilis transitus maximum perfecti operis impedimentum sit.

Transit admiratio ab condicione temporum et ad urbium. Una urbs Attica pluribus auctoribus eloquentiae quam universa Graecia operibusque floruit, adeo ut corpora gentis illius separata sint in alias civitates, ingenia vero solis Atheniensium muris clausa existimes. Neque hoc ego magis miratus sim quam neminem Argivum The- 70 banum Lacedaemonium oratorem aut dum vixit auctoritate aut post mortem memoria dignum existimatum. Quae urbes et in alia talium studiorum fuere steriles, nisi Thebas unum os Pindari inluminaret: nam Alcmana Lacones falso sibi vindicant. [i. 16–18.]

II.

A brief account of the rise, projects, and death of Tiberius and C. Gracchus.

Inmanem deditio Mancini civitatis movit dissensionem. Quippe Tiberius Gracchus, Tiberii Gracchi clarissimi atque eminentissimi viri filius, P. Africani ex filia nepos, quo quaestore et auctore id foedus ictum erat, nunc graviter ferens aliquid a se pactum infirmari, nunc similis vel iudicii vel poenae metuens discrimen, tribunus pl. creatus, vir alioqui vita innocentissimus, ingenio florentissimus, proposito sanctissimus, tantis denique adornatus virtutibus, quantas perfecta et natura et industria mortalis condicio 10 recipit, P. Mucio Scaevola L. Calpurnio consulibus abhinc

annos centum sexaginta duos descivit a bonis, pollicitusque
toti Italiae civitatem, simul etiam promulgatis agrariis
legibus, omnibus statum concupiscentibus, summa imis
miscuit et in praeruptum atque anceps periculum adduxit
rem publicam. Octavioque collegae pro bono publico
stanti imperium abrogavit, triumviros agris dividendis
colonisque deducendis creavit se socerumque suum, consularem Appium, et Gaium fratrem admodum iuvenem.

Tum P. Scipio Nasica, eius qui optimus vir a senatu
iudicatus erat, nepos, eius qui censor porticus in Capitolio
fecerat, filius, pronepos autem Cn. Scipionis, celeberrimi
viri P. Africani patrui, privatusque et togatus, cum esset
consobrinus T. Gracchi, patriam cognationi praeferens
et quidquid publice salutare non esset, privatim alienum
existimans (ob eas virtutes primus omnium absens pontifex maximus factus est), circumdata laevo brachio togae
lacinia ex superiore parte Capitolii summis gradibus
insistens hortatus est, qui salvam vellent rem publicam,
se sequerentur. Tum optimates, senatus atque equestris
ordinis pars melior et maior, et intacta perniciosis consiliis plebs inruere in Gracchum stantem in area cum
catervis suis et concientem paene totius Italiae frequen-
tiam. Is fugiens decurrensque clivo Capitolino, fragmine
subsellii ictus vitam, quam gloriosissime degere potuerat,
immatura morte finivit. Hoc initium in urbe Roma civilis sanguinis gladiorumque impunitatis fuit. Inde ius
vi obrutum potentiorque habitus prior, discordiaeque
civium antea condicionibus sanari solitae ferro diiudicatae
bellaque non causis inita, sed prout eorum merces fuit.
Quod haud mirum est: non enim ibi consistunt exempla,
unde coeperunt, sed quamlibet in tenuem recepta tramitem latissime evagandi sibi viam faciunt, et ubi semel
recto deerratum est, in praeceps pervenitur, nec quisquam
sibi putat turpe, quod alii fuit fructuosum.

Decem deinde interpositis annis, qui Ti. Gracchum,
idem Gaium fratrem eius occupavit furor, tam virtutibus
eius omnibus quam huic errori similem, ingenio etiam
eloquentiaque longe praestantiorem. Qui cum summa
quiete animi civitatis princeps esse posset, vel vindican-
dae fraternae mortis gratia vel praemuniendae regalis
potentiae eiusdem exempli tribunatum ingressus, longe
maiora et acriora petens dabat civitatem omnibus Italicis,
extendebat eam paene usque Alpis, dividebat agros, veta-
bat quemquam civem plus quingentis iugeribus habere,
quod aliquando lege Licinia cautum erat, nova constitue-
bat portoria, novis coloniis replebat provincias, iudicia a
senatu transferebat ad equites, frumentum plebi dari in-
stituerat; nihil immotum, nihil tranquillum, nihil quietum,
nihil denique in eodem statu relinquebat; quin alterum
etiam continuavit tribunatum. Hunc L. Opimius consul,
qui praetor Fregellas exciderat, persecutus armis unaque
Fulvium Flaccum, consularem ac triumphalem virum,
aeque prava cupientem, quem C. Gracchus in locum
Tiberii fratris triumvirum nomine, re autem socium
regalis adsumpserat potentiae, morte adfecit. Id unum
nefarie ab Opimio proditum, quod capitis non dicam
Gracchi, sed civis Romani pretium se daturum idque
auro repensurum proposuit. Flaccus in Aventino armatus ac pugnam ciens cum filio maiore iugulatus est;
Gracchus profugiens, cum iam comprehenderetur ab iis,
quos Opimius miserat, cervicem Euporo servo praebuit,
qui non segnius se ipse interemit, quam domino succur-
rerat. Quo die singularis Pomponii equitis Romani in
Gracchum fides fuit, qui more Coclitis sustentatis in
ponte hostibus eius, gladio se transfixit. Ut Ti. Gracchi
antea corpus, ita Gai mira crudelitate victorum in Tiberim deiectum est. [ii. 2–3 and 6.]

III.

The character and early career of Julius Caesar.

Secutus deinde est consulatus C. Caesaris, qui scribenti manum iniicit et quamlibet festinantem in se morari cogit. Hic nobilissima Iuliorum genitus familia et, quod inter omnis antiquitatis studiosos constabat, ab Anchise ac Venere deducens genus, forma omnium civium excellentissimus, vigore animi acerrimus, munificentia effusissimus, animo super humanam et naturam et fidem evectus, magnitudine cogitationum, celeritate bellandi, patientia periculorum Magno illi Alexandro, sed sobrio neque iracundo simillimus, qui denique semper et cibo et somno in vitam, non in voluptatem uteretur, cum fuisset C. Mario sanguine coniunctissimus atque idem Cinnae gener, cuius filiam ut repudiaret nullo metu compelli potuit, cum M. Piso consularis Anniam, quae Cinnae uxor fuerat, in Sullae dimisisset gratiam, habuissetque fere duodeviginti annos eo tempore, quo Sulla rerum potitus est, magis ministris Sullae adiutoribusque partium quam ipso conquirentibus eum ad necem mutata veste dissimilemque fortunae suae indutus habitum nocte urbe elapsus est. Idem postea admodum iuvenis, cum a piratis captus esset, ita se per omne spatium, quo ab iis retentus est, apud eos gessit, ut pariter iis terrori venerationique esset, neque umquam aut nocte aut die (cur enim quod vel maximum est, si narrari verbis speciosis non potest, omittatur?) aut excalcearetur aut discingeretur, in hoc scilicet, ne si quando aliquid ex solito variaret, suspectus iis, qui oculis tantummodo eum custodiebant, foret.

Longum est narrare, quid et quotiens ausus sit, quanto opere conata eius qui obtinebat Asiam magistratus populi Romani metu suo destituerit: illud referatur documentum tanti mox evasuri viri. Quae nox eam diem secuta

est, qua publica civitatium pecunia redemptus est, ita
tamen, ut cogeret ante obsides a piratis civitatibus dari,
contracta classe et privatus et tumultuaria *manu* invectus
in eum locum, in quo ipsi praedones erant, partem classis
fugavit, partem mersit, aliquot navis multosque mortalis
cepit; laetusque nocturnae expeditionis triumpho ad suos
revectus est, mandatisque custodiae quos ceperat, in
Bithyniam perrexit ad proconsulem Iuncum (is enim cum
40 Asia eam quoque obtinebat) petens, ut auctor fieret su-
mendi de captivis supplicii: quod cum ille se facturum
negasset venditurumque captivos dixisset (quippe sequebatur invidia inertiam), incredibili celeritate revectus ad
mare, priusquam de ea re ulli proconsulis redderentur
epistulae, omnes, quos ceperat, suffixit cruci.
   Idem mox ad sacerdotium ineundum (quippe absens
pontifex factus erat in Cottae consularis locum, *cum* paene
puer a Mario Cinnaque flamen dialis creatus victoria
Sullae, qui omnia ab iis acta fecerat irrita, amisisset id
50 sacerdotium) festinans in Italiam, ne conspiceretur a
praedonibus omnia tunc obtinentibus maria et merito
iam infestis sibi, quattuor scalmorum navem una cum
duobus amicis decemque servis ingressus effusissimum
Adriatici maris traiecit sinum. Quo quidem in cursu
conspectis, ut putabat, piratarum navibus cum exuisset,
vestem alligassetque pugionem ad femur alterutri se
fortunae parans, mox intellexit frustratum esse visum
suum arborumque ex longinquo ordinem antemnarum
praebuisse imaginem. Reliqua eius acta in urbe, nobilis-
60 sima Cn. Dolabellae accusatio et maior civitatis in ea
favor, quam reis praestari solet, contentionesque civiles
cum Q. Catulo atque aliis eminentissimis viris celeberri-
mae, et ante praeturam victus *in* maximi pontificatus
petitione Q. Catulus, omnium confessione senatus princeps, et restituta in aedilitate adversante quidem nobili-

tate monumenta C. Marii, simulque revocati ad ius dignitatis proscriptorum liberi, et praetura quaesturaque mirabili virtute atque industria obita in Hispania, (cum esset quaestor sub Vetere Antistio, avo huius Veteris consularis atque pontificis, duorum consularium et sacer- 70 dotum patris, viri in tantum boni, in quantum humana simplicitas intellegi potest) quo notiora sunt, minus egent stilo.

Hoc igitur consule inter eum et Cn. Pompeium et M. Crassum inita potentiae societas, quae urbi orbique terrarum nec minus diverso cuique tempore ipsis exitiabilis fuit. Hoc consilium sequendi Pompeius causam habuerat, ut tandem acta in transmarinis provinciis, quibus, ut praediximus, multi obtrectabant, per Caesarem confirmarentur consulem, Caesar autem, quod animadvertebat se 80 cedendo Pompei gloriae aucturum suam et invidia communis potentiae in illum relegata confirmaturum vires suas, Crassus, ut quem principatum solus adsequi non poterat, auctoritate Pompei, viribus teneret Caesaris. Adfinitas etiam inter Caesarem Pompeiumque contracta nuptiis, quippe *Iuliam*, filiam C. Caesaris, Cn. Magnus duxit uxorem. In hoc consulatu Caesar legem tulit, ut ager Campanus plebei divideretur, suasore legis Pompeio: ita circiter viginti milia civium eo deducta et ius urbis restitutum post annos circiter centum quinquaginta duos 90 quam bello Punico ab Romanis Capua in formam praefecturae redacta erat. Bibulus, collega Caesaris, cum actiones eius magis vellet impedire quam posset, maiore parte anni domi se tenuit: quo facto dum augere vult invidiam collegae, auxit potentiam. Tum Caesari decretae in quinquennium Galliae. [ii. 41–44.]

IV.

Defeat and death of Cn. Pompey.

Tum Caesar cum exercitu fatalem victoriae suae Thessaliam petiit. Pompeius, longe diversa aliis suadentibus, quorum plerique hortabantur, ut in Italiam transmitteret (neque hercules quidquam partibus illis salubrius fuit), alii, ut bellum traheret, quod dignatione partium in dies ipsis magis prosperum fieret, usus impetu suo hostem secutus est. Aciem Pharsalicam et illum cruentissimum Romano nomini diem tantumque utriusque exercitus profusum sanguinis et conlisa inter se duo rei publicae capita effossumque alterum Romani imperii lumen *et* tot talesque Pompeianarum partium caesos viros non recipit enarranda hic scripturae modus. Illud notandum est: ut primum C. Caesar inclinatam vidit Pompeianorum aciem, neque prius neque antiquius quidquam habuit, quam *ut* in omnes partes *praecones clamantes signum*, '*parce civibus*', ut militari verbo ex consuetudine utar, dimitteret. Pro dii immortales, quod huius voluntatis erga Brutum suae postea vir tam mitis pretium tulit! Nihil *in* illa victoria mirabilius, magnificentius, clarius fuit, quam quod neminem nisi acie consumptum civem patria desideravit: sed munus misericordiae corrupit pertinacia, cum libentius vitam victor iam daret, quam victi acciperent.

Pompeius profugiens cum duobus Lentulis consularibus Sextoque filio et Favonio praetorio, quos comites ei fortuna adgregaverat, aliis, ut Parthos, aliis, ut Africam peteret, in qua fidelissimum partium suarum haberet regem Iubam, suadentibus, Aegyptum petere proposuit memor beneficiorum, quae in patrem eius Ptolemaei, qui tum puero quam iuveni propior regnabat Alexandriae, contulerat. Sed quis in adversis beneficiorum servat memoriam? Aut quis ullam calamitosis deberi putat gratiam ? Aut quando fortuna non mutat fidem? Missi itaque ab rege, qui venientem Cn. Pompeium (is iam a Mytilenis Corneliam uxorem receptam in navem fugae comitem habere coeperat) consilio Theodoti et Achillae exciperent hortarenturque, ut ex oneraria in eam navem, quae obviam processerat, transcenderet: quod cum fecisset, princeps Romani nominis imperio arbitrioque Aegyptii mancipii C. Caesare P. Servilio consulibus iugulatus est. Hic post tres consulatus et totidem triumphos domitumque terrarum orbem sanctissimi atque praestantissimi viri in id evecti, super quod ascendi non potest, duodesexagesimum annum agentis pridie natalem ipsius vitae fuit exitus, in tantum in illo viro a se discordante fortuna, ut cui modo ad victoriam terra defuerat, deesset ad sepulturam. [ii. 52-53.]

(V.)

The battle of Actium and defeat of Antony. [31 B.C.]

Advenit deinde maximi discriminis dies, quo Caesar Antoniusque productis classibus pro salute alter, in ruinam alter terrarum orbis dimicavere. Dextrum navium Iulianarum cornu M. Lurio commissum, laevum Arruntio, Agrippae omne classici certaminis arbitrium; Caesar ei parti destinatus, in quam a fortuna vocaretur, ubique aderat. Classis Antonii regimen Publicolae Sosioque commissum. At in terra locatum exercitum Taurus Caesaris, Antonii regebat Canidius. Ubi initum certamen est, omnia in altera parte fuere, dux, remiges, milites, in altera nihil praeter milites. Prima occupat fugam Cleopatra: Antonius fugientis reginae quam pugnantis militis sui comes esse maluit et imperator, qui in desertores saevire debuerat, desertor exercitus sui factus est. Illis etiam detracto capite in longum fortissime pugnandi duravit constantia et desperata victoria in mortem dimicabatur. Caesar, quos ferro poterat interimere, verbis mulcere cupiens clamitansque et ostendens fugisse Antonium, quaerebat, pro quo et cum quo pugnarent. At illi cum diu pro absente dimicassent duce, aegre summissis armis cessere victoriam, citiusque vitam veniamque Caesar promisit, quam illis ut eam precarentur persuasum est; fuitque in confesso milites optimi imperatoris, imperatorem fugacissimi militis functum officio, ut dubites, suone an Cleopatrae arbitrio victoriam temperaturus fuerit, qui ad eius arbitrium direxerit fugam. Idem locatus in terra fecit exercitus, cum se Canidius praecipiti fuga rapuisset ad Antonium.

Quid ille dies terrarum orbi praestiterit, ex quo in quem statum pervenerit fortuna publica, quis in hoc transcursu tam artati operis exprimere audeat? Victoria vero fuit clementissima, nec quisquam interemptus est paucissimis exceptis, qui ne deprecari quidem pro se sustinerent. Ex qua lenitate ducis colligi potuit, quem aut initio triumviratus sui aut in campis Philippiis, si ei licuisset, victoriae suae facturus fuerit modum. At Sosium L. Arruntii prisca gravitate celeberrimi fides, mox, odium clementia eluctatus sua, Caesar servavit incolumem. Non praetereatur Asinii Pollionis factum et dictum memorabile: namque cum se post Brundusinam pacem continuisset in Italia neque aut vidisset umquam reginam aut post enervatum amore eius Antonii animum partibus eius se miscuisset, rogante Caesare, ut secum ad bellum proficisceretur Actiacum: mea, inquit, in Antonium maiora merita sunt, illius in me beneficia notiora; itaque discrimini vestro me subtraham et ero praeda victoris. [ii. 85–86.]

VI

The rise of Arminius and disastrous defeat of the army of Varus.

Varus Quintilius inlustri magis quam nobili ortus familia, vir ingenio mitis, moribus quietus, ut corpore, ita animo immobilior, otio magis castrorum quam bellicae adsuetus militiae, pecuniae vero quam non contemptor, Syria, cui praefuerat, declaravit, quam pauper divitem ingressus dives pauperem reliquit; is cum exercitui, qui erat in Germania, praeesset, concepit esse homines, qui nihil praeter vocem membraque haberent hominum, quique gladiis domari non poterant, posse iure mulceri. Quo proposito mediam ingressus Germaniam velut inter viros pacis gaudentes dulcedine iurisdictionibus agendoque pro tribunali ordine trahebat aestiva.

At illi, quod nisi expertus vix credat, in summa feritate versutissimi natumque mendacio genus, simulantes fictas litium series et nunc provocantes alter alterum in iurgia, nunc agentes gratias, quod ea Romana iustitia finiret feritasque sua novitate incognitae disciplinae mitesceret et solita armis discerni iure terminarentur, in summam socordiam perduxere Quintilium, usque eo, ut se praetorem urbanum in foro ius dicere, non in mediis Germaniae finibus exercitui praeesse crederet. Tum iuvenis genere nobilis, manu fortis, sensu celer, ultra barbarum promptus ingenio, nomine Arminius, Sigimeri principis gentis eius filius, ardorem animi vultu oculisque praeferens, adsiduus militiae nostrae prioris comes, iure etiam civitatis Romanae decus equestris consecutus gradus, segnitia ducis in occasionem sceleris usus est, haud imprudenter speculatus neminem celerius opprimi, quam qui nihil timeret, et frequentissimum initium esse calamitatis securitatem. Primo igitur paucos, mox pluris in societatem consilii recepit: opprimi posse Romanos et

dicit et persuadet, decretis facta iungit, tempus insidiarum
constituit. Id Varo per virum eius gentis fidelem clari-
que nominis, Segesten, indicatur. Obstabant iam fata
consiliis omnemque animi eius aciem praestrinxerant:
quippe ita se res habet, ut plerumque cuius fortunam
mutaturus *est* deus, consilia corrumpat efficiatque, quod
miserrimum est, ut, quod accidit, etiam merito accidisse
videatur et casus in culpam transeat. Negat itaque se
40 credere speciemque in se benevolentiae ex merito aesti-
mare profitetur. Nec diutius post primum indicem
secundo relictus locus.

Ordinem atrocissimae calamitatis, qua nulla post
Crassi in Parthis damnum in externis gentibus gravior
Romanis fuit, iustis voluminibus ut alii, ita nos conabi-
mur exponere: nunc summa deflenda est. Exercitus
omnium fortissimus, disciplina, manu experientiaque
bellorum inter Romanos milites princeps, marcore ducis,
perfidia hostis, iniquitate fortunae circumventus, cum ne
50 pugnandi quidem egrediendive occasio iis, in quantum
voluerant, data esset immunis, castigatis etiam quibusdam
gravi poena, quia Romanis et armis et animis usi fuissent,
inclusus silvis, paludibus, insidiis ab eo hoste ad inter-
necionem trucidatus est, quem ita semper more pecudum
trucidaverat, ut vitam aut mortem eius nunc ira nunc
venia temperaret. Duci plus ad moriendum quam ad
pugnandum animi fuit: quippe paterni avitique exempli
successor se ipse transfixit. At e praefectis castrorum
duobus quam clarum exemplum L. Eggius, tam turpe
60 Ceionius prodidit, qui, cum longe maximam partem ab-
sumpsisset acies, auctor deditionis supplicio quam proelio
mori maluit. At Vala Numonius, legatus Vari, cetera
quietus ac probus, diri auctor exempli, spoliatum equite
peditem relinquens fuga cum alis Rhenum petere ingressus est. Quod factum eius fortuna ulta est; non enim

desertis superfuit, sed desertor occidit. Vari corpus
semiustum hostilis laceraverat feritas; caput eius abscisum latumque ad Maroboduum et ab eo missum ad
Caesarem gentilicii tamen tumuli sepultura honoratum
est. [ii. 117–119.]

SENECA.

L. Annaeus Seneca, himself the son of a writer (portions of whose rhetorical writings we still possess), was a Spaniard, born at Corduba probably about 4 A.D. His parents brought him while quite a child to Rome, and he seems early to have devoted himself to the study of rhetoric and of philosophy, and soon made such a mark as a pleader that he incurred the jealousy of the Emperor Caligula. At this time he had already become a senator. In 41 A.D.—the first year of Claudius' reign—he was banished to Corsica, owing to the exertions of Messalina (the cause being his intrigue with Julia Livilla, Claudius' niece), and was not recalled till 48 A.D., and then only through the good offices of Agrippina, to whose son, afterwards the Emperor Nero, he became tutor. On Nero's accession to power in A.D. 54, Seneca, as the imperial adviser, at once became extremely powerful, and amassed a fortune which became proverbial [both Juvenal and Tacitus call him praedives'; vide Tac. Ann. xiii. 42, and Mayor's note and reff. on Juv. x. 16]. At this period his life was hardly in harmony with his own philosophy. On the one hand, he certainly made an attempt to check the vicious development of Nero's character; on the other, he equally certainly used his opportunities for his own ends, and his support of Nero's action in the murder of Agrippina is indefensible. He was indeed a man to whom precept came more easily than practice. In his study he was most capable of seeing the better course, but in political life he too often followed the worse. When Nero's vicious character broke free from all restraints Seneca fell under suspicion, and, realizing his danger, he wrote to the emperor requesting leave to retire into private life, and offering him his wealth. The request Nero granted, while refusing the gift, and at the same time feigned affection for the philosopher. This was in the year 60 A.D., and five years later, after the conspiracy of Piso, the emperor sent a tribune to Seneca bidding him die. The philosopher and his wife Paulina, who insisted on sharing his fate, opened their veins.

What followed is familiar to us from the narrative of Tacitus [Ann. xv. 62]. Owing to Seneca's age and enfeebled body, the blood ran slowly, and after hemlock had failed to act he was suffocated by a vapour stove, while the veins in his wife's arm were bound up by Nero's order ("nullo in Paulinam proprio odio ac ne glisceret invidia crudelitatis iubet inhiberi mortem": Tac. loc. cit.), and she lived to prove by her pale face and wasted limbs ("ore ac membris pallentibus") the constancy of her affection. The whole passage in Tacitus will well repay perusal; and despite the fact that it was somewhat theatrical, Seneca's death was not unworthy of his philosophical principles, and hardly merited the jeers of Dio Cassius. As a writer he was in many respects the most brilliant of the Silver Age—a man of extraordinary ability, who, at any other time than one devoted to rhetoric and the tinsel adornments of style, and marked by an exaggerated tendency to false adulation, would have earned a reputation second only to that of Cicero. Certainly in versatility of genius he was superior to his only rival of the age, Tacitus. But the atmosphere of the time was congenial to Seneca, as his writings were congenial to his contemporaries ("ingenium temporis eius auribus accommodatum": Tac. xiii. 3). It is therefore no matter of wonder if his style degenerated into mannerisms which are repeated with a regularity that becomes nauseous, and we cannot but suspect a false ring of artificiality under his sentiment and pathos. Quintilian, if not so severe as Fronto or Aulus Gellius, is at any rate outspoken in his criticism, and as on the whole the estimate is a fair one, it has been included among the selections in this volume (see page 88), and may well be referred to at this point.

Seneca was a voluminous writer, but many of his works have been lost or exist only in fragments. We have three books De Ira, seven De Beneficiis, eight on Naturales Quaestiones, two De Clementia, a collection of Epistulae ad Lucilium (124 in number), three Consolationes (those to Marcia, Polybium, and Helvia), and other treatises such as those De Vita Beata, De Tranquillitate Animi, De Brevitate Vitae, De Otio, De Providentia. In addition to these there are nine tragedies

18　　　LATIN OF THE SILVER AGE.

(the praetexta named Octavia, though included in Seneca's plays, is certainly not his, mentioning as it does Nero's downfall, which happened three years after the philosopher's death), and the satire on Claudius' apotheosis called the 'Αποκολοκύντωσις (*i.e.*, transformation into a pumpkin). There also exist fourteen undeniably spurious letters (though believed to be genuine from the time of Jerome to the sixteenth century, and even in our own day) purporting to be a correspondence between Seneca and St. Paul, and on the strength of these Jerome included the philosopher 'in catalogo sanctorum'. A discussion of the subject, which is full of interest, will be found in English in Bishop Lightfoot's *Dissertations on the Apostolic Age*, p. 249 seq., though there are more elaborate works in French, *e.g.*, those of Fleury and Aubertin. The coincidences between the Stoic teaching of Seneca and that of the New Testament are in many instances of remarkable closeness, but can scarcely be expounded here. One or two of the selections which follow have been intentionally picked out to illustrate the parallelism of the teaching.[1]

I.

This extract is from perhaps one of the earliest of Seneca's writings, a letter of consolation to Marcia (daughter of Cremutius Cordus) on the loss of her son, who had, however, died three years before. The note struck is the shortness and uncertainty of life—as Lucretius had put it many years before, vitaque mancipio nulli datur, omnibus usu.

Quicquid est hoc, Marcia, quod circa nos ex adventicio fulget, liberi, honores, opes, ampla atria et exclusorum clientium turba referta vestibula, clara, nobilis aut formosa coniux ceteraque ex incerta et mobili sorte pendentia alieni commodatique adparatus sunt. Nihil horum dono datur: collaticiis et ad dominos redituris instru-

[1] The chapters from Tacitus, giving Seneca's correspondence with Nero and the description of Seneca's death, have been added for the sake of completeness, more especially as they are excellent examples of Tacitus at his best, and are taken from a portion of the Annals too seldom read. See pp. 109-113.

mentis scena adornatur. Alia ex his primo die, alia
secundo referentur, pauca usque ad finem perseverabunt.
Itaque non est quod nos suspiciamus tamquam inter
nostra positi: mutua accepimus. Usus fructusque noster
est, cuius tempus ille arbiter muneris sui temperat: nos
oportet in promptu habere quae in incertum diem data
sunt, et adpellatos sine querela reddere. Pessimi debito-
ris est creditori facere convicium. Omnes ergo nostros,
et quos superstites lege nascendi optamus et quos prae-
cedere iustissimum ipsorum votum est, sic amare debemus, tamquam nihil nobis de perpetuitate, immo nihil de
diuturnitate eorum promissum sit. Saepe admonendus
est animus, amet ut recessura, immo tamquam recedentia. Quicquid a fortuna datum est, tamquam exemptum
auctore possideas. Rapite ex liberis voluptates, fruen-
dos vos invicem liberis date et sine dilatione omne gaudium haurite. Nihil de hodierna nocte promittitur.
Nimis magnam advocationem dedi: nihil de hac hora.
Festinandum est. Instatur a tergo: iam disicietur iste
comitatus, iam contubernia ista sublato clamore solventur.
Rapina rerum omnium est: miseri nescitis fuga vivere.
Si mortuum tibi filium doles, eius temporis quo natus est,
crimen est. Mors enim illi denuntiata nascenti est. In
hanc legem natus. Hoc illum fatum ab utero statim pro-
sequebatur. In regnum fortunae et quidem durum atque
invictum pervenimus, illius arbitrio digna atque indigna
passuri. Corporibus nostris inpotenter, contumeliose,
crudeliter abutetur: alios ignibus peruret vel in poenam
admotis vel in remedium. Alios vinciet: id nunc hosti
licebit, nunc civi. Alios per incerta nudos maria iactabit
et luctatos cum fluctibus ne in arenam quidem aut litus
explodet, sed in alicuius inmensae ventrem beluae decon-
det. Alios morborum variis generibus emaceratos diu
inter vitam mortemque medios detinebit. Ut varia et

libidinosa mancipiorumque suorum neglegens domina et
poenis et muneribus errabit.

Quid opus est partes deflere? tota flebilis vita est.
Urgebunt nova incommoda, priusquam veteribus satis-
feceris. Moderandum est itaque vobis maxime, quae
inmoderate fertis, et in metus et in dolores humani pectoris dispensandae. Quae deinde ista suae publicaeque
conditionis oblivio est? Mortalis nata es, mortales pe-
peristi. Putre ipsa fluidumque corpus et causis repetita
50 sperasti tam inbecilla materia solida et aeterna gestasse?
Decessit filius tuus, id est, decucurrit ad hunc finem, ad
quem quae feliciora partu tuo putas properant. Huc
omnis ista quae in foro litigat, in theatris *desidet*, in
templis precatur turba dispari gradu vadit. Et quae
diligis et quae despicis, unus exaequabit cinis. Hoc
videlicet illa Pythicis oraculis adscripta NOSCE TE.
Quid est homo? quodlibet quassum vas et quolibet
fragile iactatu. Non tempestate magna, ut dissiperis, est
opus. Ubicumque arietaveris, solveris. [Ad Marciam,
10-11.]

XII.

*How much better it is to die at the height of one's fame than to
survive one's reputation and meet with misfortune—as was the
fate of Cn. Pompey, Cicero, and M. Cato.*[1]

O ignaros malorum suorum, quibus non mors ut optimum inventum naturae laudatur exspectaturque, sive
felicitatem includit, sive calamitatem repellit, sive satie-
tatem ac lassitudinem senis terminat, sive iuvenile aevum
dum meliora sperantur, in flore deducit, sive pueritiam
ante duriores gradus revocat, omnibus finis, multis remedium, quibusdam votum, de nullis melius merita quam
de iis, ad quos venit antequam invocaretur. Haec ser-

---

[1] The whole passage resembles in idea Juv. x. 283 foll.

vitutem invito domino remittit. Haec captivorum catenas
levat. Haec e carcere educit quos exire imperium in-
potens vetuerat. Haec exulibus in patriam semper animum oculosque tendentibus ostendit nihil interesse, infra
quod quis iaceat. Haec ubi, res communis fortuna male
divisit et aequo iure genitos alium alii donavit, exaequat
omnia. Haec est, post quam nihil quisquam alieno fecit
arbitrio. Haec est, in qua nemo humilitatem suam sensit.
Haec est, quae nulli non patuit. Haec est, Marcia, quam
pater tuus concupiit. Haec est, inquam, quae efficit, ut
nasci non sit supplicium, quae efficit, ut non concidam
adversus minas casuum, ut servare animum salvum ac
potentem sui possim: habeo quod adpellem. Video istic
cruces non unius quidem generis, sed aliter ab aliis
fabricatas: capite quidam conversos in terram suspendere,
alii per obscoena stipitem egerunt, alii brachia patibulo
explicuerunt. Video fidiculas, video verbera. Et membris
singulis et articulis singula docuerunt machinamenta: at
video et mortem. Sunt istic hostes cruenti, cives superbi:
sed video istic et mortem. Non est molestum servire,
ubi si domini pertaesum est, licet uno gradu ad libertatem
transire. Caram te, vita, beneficio mortis habeo. Cogita
quantum boni opportuna mors habeat, quam multis diutius vixisse nocuerit. Si Cn. Pompeium, decus istud
firmamentumque imperii, Neapoli valitudo abstulisset,
indubitatus populi Romani princeps excesserat: at nunc
exigui temporis adiectio fastigio illum suo depulit. Vidit
legiones in conspectu suo caesas. Et ex illo proelio, in
quo prima acies senatus fuit, quae infelicis reliquiae sunt,
ipsum imperatorem superfuisse! vidit Aegyptium carnificem et sacrosanctum victoribus corpus satelliti praestitit, etiamsi incolumis fuisset, poenitentiam salutis acturus.
Quid enim erat turpius quam Pompeium vivere beneficio
regis? M. Cicero si illo tempore, quo Catilinae sicas

devitavit, quibus pariter cum patria petitus est, concidisset liberata republica servator eius. Si denique filiae suae funus secutus esset, etiamtunc felix mori potuit. Non vidisset strictos in civilia capita mucrones nec divisa percussoribus occisorum bona, ut etiam de suo perirent, non hastam consularia spolia vendentem nec caedes nec locata publice latrocinia, bella, rapinas, tantum Catilina-
50 rum.] Marcum Catonem si a Cypro et hereditatis regiae dispensatione redeuntem mare devorasset vel cum illa ipsa pecunia, quam adferebat civili bello stipendium, nonne illi bene actum foret? hoc certe secum tulisset, neminem ausurum coram Catone peccare: nunc annorum adiectio paucissimorum virum libertati non suae tantum, sed publicae natum coegit Caesarem fugere, Pompeium sequi. Nihil ergo mali illi inmatura mors adtulit: omnium etiam malorum remisit patientiam. [*Ib.* 20.]

III.

Life should be lived in harmony with nature.

Natura enim duce utendum est. Hanc ratio observat, hanc consulit. Idem est ergo beate vivere et secundum naturam. Hoc quid sit, iam aperiam: si corporis dotes et apta naturae conservabimus diligenter et inpavide tamquam in diem data et fugacia, si non subierimus eorum servitutem nec nos aliena possederint, si corpori grata et adventicia eo nobis loco fuerint, quo sunt in castris auxilia et armaturae leves: serviant ista, non imperent, ita demum utilia sunt menti. Incorruptus vir
10 sit externis et insuperabilis miratorque tantum sui, fidens animo atque in utrumque paratus artifex vitae. Fiducia eius non sine scientia sit, scientia non sine constantia: maneant illi semel placita nec ulla in decretis eius litura sit. Intellegitur, etiamsi non adiecero, conpositum ordi-

natumque fore talem virum et in iis quae aget, cum comitate magnificum. Erit vera ratio sensibus insita et capiens inde principia: nec enim habet aliud, unde conetur aut unde ad verum inpetum capiat: in se revertatur. Nam mundus quoque cuncta conplectens rectorque universi deus in exteriora quidem tendit, sed tamen in totum undique in se redit: idem nostra mens faciat: cum secuta sensus suos per illos se ad externa porrexerit, et illorum et sui potens sit. Hoc modo una efficietur vis ac potestas concors sibi et ratio illa certa nascetur non dissidens nec haesitans in opinionibus conprehensionibusque nec in persuasione, quae cum se disposuit et partibus suis consensit et, ut ita dicam, concinuit, summum bonum tetigit. Nihil enim pravi, nihil lubrici superest, nihil in quo arietet aut labet. Omnia faciet ex imperio suo nihilque inopinatum accidet, sed quicquid agetur, in bonum exibit facile et parate et sine tergiversatione agentis. Nam pigritia et haesitatio pugnam et inconstantiam ostendit. Quare audaciter licet profitearis summum bonum esse animi concordiam. Virtutes enim ibi esse debebunt, ubi consensus atque unitas erit: dissident vitia. [Ad Gallionem de Vita Beata.]

IV.

The right acquisition and use of money not alien to the life of a philosopher.

Desine ergo philosophis pecunia interdicere: nemo sapientiam paupertate damnavit. Habebit philosophus amplas opes, sed nulli detractas nec alieno sanguine cruentas, sine cuiusquam iniuria partas, sine sordidis quaestibus, quarum tam honestus sit exitus quam introitus, quibus nemo ingemiscat nisi malignus. In quantum vis exaggera illas: honestae sunt, in quibus cum multa sint, quae sua quisque dici velit, nihil est, quod quisquam suum possit dicere. Ille vero fortunae benignitatem a se non submovebit et patrimonio per honesta quaesito nec gloriabitur nec erubescet. Habebit tamen etiam quo glorietur, si aperta domo et admissa in res suas civitate poterit dicere: "quod quisque agnoverit, tollat". O magnum virum, optime divitem, si post hanc vocem tantumdem habuerit! ita dico, si tuto et securus scrutationem populo praebuerit, si nihil quisquam apud illum invenerit, quo manus iniciat, audacter et propalam erit dives. Sapiens nullum denarium intra limen suum admittet male intrantem. Idem magnas opes, munus fortunae fructumque virtutis, non repudiabit nec excludet. Quid enim est quare illis bono loco invideat? veniant, hospitentur. Nec iactabit illas nec abscondet: alterum infruniti animi est, alterum timidi et pusilli velut magnum bonum intra sinum continentis. Nec, ut dixi, eiciet illas e domo. Quid enim dicet? utrumne "inutiles estis" an "ego uti divitiis nescio"? Quemadmodum etiam pedibus suis poterit iter conficere, escendere tamen vehiculum malet: sic pauper, si potuerit esse dives, volet, et habebit itaque opes, sed tamquam leves et avolaturas. Nec ulli alii nec sibi graves esse patietur. Quid? Donabit. Quid erexistis aures? Quid expeditis sinum? Donabit aut bonis aut eis, quos facere poterit bonos. Donabit cum summo consilio dignissimos eligens, ut qui meminerit tam expensorum quam acceptorum rationem esse reddendam. Donabit ex recta et probabili causa. Nam inter turpes iacturas malum munus est: habebit sinum facilem, non perforatum, ex quo multa exeant et nihil excidat. [*Ib.* 23.]

V.

The evils of inconsiderate anger: an elaborate antithesis between Ratio and Ira.

Ratio utrique parti tempus dat. Deinde advocationem et sibi petit, ut excutiendae veritati spatium habeat: ira festinat. Ratio id iudicare vult quod aequum est: ira id aequum videri vult quod iudicavit. Ratio nil praeter ipsum de quo agitur spectat: ira vanis et extra causam obversantibus commovetur. Voltus illam securior, vox clarior, sermo liberior, cultus delicatior, advocatio ambitiosior, favor popularis exasperant. Saepe infesta patrono reum damnat, etiam si ingeritur oculis veritas, amat et tuetur errorem. Coargui non vult et in male 10 coeptis honestior illi pertinacia videtur quam poenitentia. Cn. Piso fuit memoria nostra vir a multis vitiis integer, sed pravus et cui placebat pro constantia rigor. Is cum iratus duci iussisset eum, qui ex commeatu sine commilitone redierat, quasi interfecisset quem non exhibebat, roganti tempus aliquod ad conquirendum non dedit. Damnatus extra vallum productus est et iam cervicem porrigebat, cum subito adparuit ille commilito qui occisus videbatur. Tunc centurio supplicio praepositus condere gladium speculatorem iubet, damnatum ad Pisonem re- 20 ducit redditurus Pisoni innocentiam: nam militi fortuna reddiderat. Ingenti concursu deducuntur conplexi alter alterum cum magno gaudio castrorum commilitones. Conscendit tribunal furens Piso ac iubet duci utrumque, et eum militem qui non occiderat et eum qui non perierat. Quid hoc indignius? quia unus innocens adparuerat, duo peribant. Piso adiecit et tertium. Nam ipsum centurionem, qui damnatum reduxerat, duci iussit. Constituti sunt in eodem illo loco perituri tres ob unius innocentiam. O quam sollers est iracundia ad fingendas 30 causas furoris! "Te, inquit, duci iubeo, quia damnatus es. Te, quia causa damnationis commilitoni fuisti. Te, quia iussus occidere imperatori non paruisti." Excogitavit quemadmodum tria crimina faceret, quia nullum invenerat.

Habet, inquam, iracundia hoc mali: non vult regi. Irascitur veritati ipsi, si contra voluptatem suam adparuit. Cum clamore et tumultu et totius corporis iactatione quos destinavit, insequitur adiectis conviciis maledictisque. Hoc non facit ratio: sed si ita opus est, silens quietaque totas domos funditus tollit et familias reipublicae pestilentes cum coniugibus ac liberis perdit, tecta ipsa diruit et solo exaequat et inimica libertati nomina exstirpat: hoc non frendens nec caput quassans nec quicquam indecorum iudici faciens, cuius tum maxime placidus esse debet et in statu voltus, cum magna pronuntiat. *Quid opus est*, inquit Hieronymus, *cum velis caedere aliquem, tua prius labra mordere?* Quid, si ille vidisset desilientem de tribunali proconsulem et fasces lictori auferentem et suamet vestimenta scindentem, quia tardius scindebantur aliena? Quid opus est mensam evertere? quid pocula adfligere? quid se in columnas inpingere? quid capillos avellere? femur pectusque percutere? Quantam iram putas, quae, quia in alium non tam cito quam vult erumpit, in se revertitur? Tenentur itaque a proximis et rogantur, ut ipsi sibi placentur. Quorum nil facit quisquis vacuus ira meritam cuique poenam iniungit. Dimittit saepe eum, cuius peccatum deprendit, si poenitentia facti spem bonam pollicetur, si intellegit non ex alto venire nequitiam, sed summo, quod aiunt, animo inhaerere. Dabit inpunitatem nec accipientibus nocituram nec dantibus. Nonnumquam magna scelera levius quam minora conpescat, si illa lapsu, non crudelitate commissa sunt, his inest latens et operta et inveterata calliditas. Idem

delictum in duobus non eodem malo adficiet, si alter per
neglegentiam admisit, alter curavit ut nocens esset. Hoc
semper in omni animadversione servabit, ut sciat alteram
adhiberi, ut emendet malos, alteram, ut tollat. In utroque non praeterita, sed futura intuebitur. Nam, ut Plato
ait, *nemo prudens punit, quia peccatum est, sed ne peccetur.* 70
Revocari enim praeterita non possunt, futura prohibentur.
Et quos volet nequitiae male cedentis exempla fieri, palam
occidet, non tantum ut pereant ipsi, sed ut alios pereundo
deterreant. Haec cui expendenda aestimandaque sunt,
vides quam debeat omni perturbatione liber accedere ad
rem summa diligentia tractandam, potestatem vitae nec-
isque. Male irato ferrum committitur. [*De Ira*, i. 18–
19.]

VI.

The wrong use of money.

Circa pecuniam plurimum vociferationis est: haec fora
defatigat, patres liberosque committit, venena miscet,
gladios tam percussoribus quam legionibus tradit. Haec
est sanguine nostro delibuta. Propter hanc uxorum
maritorumque noctes strepunt litibus et tribunalia magistratuum premit turba, reges saeviunt rapiuntque et civitates longo seculorum labore constructas evertunt, ut
aurum argentumque in cinere urbium scrutentur. Libet
intueri fiscos in angulo iacentes: hi sunt propter quos
oculi clamore exprimantur, fremitu iudiciorum basilicae 10
resonent, evocati ex longinquis regionibus iudices sede-
ant iudicaturi, utrius iustior avaritia sit. Quid si ne
propter fiscum quidem, sed pugnum aeris aut inputatum
a servo denarium senex sine herede moriturus stomacho
dirumpitur? Quid si propter usuram milensimam vali-
tudinarius fenerator distortis pedibus et manibus ad con-
parandum non relictis clamat ac per vadimonia asses

suos in ipsis morbi accessionibus vindicat? Si totam mihi ex omnibus metallis, quae cum maxime deprimimus, 20 pecuniam proferas, si in medium proicias quicquid thesauri tegunt avaritia iterum sub terras referente, quae male egesserat: omnem istam congeriem non putem dignam quae frontem viri boni contrahat. Quanto risu prosequenda sunt quae nobis lacrimas educunt? [*Ib.* iii. 33.]

VII.

Nothing befits a ruler so much as clemency.

Excogitare nemo quicquam poterit, quod magis decorum regenti sit quam clementia, quocumque modo is et quocumque iure praepositus ceteris erit. Eo scilicet formosius id esse magnificentiusque fatebitur, quo in maiori praestabitur potestate, quam non oportet noxiam esse, si ad naturae legem conponitur. Natura enim commenta est regem, quod et ex aliis animalibus licet cognoscere et ex apibus, quarum regi amplissimum cubile est medioque ac tutissimo loco. Praeterea onere vacat exactor alien-10 orum operum, et amisso rege totum dilabitur *examen*, nec umquam plus unum patiuntur melioremque pugna quaerunt. Praeterea insignis regi forma est dissimilisque ceteris tum magnitudine, tum nitore. Hoc tamen maxime distinguitur. Iracundissimae ac pro corporis captu pugnacissimae sunt apes et aculeos in volnere relinquunt: rex ipse sine aculeo est. Noluit illum natura nec saevum esse nec ultionem magno constaturam petere, telumque detraxit et iram eius inermem reliquit: exemplar hoc magnis regibus ingens est. Est enim illi mos exercere 20 se in parvis et ingentium rerum documenta *in* minima *cogere*. Pudeat ab exiguis animalibus non trahere mores, cum tanto hominum moderatior esse animus debeat, quanto vehementius nocet. Utinam quidem eadem ho-

mini lex esset, *ut* ira cum telo suo frangeretur nec saepius
liceret nocere, quam semel, nec alienis viribus exercere
odia! Facile enim lassaretur furor, si per se sibi satis-
faceret et si mortis periculo vim suam effunderet. Sed
ne nunc quidem illi cursus tutus est. Tantum enim necesse est timeat, quantum timeri voluit, et manus omnium
observet et eo quoque tempore, quo non captatur, peti se
iudicet nullumque momentum inmune a metu habeat:
hanc aliquis agere vitam sustinet, cum liceat innoxium
aliis, et ob hoc securum salutare potentiae ius laetis omnibus tractare? Errat enim, si quis existimat tutum esse
ibi regem, ubi nihil a rege tutum, sed securitas securitate
mutua paciscenda est. Non opus est instruere in altum
editas arces nec in adscensum arduos colles emunire nec
latera montium abscidere, multiplicibus se muris turri-
busque sepire: salvum regem in aperto clementia prae-
stabit. Unum est inexpugnabile munimentum amor
civium. Quid pulchrius est quam vivere optantibus
cunctis et vota non sub custode nuncupantibus? Si
paulum valitudo titubavit, non spem hominum excitari,
sed metum? Nihil esse cuiquam tam pretiosum, quod
non pro salute praesidis sui commutatum velit? [*De Clementia*, i. 19.]

VIII.

The gift depends on the giver, not on the size of the gift.

Quid est ergo beneficium? Benevola actio tribuens
gaudium capiensque tribuendo, in id quod facit prona et
sponte sua parata. Itaque non quid fiat aut quid detur
refert, sed qua mente, quia beneficium non in eo quod fit
aut datur consistit, sed in ipso dantis aut facientis animo.
Magnum autem esse inter ista discrimen vel ex hoc intellegas licet, quod beneficium utique bonum est, id autem
quod fit aut datur, nec bonum nec malum est. Animus

est qui parva extollit, sordida inlustrat, magna et in
pretio habita dehonestat: ipsa quae adpetuntur, neutram
naturam habent, nec boni nec mali. Refert, quo illa
rector inpellat, a quo forma rebus datur. Non est beneficium ipsum, quod numeratur aut traditur: sicut ne in
victimis quidem, licet opimae sint auroque praefulgeant,
deorum est honor, sed pia ac recta voluntate venerantium.
Itaque boni etiam farre ac fitilla religiosi sunt, mali rursus
non effugiunt inpietatem, quamvis aras sanguine multo
cruentaverint.

Si beneficia in rebus, non in ipsa benefaciendi voluntate
consisterent, eo maiora essent, quo maiora sunt, quae ac-
cipimus. Id autem falsum est: nonnumquam enim magis
nos obligat qui dedit parva magnifice, qui *"regum aequavit
opes animo"*, qui exiguum tribuit sed libenter, qui pau-
pertatis suae oblitus est dum meam respicit, qui non
voluntatem tantum iuvandi habuit, sed cupiditatem, qui
accipere se putavit beneficium cum daret, qui dedit tamquam recepturus, recepit tamquam non dedisset, qui occasionem qua prodesset et occupavit et quaesivit. Contra
ingrata sunt, ut dixi, licet re ac specie magna videantur,
quae danti aut extorquentur aut excidunt, multoque
gratius venit, quod facili quam quod plena manu datur.
Exiguum est quod in me contulit: sed amplius non potuit.
At hic quod dedit magnum est: sed dubitavit, sed distulit, sed cum daret, gemuit, sed superbe dedit, sed cir-
cumtulit et placere non ei cui praestabat voluit. Ambi-
tioni dedit, non mihi.

Socrati cum multa multi pro suis quisque facultatibus
offerrent, Aeschines, pauper auditor: *nihil*, inquit, *dignum
te, quod dare tibi possim, invenio et hoc uno modo pauperem
me esse sentio? Itaque dono tibi quod unum habeo, me ipsum.
Hoc munus rogo qualecunque est boni consulas cogitesque alios,
cum multum tibi darent, plus sibi reliquisse.* Cui Socrates:

quidni tu, inquit *mihi magnum munus dederis, nisi forte te parvo aestimas? Habebo itaque curae, ut te meliorem tibi reddam quam accepi.* Vicit Aeschines hoc munere Alcibiadis parem divitiis animum et omnem iuvenum opulentorum munificentiam. [*De Beneficiis,* i. 6-8.]

IX.
The right manner of giving.

Inspiciamus, Liberalis virorum optime, id quod ex priori parte adhuc superest, quemadmodum dandum sit beneficium, cuius rei expeditissimam videor monstraturus viam: sic demus, quomodo vellemus accipere. Ante omnia libenter, cito, sine ulla dubitatione. Ingratum est beneficium, quod diu inter manus dantis haesit, quod quis aegre dimittere visus est et sic dare tamquam *sibi* eriperetur. Etiam si quid morae intervenit, evitemus omni modo ne deliberasse videamur. Proximus est a negante qui dubitavit, nullamque iniet gratiam. Nam 10 cum in beneficio iucundissima sit tribuentis voluntas, qui nolentem se tribuisse ipsa cunctatione testatus est, non dedit, sed adversus ducentem male retinuit: multi autem sunt quos liberalis facit frontis infirmitas. Gratissima sunt beneficia parata, facilia, occurrentia, ubi nulla mora fuit nisi in accipientis verecundia. Optimum est antecedere desiderium cuiusque, proximum sequi. Illud melius, occupare antequam rogemur, quia, cum homini probo ad rogandum os concurrat et subfundatur rubor, qui hoc tormentum remittit, multiplicat munus suum. 20 Non tulit gratis qui, cum rogasset, accepit, quoniam quidem, ut maioribus nostris, gravissimis viris, visum est, nulla res carius constat quam quae precibus empta est. Vota homines parcius facerent, si palam facienda essent: adeo etiam deos, quibus honestissime supplicamus, tacite malumus et intra nosmetipsos precari.

Molestum verbum est, onerosum, demisso voltu dicendum, rogo. Huius facienda est gratia amico et cuicumque, quem amicum sis promerendo facturus. Properet licet,
30 sero beneficium dedit qui roganti dedit. Ideo divinanda cuiusque voluntas et, cum intellecta est, necessitate gravissima rogandi liberanda est: illud beneficium iucundum victurumque in animo scias, quod obviam venit. Si non contingit praevenire, plura rogantis verba intercidamus, ne rogati videamur, sed certiores facti statim promittamus, facturosque nos etiam antequam interpellemur, ipsa festinatione adprobemus. Quemadmodum in aegris opportunitas cibi salutaris est et aqua tempestive data remedii locum obtinuit, ita, quamvis leve et volgare bene-
40 ficium sit, si praesto fuit, si proximam quamque horam non perdidit, multum sibi adicit gratiamque pretiosi sed lenti et diu cogitati muneris vincit: qui tam parate fecit, non est dubium quin libenter faciat. Itaque laetus facit et induit sibi animi sui voltum. [*Ib.* ii. 1–2.]

X.

Various causes assigned for earthquakes.

Ignem causam motus quidam et quidem non ob eamdem causam iudicant: imprimis Anaxagoras, qui existimat "simili paene ex causa et aëra concuti et terram, cum in inferiore parte spiritus crassum aëra et in nubes coactum eadem vi, qua apud nos quoque nubila frangi solent, rumpit et ignis ex hoc conlisu nubium cursuque elisi aëris emicuit. Hic ipse in obvia incurrit exitum quaerens ac divellit repugnantia, donec per angusta aut nactus est viam excundi ad coelum, aut vi et iniuria fecit". Alii
10 in igne causam quidem esse, sed non ob hoc iudicant, sed quia pluribus obrutus locis ardeat et proxima quaeque consumat. Quae si quando excsa ceciderint, tunc sequi

motum earum partium, quae subiectis adminiculis destitutae labant, donec corruerunt nullo occurrente, quod onus exciperet: tunc chasmata, tunc hiatus vasti aperiuntur, aut, cum diu dubitaverunt, super ea se, quae supersunt stantque, conponunt. Hoc apud nos quoque videmus accidere, quotiens incendio laborat pars civitatis: cum exustae trabes sunt aut corrupta, quae superioribus firmamentum dabant, tunc diu agitata fastigia concidunt et tam diu deferuntur atque incerta sunt, donec in solido resederunt.

Anaximenes "terram ipsam ait sibi esse causam motus nec extrinsecus incurrere, quod illam inpellat, sed intra ipsam et ex ipsa. Quasdam enim partes eius decidere, quas aut humor resolverit aut ignis exederit aut spiritus violentia excusserit. Sed his quoque cessantibus non deesse, propter quod aliquid abscedat aut revellatur: nam primum omnia vetustate labuntur nec quicquam tutum a senectute est. Haec solida quoque et magni roboris carpit: itaque quemadmodum in aedificiis veteribus quaedam non percussa tamen decidunt, cum plus ponderis habuere quam virium, ita in hoc universo terrae corpore evenit, ut partes eius vetustate solvantur, solutae cadant et tremorem superioribus adferant, primum, dum abscedunt. Nihil enim utique magnum sine motu eius, cui haesit, absciditur. Deinde cum ceciderunt, solido exceptae resiliunt more pilae, quae cum cecidit, exsultat ac saepius pellitur, totiens a solo in novum inpetum missa. Si vero in stagnantibus aquis delata sunt, hic ipse casus vicina concutit fluctu, quem subitum vastumque inlisum ex alto pondus eiecit." [*Nat. Quaest.* vi. 9–10.]

XI.

Seneca moralizes on the use of mirrors.

Derideantur nunc philosophi, quod de speculi natura disserant, quod inquirant, quid ita facies nostra nobis et quidem in nos obversa reddatur, quid sibi rerum natura voluerit, quod, cum vera corpora edidisset, etiam simulacra eorum adspici voluit. Quorsus pertinuit hanc conparare materiam excipiendarum imaginum potentem? non in hoc scilicet, ut ad speculum barbam velleremus aut ut faciem viri poliremus. In nulla re illa negotium luxuriae concessit: sed primum omnium, quia inbecilli
10 oculi ad sustinendum cominus solem ignoraturi erant, formam eius, hebetato illum lumine ostendit. Quamvis enim orientem occidentemque eum contemplari liceat, tamen habitum ipsum, qui verus est, non rubentis, sed candida luce fulgentis nesciremus, nisi in aliquo nobis humore lenior et adspici facilior occurreret. Praeterea duorum siderum occursum, quo interpellari dies solet, non videremus nec scire possemus, quid esset, nisi liberius humi solis lunaeque imagines videremus. Inventa sunt specula, ut homo ipse se nosset. Multa ex hoc conse-
20 quuntur: primum sui notitiam, deinde ad quaedam consilium: formosus, ut vitaret infamiam, deformis, ut sciret redimendum esse virtutibus quicquid corpori deesset, iuvenis, ut flore aetatis admoneretur illud tempus esse discendi et fortia audendi, senex, ut indecora canis deponeret, ut de morte aliquid cogitaret: ad hoc rerum natura facultatem nobis dedit nosmetipsos videndi. Fons cuique perlucidus aut laeve saxum imaginem reddit:

nuper me in litore vidi,
cum placidum ventis staret mare.

30 Qualem fuisse cultum putas ad hoc se speculum comen-

tium? Aetas illa simplicior et fortuitis contenta nondum in vitium beneficium detorquebat nec inventum naturae in libidinem luxumque rapiebat. Primo faciem suam cuique casus ostendit. Deinde cum blandus sui mortalibus amor dulcem adspectum formae suae faceret, saepius ea respexere, in quibus prius effigies suas viderant. Postquam deterior populus ipsas subiit terras effossurus obruenda, ferrum primum in usu fuit (et id inpune homines eruerant, si solum eruissent) tunc demum alia terrae mala, quorum laevitas aliud agentibus speciem suam obtulit, quam hic in poculo, ille in aere ad alios usus comparato vidit. Et mox proprie huic ministerio praeparatus est orbis, nondum argentei nitoris fragilis vilisque materia. Tunc quoque, cum antiqui illi viri incondite viverent, satis nitidi, si squalorem opere collectum adverso flumine eluerant, cura comere capillum fuit ac prominentem barbam depectere: et in hac re quisque sibi, alteri in vicem operam dabat. Ne coniugum quidem manu crinis ille, quem effundere olim mos viris fuit, adtrectabatur, sed illum sibi ipsi sine ullo artifice formosi quatiebant, non aliter quam iubam generosa animalia. Postea iam rerum potiente luxuria specula totis paria corporibus auro argentoque caelata sunt, gemmis deinde adornata et pluris unum ex his feminae constitit, quam antiquarum dos fuit illa, quae publice dabatur imperatorum pauperum liberis. An tu existimas auro inditum habuisse Scipionis filias speculum, cum illis dos fuisset aes grave? O felix paupertas, quae tanto titulo locum fecit! Non fecisset illis senatus dotem, si habuissent. At quisquis ille erat, cui soceri loco senatus fuit, intellexit accepisse se dotem, quam fas non esset reddere: iam libertinorum virgunculis in unum speculum non sufficit illa dos, quam dedit senatus pro *Scipione*. Processit enim paulatim in deterius opibus ipsis invitata luxuria et incrementum ingens vitia ceperunt, adeoque omnia indiscreta sunt diversissimis artibus, ut quicquid mundus muliebris vocabatur, sarcinae viriles sint: minus dico, etiam militares. Iam speculum ornatus tantum causa adhibetur? Nulli non vitio necessarium factum est. [*Ib.* i. 17.]

XII.

The true bearing and outward appearance of the philosopher.

Quod pertinaciter studes et omnibus omissis hoc unum agis, ut te meliorem cotidie facias, et probo et gaudeo, nec tantum hortor, ut perseveres, sed etiam rogo. Illud autem te admoneo, ne eorum more, qui non proficere sed conspici cupiunt, facias aliqua, quae in habitu tuo aut genere vitae notabilia sint. Asperum cultum et intonsum caput et neglegentiorem barbam et indictum argento odium et cubile humi positum, et quicquid aliud ambitio perversa via sequitur, evita. Satis ipsum
10 nomen philosophiae, etiamsi modeste tractetur, invidiosum est: quid si nos hominum consuetudini cooperimus excerpere? Intus omnia dissimilia sint, frons populo nostra conveniat. Non splendeat toga, ne sordeat quidem. Non habeamus argentum, in quod solidi auri caelatura descenderit, sed non putemus frugalitatis indicium auro argentoque caruisse: id agamus, ut meliorem vitam sequamur quam volgus, non ut contrariam: alioquin quos emendari volumus, fugamus a nobis et avertimus. Illud quoque efficimus, ut nihil imitari velint
20 nostri, dum timent, ne imitanda sint omnia. Hoc primum philosophia promittit, sensum communem, humanitatem et congregationem. A qua professione dissimilitudo nos separabit. Videamus, ne ista, per quae admirationem parare volumus, ridicula et odiosa sint. Nempe propositum nostrum est secundum naturam vivere: hoc

contra naturam est, torquere corpus suum et faciles odisse munditias et squalorem adpetere et cibis non tantum vilibus uti, sed tetris et horridis. Quemadmodum desiderare delicatas res luxuriae est, ita usitatas et non magno parabiles fugere dementiae. Frugalitatem exigit 30 philosophia, non poenam: potest autem esse non incompta frugalitas. Hic mihi modus placet: temperetur vita inter bonos mores et publicos: suspiciant omnes vitam nostram, sed agnoscant. "Quid ergo? eadem faciemus, quae ceteri? nihil inter nos et illos intererit?" Plurimum. Dissimiles esse nos volgo sciat, qui inspexerit propius. Qui domum intraverit, nos potius miretur quam supellectilem nostram. Magnus ille est, qui fictilibus sic utitur, quemadmodum argento. Nec ille minor est, qui sic argento utitur, quemadmodum fictilibus. Infirmi 40 animi est pati non posse divitias. [*Ep. Mor.* 5.]

XIII.

It is not pain but fortitude in pain which is desirable.

Ut a communibus initium faciam, ver aperire se coepit, sed iam inclinatum in aestatem, quo tempore calere debebat, intepuit nec adhuc illi fides est. Saepe enim in hiemem revolvitur: vis scire, quam dubium adhuc sit? Nondum me committo frigidae verae: adhuc rigorem eius infringo. "Hoc est, inquis, nec calidum nec frigidum pati." Ita est, mi Lucili: iam aetas mea contenta est suo frigore. Vix media regelatur aestate. Itaque maior pars in vestimentis degitur. Ago gratias senectuti, quod me lectulo adfixit. Quidni gratias illi hoc nomine agam? 10 quicquid debebam nolle, non possum: cum libellis mihi plurimus sermo est. Si quando intervenerunt epistulae tuae, tecum esse mihi videor et sic adficior animo, tamquam tibi non rescribam, sed respondeam. Itaque et de

hoc, quod quaeris, quasi conloquar tecum, quale sit,
una scrutabimur. Quaeris, an omne bonum optabile sit:
"si bonum est, inquis, fortiter torqueri et magno animo
uri et patienter aegrotare, sequitur, ut ista optabilia sint.
Nihil autem video ex istis voto dignum. Neminem certe
20 adhuc scio eo nomine votum solvisse, quod flagellis caesus
esset aut podagra distortus aut oculeo longior factus."
Distingue, mi Lucili, ista, et intelleges esse in iis aliquid
optandum. Tormenta abesse a me velim: sed si susti-
nenda fuerint, ut me in illis fortiter, honeste, animose
geram, optabo. Quidni ego malim non incidere bellum?
Sed si inciderit, ut volnera, ut famem et omnia, quae
bellorum necessitas adfert, generose feram, optabo. Non
sum tam demens, ut aegrotare cupiam: sed si aegrotan-
dum fuerit, ut nihil intemperanter, nihil effeminate fiat
30 optabo. Ita non incommoda optabilia sunt, sed virtus,
qua perferuntur incommoda. Quidam ex nostris existimant omnium istorum fortem tolerantiam non esse optabilem, sed ne abominandam quidem, quia voto purum
bonum peti debet et tranquillum et extra molestiam
positum: ego dissentio. Quare? primum quia fieri non
potest, ut aliqua res bona quidem sit, sed optabilis non
sit. Deinde si virtus optabilis est, nullum autem sine
virtute bonum est, omne bonum optabile. Deinde etiamsi
ultimorum tormentorum fortis patientia optabilis est.
40 Etiamnunc interrogo: nempe fortitudo optabilis est: atqui
pericula contemnit et provocat. Pulcherrima pars eius
maximeque mirabilis illa est, non cedere ignibus, obviam
ire volneribus, interdum tela ne vitare quidem, sed
pectore excipere: si fortitudo optabilis est, et tormenta
patienter ferre optabile est. Hoc enim fortitudinis pars
est. Sed separa ista, ut dixi: nihil erit quod tibi faciat
errorem. Non enim pati tormenta optabile est, sed
pati fortiter. Illud opto fortiter, quod est virtus.

"Quis tamen umquam hoc sibi optat?" Quaedam vota aperta et professa sunt, cum particulatim fiunt: quaedam latent, cum uno voto multa conprensa sunt. Tamquam opto mihi vitam honestam. Vita autem honesta actionibus variis constat: in hac est Reguli arca, Catonis scissum manu sua volnus, Rutili exilium, calix venenatus, qui Socratem transtulit e carcere in coelum. Ita, cum optavi mihi vitam honestam, et haec optavi, sine quibus interdum honesta non potest esse.

O terque quaterque beati,
quis ante ora patrum Troiae sub moenibus altis
(contigit oppetere!

Quid interest, optes hoc alicui an optabile fuisse fatearis? Decius se pro republica devovit: in medios hostes concitato equo mortem petens inruit. Alter post hunc, paternae virtutis aemulus, conceptis sollemnibus ac iam familiaribus verbis in aciem confertissimam incucurrit, de hoc sollicitus tantum, ut litaret, optabilem rem putans bonam mortem. Dubitas ergo, an optimum sit memorabilem mori et in aliquo opere virtutis? Cum aliquis tormenta fortiter patitur, omnibus virtutibus utitur fortasse: una in promptu sit et maxime adpareat patientia. Ceterum illic est fortitudo, cuius patientia et perpessio et tolerantia rami sunt. Illic est prudentia, sine qua nullum initur consilium, quae suadet, quod effugere non possis, quam fortissime ferre. Illic est constantia, quae deici loco non potest et propositum nulla vi extorquente dimittit. Illic est individuus ille comitatus virtutum: quicquid honeste fit, una virtus facit, sed ex consilii sententia. Quod autem ab omnibus virtutibus conprobatur, etiamsi ab una fieri videtur, optabile est. Quid? tu existimas ea tantum optabilia esse, quae per voluptatem et otium veniunt? quae excipiuntur foribus or-

natis? sunt quaedam tristis voltus bona. Sunt quaedam vota, quae non gratulantium coetu, sed adorantium venerantiumque celebrantur. Ita tu non putas Regulum optasse, ut ad Poenos perveniret? Indue magni viri animum et ab opinionibus volgi secede paulisper. Cape, quantum debes, virtutis pulcherrimae ac magnificentissimae speciem, quae nobis non thure nec sertis, sed sudore et sanguine colenda est. Adspice M. Catonem
90 sacro illi pectori purissimas manus admoventem et volnera parum autem demissa laxantem. Utrum tandem illi dicturus es: "vellem quae velles". Et "moleste fero". An: "feliciter quod agis?" Hoc loco mihi Demetrius noster occurrit, qui vitam securam et sine ullis fortunae occursionibus "mare mortuum" vocat. Nihil habere, ad quod exciteris, ad quod te concites, cuius denuntiatione et incursu firmitatem animi tui temptes, sed in otio inconcusso iacere non est tranquillitas: malacia est. Attalus Stoicus dicere solebat: "malo
100 me fortuna in castris suis quam in deliciis habeat. Torqueor, sed fortiter: bene est. Occidor, sed fortiter: bene est." Audi Epicurum, dicet: "et dulce est". Ego tam honestae rei ac severae numquam molle nomen inponam. Uror, sed invictus. Quidni hoc optabile sit? *Optabile* autem non quod urit me ignis, sed quod non vincit. Nihil est virtute praestantius, nihil pulchrius. Et bonum est et optabile, quicquid ex huius geritur imperio. Vale. [*Ep. Mor.* 67.]

XIV.

The ethics of suicide.

Subito nobis hodie Alexandrinae naves adparuerunt, quae praemitti solent et nuntiare secuturae classis adventum: tabellarias vocant. Gratus illarum Campaniae adspectus est: omnis in pilis Puteolorum turba consistit et ex ipso genere velorum Alexandrinas quamvis in magna turba navium intellegit. Solis enim licet siparum intendere, quod in alto omnes habent naves. (Nulla enim res aeque adiuvat cursum quam summa pars veli: illinc maxime navis urgetur. Itaque quotiens ventus increbruit maiorque est quam expedit, antenna submittitur: minus habet virium flatus ex humili.) Cum intravere Capreas et promontorium, ex quo

alta procelloso speculatur vertice Pallas,

ceterae velo iubentur esse contentae: siparum Alexandrinarum insigne est. In hoc omnium discursu properantium ad litus magnum ex pigritia mea sensi voluptatem, quod epistulas meorum accepturus non properavi scire, quis illic esset rerum mearum status, quid adferrent: olim iam nec perit quicquam mihi nec adquiritur. Hoc, etiamsi senex non essem, fuerat sentiendum: nunc vero multo magis, quia quantulumcumque haberem, tamen plus iam mihi superesset viatici quam viae, praesertim cum eam viam simus ingressi, quam peragere non est necesse. Iter imperfectum erit, si in media parte aut citra petitum locum steteris: vita non est inperfecta, si honesta est. Ubicumque desines, si bene desinis, tota est. Saepe autem et fortiter desinendum est et non ex maximis causis. Nam nec maximae sunt, quae nos tenent. Tullius Marcellinus, quem optime noveras, adulescens quietus et cito senex, morbo et non insanabili correptus, sed longo et molesto et multa imperante coepit deliberare de morte. Convocavit conplures amicos: unusquisque, aut quia timidus erat, id illi suadebat, quod sibi suasisset, aut quia adulator et blandus, id consilium dabat, quod deliberanti gratius fore suspicabatur: amicus noster Stoicus, homo egregius et, ut verbis

illum, quibus laudari dignus est, laudem, vir fortis ac
strenuus, videtur mihi optime illum cohortatus. Sic
enim coepit: "Noli, mi Marcelline, torqueri tamquam de
40 re magna deliberes. Non est res magna vivere: omnes
servi tui vivunt, omnia animalia: magnum est honeste
mori, prudenter,. fortiter. Cogita, quamdiu iam idem
facias: cibus, somnus, libido: per hunc circulum curritur.
Mori velle non tantum prudens aut fortis aut miser,
etiam fastidiosus potest." Non opus erat suasore illi,
sed adiutore: servi parere nolebant. Primum detraxit
illis metum et indicavit tunc familiam periculum adire,
cum incertum esset, an mors domini voluntaria fuisset:
alioquin tam mali exempli esse occidere dominum quam
50 prohibere. Deinde ipsum Marcellinum admonuit non
esse inhumanum, quemadmodum coena peracta reliquiae
circumstantibus dividantur, sic peracta vita aliquid por-
rigi his, qui totius vitae ministri fuissent. Erat Marcellinus facilis animi et liberalis, etiam cum de suo fieret:
minutas itaque summulas distribuit flentibus servis et
illos ultro consolatus est. Non fuit illi opus ferro, non
sanguine: triduo abstinuit et in ipso cubiculo poni taber-
naculum iussit. Solium deinde inlatum est, in quo diu
iacuit et calda subinde subfusa paulatim defecit, ut aie-
60 bat, non sine quadam voluptate, quam adferre solet lenis
dissolutio non inexperta nobis, quos aliquando liquit
animus. In fabellam excessi non ingratam tibi. Exitum
enim amici tui cognosces non difficilem nec miserum.
Quamvis enim mortem sibi consciverit, tamen mollissime
excessit et vitae elapsus est. Sed ne inutilis quidem
haec fabella fuerit: saepe enim talia exempla necessitas
exigit. Saepe debemus mori nec volumus: morimur nec
volumus. Nemo tam inperitus est, ut nesciat quandoque
moriendum: tamen cum prope accessit, tergiversatur,
70 tremit, plorat. Nonne tibi videbitur stultissimus omnium,

qui flevit, quod ante annos mille non vixerat? aeque stultus est, qui flet, quod post annos mille non vivet. Haec paria sunt: non eris nec fuisti. Utrumque tempus alienum est. In hoc puncto coniectus es, quod ut extendas, quousque extendes? Quid fles? quid optas? Perdis operam.

desine fata deum flecti sperare precando.

Rata et fixa sunt et magna atque aeterna necessitate ducuntur. Eo ibis, quo omnia eunt. Quid tibi novi est? ad hanc legem natus es. Hoc patri tuo accidit, hoc matri, hoc maioribus, hoc omnibus ante te, hoc omnibus post te. Series invicta et nulla mutabilis ope inligavit ac trahit cuncta. Quantus te populus moriturorum sequetur? quantus comitabitur? fortior, ut opinor, esses, si multa milia tibi commorerentur: atqui multa milia hominum et animalium hoc ipso momento, quo tu mori dubitas, animam variis generibus emittunt. Tu autem non putabas te aliquando ad id perventurum, ad quod semper ibas? Nullum sine exitu iter est. [*Ep. Mor.* 77.]

XV.

The uncertainty of life. So live as if each day were to be your last.

Omnis dies, omnis hora quam nihil simus ostendit et aliquo argumento recenti admonet fragilitatis oblitos: tum aeterna meditatos respicere cogit ad mortem. Quid sibi istud principium velit quaeris? Senecionem Cornelium, equitem Romanum splendidum et officiosum, noveras: ex tenui principio se ipse promoverat et iam illi declivis erat cursus ad cetera. Facilius enim crescit dignitas quam incipit. Pecunia quoque circa paupertatem plurimum morae habet, dum ex illa erepat. Hic etiam Senecio divitiis inminebat, ad quas illum duae res ducebant efficacissimae, et quaerendi et custodiendi scientia, quarum vel altera locupletem facere potuisset. Hic homo summae frugalitatis, non minus patrimonii quam corporis diligens, cum me ex consuetudine mane vidisset, cum per totum diem amico graviter adfecto et sine spe iacenti usque in noctem adsedisset, cum hilaris coenasset: genere valitudinis praecipiti arreptus, angina, vix conpressum artatis faucibus spiritum traxit in lucem. Intra paucissimas ergo horas, quam omnibus erat sani ac valentis officiis functus, decessit. Ille, qui et mari et terra pecuniam agitabat, qui ad publica quoque nullum relinquens inexpertum genus quaestus accesserat in ipso actu bene cedentium rerum, in ipso procurrentis pecuniae inpetu raptus est:

insere nunc, Meliboee, piros, pone ordine vites.

Quam stultum est aetatem disponere ne crastini quidem dominum! O quanta dementia est spes longas inchoantium: emam, aedificabo, credam, exigam, honores geram: tum deinde lassam et plenam senectutem in otium referam. Omnia, mihi crede, etiam felicibus dubia sunt. Nihil sibi quisquam de futuro debet promittere. Id quoque, quod tenetur, per manus exit et ipsam, quam premimus, horam casus incidit. Volvitur tempus rata quidem lege, sed per obscurum: quid autem ad me, an naturae certum sit, quod mihi incertum est? Navigationes longas et pererratis litoribus alienis seros in patriam reditus proponimus, militiam et castrensium laborum tarda manipretia, procurationes officiorumque per officia processus, cum interim ad latus mors est, quae quoniam numquam cogitatur nisi aliena, subinde nobis ingeruntur mortalitatis exempla non diutius, quam dum miramur, haesura. Quid autem stultius quam mirari id ullo die factum, quod omni potest fieri? stat quidem terminus

nobis, ubi illum inexorabilis fatorum necessitas fixit, sed
nemo scit nostrum, quam prope versetur terminus: sic
itaque formemus animum, tamquam ad extrema ventum
sit. Nihil differamus. Cotidie cum vita paria faciamus.
Maximum vitae vitium est, quod inperfecta semper est,
quod aliquid ex illa differtur. Qui cotidie vitae suae
summam manum inposuit, non indiget tempore. Ex hac
autem indigentia timor nascitur et cupiditas futuri
exedens animum. Nihil est miserius dubitatione venien-
tium, quorsus evadant. Quantum sit illud, quod restat,
aut quale, contracta mens inexplicabili formidine agitat.
Quo modo effugiemus hanc volutationem? uno, si vita
nostra non prominebit, si in se colligitur. Ille enim ex
futuro suspenditur, cui inritum est praesens: ubi vero,
quicquid mihi debui, redditum est, ubi stabilita mens
scit nihil interesse inter diem et seculum: quicquid deinceps dierum rerumque venturum est, ex alto prospicit et
cum multo risu seriem temporum cogitat. Quid enim
varietas mobilitasque casuum perturbabit, si certus sis
adversus incerta? Ideo propera, Lucili, vivere et singulos
dies singulas vitas puta. Qui hoc modo se aptavit, cui
vita sua cotidie fuit tota, securus est: in spe viventibus
proximum quodque tempus elabitur subitque aviditas et
miserrimus ac miserrima omnia efficiens metus mortis.
Inde illud Maecenatis turpissimum votum, quo et debili-
tatem non recusat et deformitatem et novissime acutam
crucem, dummodo inter haec mala spiritus prorogetur:

> *Debilem facito manu,*
> *debilem pede, coxa,*
> *tuber adstrue, gibberum,*
> *lubricos quate dentes:*
> *vita dum superest, bene est.*
> *Hanc mihi, vel acuta*
> *si sedeam cruce, sustine.*

Quod miserrimum erat, si incidisset, optatur et tamquam vita petitur supplicii mora. Contemptissimum putarem, 80 si vivere vellet usque ad crucem: "tu vero, inquit, me debilites licet, dum spiritus in corpore fracto et inutili maneat. Depraves licet, dum monstroso et de*tort*o temporis aliquid accedat. Suffigas licet et acutam sessuro crucem subdas": est tanti volnus suum premere et patibulo pendere districtum, dum differat id, quod est in malis optimum, supplicii finem? est tanti habere animam, ut agam? Quid huic optes nisi deos faciles? quid sibi vult ista carminis effeminati turpitudo? quid timoris dementissimi pactio? quid tam foeda vitae mendicatio? 90 Huic putes umquam recitasse Vergilium

usque adeone mori miserum est?

Optat ultima malorum et, quae pati gravissimum est, extendi ac sustineri cupit: qua mercede? scilicet vitae longioris. Quid autem huius vivere est? diu mori. Invenitur aliquis, qui velit inter supplicia tabescere et perire membratim et totiens per stilicidia emittere animam, quam semel exhalare? invenitur, qui velit adactus ad illud infelix lignum, iam debilis, iam pravus et in foedum scapularum ac pectoris tuber elisus, cui multae 100 moriendi causae, etiam citra crucem fuerant, trahere animam tot tormenta tracturam? nega nunc magnum beneficium esse naturae, quod necesse est mori. Multi peiora adhuc pacisci parati sunt: etiam amicum prodere, ut diutius vivant, et liberos ad stuprum manu sua tradere, ut contingat lucem videre tot consciam scelerum. Excutienda vitae cupido est discendumque nihil interesse, quando patiaris, quod quandoque patiendum est. Quam bene vivas refert, non quamdiu: saepe autem in hoc est bene, ne diu. Vale. [*Ep. Mor.* 101.]

XVI.

The satire on the sham deification of Claudius, from which this extract is taken, has been generally called Ἀποκολοκύντωσις, *i.e. transformation into a pumpkin, this being the title given by Dio. But there seems no other authority for its being so termed, and, as Teuffel suggests (Hist. Rom. Lit. vol. ii. p. 47), the St. Gall MS. calls it simply an 'apotheosis' because the original title was misunderstood.*

Tandem Iovi venit in mentem, privatis intra curiam morantibus, sententiam dicere *senatoribus non licere* nec disputare. 'Ego, inquit, P. C., interrogare vobis permiseram, vos mera mapalia fecistis. Volo servetis disciplinam curiae. Hic, qualiscumque est, quid de nobis existimabit?" Illo dimisso primus interrogatur sententiam Ianus pater. Is designatus erat in Kal. Iulias postmeridianus Cos., homo quantumvis vafer, qui semper videt ἅμα πρόσσω και ὀπίσσω. Is multa diserte, quod in foro vivat, dixit, quae notarius persequi non potuit, et idea non refero, ne aliis verbis ponam, quae ab illo dicta sunt. Multa dixit de magnitudine deorum: non debere hunc volgo dari honorem. "Olim, inquit, magna res erat deum fieri: iam *fabam imam* fecisti [et iam pessimum quemque illum adfectare]. Itaque ne videar in personam, non in rem dicere sententiam, censeo, ne quis post hunc diem deus fiat ex his, qui ἀρούρης καρπὸν ἔδουσιν, aut ex his, quos alit ζείδωρος ἄρουρα. Qui contra hoc senatus consultum deus factus, dictus pictusve erit, eum dedi larvis et proximo munere inter novos auctoratos ferulis vapulare placet." Proximus interrogatur sententiam Diespiter, Vicae Potae filius, et ipse designatus Cos. nummulariolus. Hoc quaestu se sustinebat, vendere civitatulas solebat. Ad hunc belle accessit Hercules et auriculam illi tetigit. Censet itaque in haec verba: "Cum divus Claudius et divum Augustum sanguine contingat nec minus divam

Augustam, aviam suam, quam ipse deam esse iussit, longeque omnes mortales sapientia antecellat sitque e republica esse aliquem, qui cum Romulo possit

ferventia rapa vorare:

censeo, ut divus Claudius ex hac die deus sit, ita uti ante eum quis optimo iure factus sit, eamque rem ad metamorphosis Ovidii adiciendam". Variae erant sententiae et videbatur Claudius sententiam vincere. Hercules enim, qui videret ferrum suum in igne esse, modo huc modo illuc cursabat et aiebat: "Noli mihi invidere, mea res agitur. Deinde tu si quid volueris, invicem faciam: manus manum lavat."

PETRONIUS.

Petronius or Titus Petronius (as Plutarch calls him) belongs as an author probably to the beginning of the reign of Nero, or the end of that of Claudius: this date has, however, not been universally accepted, some critics placing it earlier, while Niebuhr would postpone it to the third century. The name Arbiter (in full 'arbiter elegantiarum') clung to him, as, while some later writers call him Petronius, others simply refer to him as Arbiter.

The Cena Trimalchionis is in reality only an excerpt from a large satirical work: it is not only valuable for its Latinity, but also from the light which it throws on the luxurious life and profligate manners of rich Romans under the empire. As we have it the Cena Trimalchionis is a novel or novelette with many happy and witty touches, giving a sketch of a 'happy day' at Rome, interspersed with a certain amount of literary criticism. In its mixture of prose and verse, dealing jocularly with plebeian subjects, it may be styled a Menippean satire (for which see note on Extract iii. line 15 of Aulus Gellius). Moreover, it affords an excellent example of plebeian speech and the colloquialisms of middle-class society, and, as might be expected, contains a large number of proverbial sayings and maxims: many of the words used in the description of the Cena are not to be found elsewhere. The narrative deals with the adventures of the freedman Eucolpius (for an interesting summary of the contents *vide* Simcox, *Hist. Lat. Lit.*, vol. ii.).

I.

Trimalchio's singing slave.

Interposito deinde spatio cum secundas mensas Trimalchio iussisset afferri, sustulerunt servi omnes mensas et alias attulerunt, scobemque croco et minio tinctam sparserunt et, quod nunquam ante videram, ex lapide

speculari pulverem tritum. Statim Trimalchio 'poteram
quidem' inquit 'hoc fericulo esse contentus; secundas
enim mensas habetis. Sed si quid belli habes, affer.'
Interim puer Alexandrinus, qui caldam ministrabat,
luscinias coepit imitari clamante Trimalchione subinde:
10 'muta'. Ecce alius ludus. Servus qui ad pedes Habinnae
sedebat, iussus, credo, a domino suo proclamavit subito
canora voce:
'interea medium Aeneas iam classe tenebat.'
Nullus sonus unquam acidior percussit aures meas; nam
praeter errantis barbariae aut auctum aut deminutum clamorem miscebat Atellanicos versus, ut tunc primum me
etiam Vergilius offenderit. Plausum tamen, cum aliquando
desisset, adiecit Habinnas et 'nunquam' inquit 'didicit,
sed ego ad circulatores eum mittendo erudibam. Itaque
20 parem non habet, sive muliones volet sive circulatores
imitari. Desperatum valde ingeniosus est: idem sutor est,
idem cocus, idem pistor, omnis musae mancipium. Illum
emi trecentis denariis.' Interpellavit loquentem Scintilla
et 'plane' inquit 'non omnia artificia servi nequam narras.
Agaga est; at curabo, stigmam habeat.' Risit Trimalchio
et 'adcognosco' inquit 'Cappadocem: nihil sibi defraudit.
Et mehercules laudo illum; hoc enim nemo parentat. Tu
autem, Scintilla, noli zelotypa esse. Crede mihi, et vos
novimus. ... Sed tace, lingua, dabo panem.' Tanquam
30 laudatus esset nequissimus servus, lucernam de sinu
fictilem protulit et amplius semihora tubicines imitatus
est succinente Habinna et inferius labrum manu depri-
mente. Ultimo etiam in medium processit et modo
harundinibus quassis choraulas imitatus est, modo lacer-
natus cum flagello mulionum fata egit, donec vocatum
ad se Habinnas basiavit, potionemque illi porrexit et
'tanto melior' inquit Massa, dono tibi caligas.' [§ 68–69,
with omissions.]

II.

Trimalchio after dinner reads his will.

Diffusus hac contentione Trimalchio 'amici' inquit 'et
servi homines sunt et aeque unum lactem biberunt, etiam
si illos malus Fatus oppressit. Tamen me salvo cito
aquam liberam gustabunt. Ad summam, omnes illos in
testamento meo manumitto. Philargyro etiam fundum
lego et contubernalem suam, Carioni quoque insulam et
vicesimam et lectum stratum. Nam Fortunatam meam
heredem facio, et commendo illam omnibus amicis meis:
et haec ideo omnia publico, ut familia mea iam nunc sic
me amet tanquam mortuum'. Gratias agere omnes in-
dulgentiae coeperant domini, cum ille oblitus nugarum
exemplar testamenti iussit afferri et totum a primo ad
ultimum ingemescente familia recitavit. Respiciens deinde
Habinnam 'quid dicis' inquit 'amice carissime? Aedificas
monumentum meum, quemadmodum te iussi? Valde te
rogo, ut secundum pedes statuae meae catellam ponas et
coronas et unguenta et Petraitis omnes pugnas, ut mihi
contingat tuo beneficio post mortem vivere; praeterea
ut sint in fronte pedes centum, in agrum pedes ducenti.
Omne genus enim poma volo sint circa cineres meos, et
vinearum largiter. Valde enim falsum est vivo quidem
domos cultas esse, non curari eas, ubi diutius nobis ha-
bitandum est. Et ideo ante omnia adici volo: "hoc monumentum heredem non sequitur". Ceterum erit mihi
curae, ut testamento caveam, ne mortuus iniuriam accipiam. Praeponam enim unum ex libertis sepulcro meo
custodiae causa, ne in monumentum meum populus ca-
catum currat. Te rogo, ut naves etiam *in fronte* monumenti mei facias plenis velis euntes, et me in tribunali
sedentem praetextatum cum anulis aureis quinque et
nummos in publico de sacculo effundentem; scis enim,

quod epulum dedi binos denarios. Faciantur, si tibi videtur, et triclinia. Facias et totum populum sibi suaviter facientem. Ad dexteram meam ponas statuam Fortunatae meae columbam tenentem: et catellam cingulo alligatam ducat: et cicaronem meum, et amphoras copiosas gypsatas, ne effluant vinum. Et urnam licet fractam sculpas, et super eam puerum plorantem. Horologium in medio, ut quisquis horas inspiciet, velit nolit, nomen meum legat. Inscriptio quoque vide diligenter si haec satis idonea tibi videtur: "C. Pompeius Trimalchio Maecenatianus hic requiescit. Huic seviratus absenti decretus est. Cum posset in omnibus decuriis Romae esse, tamen noluit. Pius, fortis, fidelis, ex parvo crevit, sestertium reliquit trecenties, nec unquam philosophum audivit. Vale: et tu." [§ 71.]

III.

Trimalchio tells the story of his life.

Nam ego quoque tam fui quam vos estis, sed virtute mea ad hoc perveni. Corcillum est quod homines facit, cetera quisquilia omnia. "Bene emo, bene vendo"; alius alia vobis dicet. Felicitate dissilio. Tu autem, stertcia, etiamnum ploras? Iam curabo, fatum tuum plores. Sed ut coeperam dicere, ad hanc me fortunam frugalitas mea perduxit. Tam magnus ex Asia veni, quam hic candelabrus est. Ad summam, quotidie me solebam ad illum metiri et ut celerius rostrum barbatum haberem, labra de lucerna ungebam. Ceterum, quemadmodum di volunt, dominus in domo factus sum, et ecce cepi ipsimi cerebellum. quid multa? Coheredem me Caesari fecit, et accepi patrimonium laticlavium. Nemini tamen nihil satis est. Concupivi negotiari. Ne multis vos morer, quinque naves aedificavi, oneravi vinum—et tunc erat contra aurum—misi Romam. Putares me hoc iussisse: omnes naves

naufragarunt, factum, non fabula. Uno die Neptunus
trecenties sestertium devoravit. Putatis me defecisse?
non mehercules mi haec iactura gusti fuit, tanquam nihil
facti. Alteras feci maiores et meliores et feliciores, ut 20
nemo non me virum fortem diceret. Scitis, magna navis
magnam fortitudinem habet. Oneravi rursus vinum,
lardum, fabam, seplasium, mancipia. Hoc loco Fortunata
rem piam fecit; omne enim aurum suum, omnia vestimenta
vendidit et mi centum aureos in manu posuit. Hoc fuit
peculii mei fermentum. Cito fit, quod di volunt. Uno
cursu centies sestertium conrotundavi. Statim redemi
fundos omnes, qui patroni mei fuerant. Aedifico domum,
venalicia coemo iumenta; quicquid tangebam, crescebat
tanquam favus. Postquam coepi plus habere, quam tota 30
patria mea habet, manum de tabula: sustuli me de nego-
tiatione et coepi per libertos faenerare. Et sane nolentem
me negotium meum agere exhortavit mathematicus, qui
venerat forte in coloniam nostram, Graeculio, Serapa
nomine, consiliator deorum. Hic mihi dixit, etiam ea,
quae oblitus eram; ab acia et acu mi omnia exposuit;
intestinas meas noverat, tantum quod mihi non dixerat,
quid pridie cenaveram. Putasses illum semper mecum
habitasse. Rogo, Habinna — puto, interfuisti — : "tu
domum tuam de rebus pusillis fecisti. Tu parum felix in 40
amicos es. Nemo unquam tibi parem gratiam refert. Tu
latifundia possides. Tu viperam sub ala nutricas" et,
quid vobis non dixerim? Et nunc mi restare vitae annos
triginta et menses quattuor et dies duos. Praeterea cito
accipiam hereditatem. Hoc mihi dicit Fatus meus. Quod
si contigerit fundos Apuliae iungere, satis vivus pervenero.
Interim dum Mercurius vigilat, aedificavi hanc domum.
Ut scitis, casula erat; nunc templum est. Habet quattuor
cenationes, cubicula viginti, porticus marmoratos duos,
susum cellationem, cubiculum in quo ipse dormio, viperae 50

huius sessorium, ostiarii cellam perbonam; hospitium
hospites capit. Ad summam, Scaurus cum huc venit,
nusquam mavoluit hospitari, et habet ad mare paternum
hospitium. Et multa alia sunt, quae statim vobis ostendam. Credite mihi: assem habeas, assem valeas; habes,
habeberis. Sic amicus vester, qui fuit rana, nunc est rex.
Interim, Stiche, profer vitalia, in quibus volo me efferri.
Profer et unguentum et ex illa amphora gustum, ex qua
iubeo lavari ossa mea.' [§ 75-77.]

PLINY THE ELDER.

Pliny the elder (23–79 A.D.) was a man of indefatigable energy, combining the performance of official duties with great literary activity. He began his career, as was customary, as a soldier, and served for some time in Germany, earning distinction, and possibly promotion, by his book De Iaculatione Equestri. He was afterwards procurator Caesaris in Hispania, Tarraconensis, and Gallia Narbonensis, having been in the interim a teacher of grammar and rhetoric. On his return he was received with great favour by Vespasian, whose confidential friend he became. "Ante lucem ibat ad Vespasianum imperatorem . . . inde ad delegatum sibi officium: reversus domum quod relicum temporis studiis reddebat" (Pliny the Younger, Ep. iii. 5). It is possible also that he held an official position in the Jewish war, and was even procurator Syriae. Later he was admiral of the fleet at Misenum, and it was while holding this office that he lost his life while investigating the famous eruption of Vesuvius in that year.

He was a very voluminous writer, but only the Natural History has descended to us. This is a work in thirty-seven books, dealing with natural science in its various branches as applied to life. It is to a great extent a compilation from previous authors as Pliny himself acknowledges, and the materials are put together without any great discrimination. Being in no way gifted with an acute critical faculty he puts down side by side much that is valuable with much that is nonsensical: "Actuated as he is by the desire to collect the greatest quantity of material, Pliny is not very particular as to what he accepts" (Teuffel, vol. ii. 99). In his Natural History are to be found a large number of curious anecdotes which, from their very absurdity, ought to have been excluded from any work dealing seriously with questions of natural science. His tendency, moreover, to enumerate long lists of details, often without any apparent connection, makes a great part of the work very dull reading. Of this Pliny was himself aware, as he complains of the dryness of the material with which he has to deal. He is at once more reliable and more interesting when he discusses historical or biographical points, and he throws much light on the opinions held by his contemporaries on almost every subject. After the fashion of his day he has an inclination to moralize, and follows Seneca in denouncing the immorality and the degeneracy of the times. In style Pliny is uneven. At times he puts down his facts and anecdotes without any attempt at literary ornament. At other times he displays all the characteristic faults of his age by his inclination to rhetoric and epigram, while in places his involved style makes his meaning very obscure.

Besides the Natural History Pliny wrote several other books, such as the life of Pomponius (under whom he served in Germany), the work previously mentioned on javelin-throwing, a discourse on the difficulties of the Latin language, &c.; but of these last books probably the most important must have been the history of the wars in Germany, to which Tacitus alludes (Ann. i. 69). There is a graphic account of Pliny's death to be found in the pages of his nephew, the younger Pliny (Ep. vi. 16).

I.

The earth we live on.

Sequitur terra, cui uni rerum naturae partium eximia propter merita cognomen indidimus maternae venerationis. Sic hominum illa, ut caelum dei, quae nos nascentes excipit, natos alit, semelque editos sustinet semper, novissime conplexa gremio iam a reliqua natura abdicatos tum maxime ut mater operiens, nullo magis sacra merito quam quo nos quoque sacros facit, etiam monimenta ac titulos gerens nomenque prorogans nostrum et memoriam extendens contra brevitatem aevi, cuius numen ultimum
10 iam nullis precamur irati grave, tamquam nesciamus hanc esse solam quae numquam irascatur homini. Aquae

subeunt in imbres, rigescunt in grandines, tumescunt in
fluctus, praecipitantur in torrentes, aer densatur nubibus, furit procellis. At haec benigna, mitis, indulgens,
ususque mortalium semper ancilla, quae coacta generat,
quae sponte fundit, quos odores saporesque, quos sucos,
quos tactus: quos colores! quam bona fide creditum
foenus reddit! quae nostra causa alit! pestifera enim
animantia, vitali spiritu habente culpam, illi necesse est
seminata excipere et genita sustinere, sed in malis gen- 20
rantium noxa est. Illa serpentem homine percusso
amplius non recipit, poenasque etiam inertium nomine
exigit, illa medicas fundit herbas et semper homini
parturit. Quin et venena nostri miseritam instituisse
credi potest, ne in taedio vitae fames, mors terrae meritis alienissima, lenta nos consumeret tabe, ne lacerum
corpus abrupta dispergerent, ne laquei torqueret poena
praepostera incluso spiritu cui quaereretur exitus, ne in
profundo quaesita morte sepultura pabulo fieret, ne ferri
cruciatus scinderet corpus. Ita est, miserita genuit id 30
cuius facillimo haustu inlibato corpore et cum toto sanguine extingueremur nullo labore, sitientibus similes,
qualiter defunctos non volucris, non ferae attingerent,
terraeque servaretur qui sibi ipsi perisset. Verum fate-
amur. Terra nobis malorum remedium genuit, nos illud
vitae fecimus venenum. Non enim et ferro, quo carere
non possumus, simili modo utimur? Nec tamen querere-
mur merito, etiamsi malefici causa tulisset. Adversus
unam quippe naturae partem ingrati sumus. Quas non
ad delicias quasque non ad contumelias servit homini? 40
In maria iacitur, aut ut freta admittamus eroditur.
Aquis, ferro, ligno, igni, lapide, fruge, omnibus cruciatur
horis, multoque plus ut deliciis quam ut alimentis famu-
letur nostris. Et tamen quae summa patiatur atque
extrema cute tolerabilia videantur, penetramus in viscera

auri argentique venas et aeris ac plumbi metalla fodi-
entes, gemmas etiam et quosdam parvulos quaerimus
lapides scrobibus in profundum actis. Viscera eius extra-
himus. Ut digito gestetur, gemma petitur. Quot ma-
50 nus atteruntur, ut unus niteat articulus! Si ulli essent
inferi, iam profecto illos avaritiae atque luxuriae cuniculi
refodissent! Et miramur si eadem ad noxam genuit
aliqua? Ferae enim, credo, custodiunt illam arcentque
sacrilegas manus. Non inter serpentes fodimus et venas
auri tractamus cum veneni radicibus? Placatiore tamen
dea ob haec, quod omnes hi opulentiae exitus ad scelera
caedesque et bella tendunt, quodque sanguine nostro
rigamus insepultisque ossibus tegimus, quibus tamen
velut exprobrato furore tandem ipsa se obducit et scelera
60 quoque mortalium occultat. Inter crimina ingrati animi
et hoc duxerim quod naturam eius ignoramus. [*N. II.*,
ii. 63.]

II.

Conceptions and fallacies about the gods.

Quapropter effigiem dei formamque quaerere inbecilli-
tatis humanae reor. Quisquis est deus, si modo est, alius,
et quacumque in parte, totus est sensus, totus visus,
totus auditus, totus animae, totus animi, totus sui.
Innumeros quidem credere atque etiam ex vitiis hominum, ut Pudicitiam, Concordiam, Mentem, Spem,
Honorem, Clementiam, Fidem, aut (ut Democrito placuit)
duos omnino, Poenam et Beneficium, maiorem ad socordiam accedit. Fragilis et laboriosa mortalitas in
10 partes ista digessit infirmitatis suae memor, ut portioni-
bus coleret quisque quo maxime indigeret. Itaque nomina alia aliis gentibus et numina in iisdem innumer-
abilia invenimus, inferis quoque in genera discriptis
morbisque et multis etiam pestibus, dum esse placatas

trepido metu cupimus. Ideoque etiam publice Febris
fanum in Palatio dicatum est, Orbonae ad aedem Larum
et ara Malae Fortunae Esquiliis. Quamobrem maior
caelitum populus etiam quam hominum intellegi potest,
cum singuli quoque ex semetipsis totidem deos faciant
Iunones Geniosque adoptando sibi, gentes vero quaedam 20
animalia et aliqua etiam obscena pro dis habeant ac
multa dictu magis pudenda, per fetidas cepas' alia et
similia iurantes. Matrimonia quidem inter deos credi
tantoque aevo ex his neminem nasci, et alios esse grandae-
vos semper canosque, alios iuvenes atque pueros, atri
coloris, aligeros, claudos, ovo editos et alternis diebus
viventes morientesque, puerilium prope deliramentorum
est. Sed super omnem inpudentiam adulteria inter
ipsos fingi, mox iurgia et odia, atque etiam furtorum
esse et scelerum numina. Deus est mortali iuvare mor- 30
talem, et haec ad aeternam gloriam via. Hac proceres
iere Romani, hac nunc caelesti passu cum liberis suis
vadit maximus omnis aevi rector Vespasianus Augustus
fessis rebus subveniens. Hic est vetustissimus referendi
bene merentibus gratiam mos, ut tales numinibus ad-
scribant. Quippe et aliorum nomina deorum et quae
supra retuli siderum ex hominum nata sunt meritis.
Iovem quidem aut Mercurium aliterve alios inter se
vocari et esse caelestem nomenclaturam quis non interpretatione naturae fateatur inridendum? Agere curam 40
rerum humanarum illud quidquid est summum? Anne
tam tristi atque multiplici ministerio non pollui credamus? Dubitemusne? Vix prope est iudicare, utrum
magis conducat generi humano, quando aliis nullus est
deorum respectus, aliis pudendus. Externis famulantur
sacris, ac digitis deos gestant, monstra quoque colunt,
damnant et excogitant cibos, imperia dira in ipsos ne
somno quidem quieto inrogant. Non matrimonia, non

liberos, non denique quicquam aliud nisi iuvantibus
50 sacris deligunt. Alii in Capitolio fallunt ac fulminantem
peierant Iovem, et hos iuvant scelera, illos sacra sua
poenis agunt. Invenit tamen inter has utrasque sententias medium sibi ipsa mortalitas numen, quo minus
etiam plana de deo coniectatio esset. Toto quippe mundo
et omnibus locis omnibusque horis omnium vocibus Fortuna sola invocatur ac nominatur, una accusatur, una
agitur rea, una cogitatur, sola laudatur, sola arguitur.
Et cum conviciis colitur, volubilis, a plerisque vero et
caeca existimata, vaga, inconstans, incerta, varia, indig-
60 norumque fautrix. Huic omnia expensa, huic omnia
feruntur accepta, et in tota ratione mortalium sola
utramque paginam facit, adeoque obnoxiae sumus sortis,
ut sors ipsa pro deo sit, qua deus probatur incertus.
Pars alia et hanc pellit astroque suo eventus adsignat
nascendi legibus, semelque in omnes futuros umquam
deo decretum, in reliquum vero otium datur. Sedere
coepit sententia haec, pariterque et eruditum vulgus
et rude in eam cursu vadit. Ecce fulgurum monitus,
oraculorum praescita, haruspicum praedicta, atque etiam
70 parva dictu in auguriis, sternumenta et offensiones
pedum. Divus Augustus prodidit laevum sibi calceum
praepostere inductum quo die seditione militari prope
adflictus est. Quae singula improvidam mortalitatem
involvunt, solum ut inter ista vel certum sit nihil esse
certi nec quicquam miserius homine aut superbius.
Ceteris quippe animantium sola victus cura est, in quo
sponte naturae benignitas sufficit, uno quidem vel prae-
ferenda cunctis bonis, quod de gloria, de pecunia, am-
bitione, superque de morte non cogitant. Verum in his
80 deos agere curam rerum humanarum credi ex usu vitae
est, poenasque maleficiis aliquando seras occupato deo in
tanta mole, numquam autem inritas esse, nec ideo proxi-

mum illi genitum hominem ut vilitate iuxta beluas esset.
Inperfectae vero in homine naturae praecipua solatia,
ne deum quidem posse omnia,—namque nec sibi potest
mortem consciscere, si velit, quod homini dedit optimum
in tantis vitae poenis, nec mortales aeternitate donare
aut revocare defunctos, nec facere ut qui vixit non
vixerit, qui honores gessit non gesserit, — nullumque
habere in praeterita ius praeterquam oblivionis, atque 90
(ut facetis quoque argumentis societas haec cum deo
copuletur) ut bis dena viginti non sint aut multa similiter efficere non posse, per quae declaratur haud dubie
naturae potentia, idque esse quod deum vocemus. In
haec divertisse non fuerit alienum, vulgata propter ad-
siduam quaestionem de deo. [*N. H.* ii. 5.]

III.

Mutability of fortune.

Una feminarum in omni aevo Lampido Lacedaemonia
refertur quae regis filia, regis uxor, regis mater fuerit,
una Berenice quae filia, soror, mater Olympionicarum,
una familia Curionum in qua tres continua serie oratores
exstiterint, una Fabiorum in qua tres continui principes
senatus, M. Fabius Ambustus, Fabius Rullianus filius,
Q. Fabius Gurges nepos.

Cetera exempla fortunae variantis innumera sunt.
Etenim quae facit magna gaudia nisi ex malis, aut quae
mala inmensa nisi ex ingentibus gaudiis? Servavit pro- 10
scriptum a Sulla M. Fidustium senatorem annis XXXVI.,
sed iterum proscriptum. Superstes Sullae vixit, sed
usque ad Antonium, constatque nulla alia de causa ab
eo proscriptum quam quia proscriptus fuisset. Tri-
umphare P. Ventidium de Parthis voluit quidem solum,
sed eundem in triumpho Asculano Cn. Pompei duxit

puerum, quamquam Masurius auctor est bis in triumpho ductum, Cicero mulionem castrensis furnariae fuisse, plurimi iuventam inopem in caliga militari
20 tolerasse. Fuit et Balbus Cornelius maior consul, sed accusatus atque de iure virgarum in eum iudice in consilium misso, primus externorum atque etiam in oceano genitorum usus illo honore quem maiores Latio quoque negaverint. Est et L. Fulvius inter insignia exempla, Tusculanorum rebellantium consul, eodemque honore, cum transisset, exornatus confestim a populo Romano, qui solus eodem anno quo fuerat hostis Romae triumphavit ex iis quorum consul fuerat. Unus hominum ad hoc aevi Felicis sibi cognomen adseruit L. Sulla,
30 civili nempe sanguine ac patriae oppugnatione adoptatum. Sed quibus felicitatis inductus argumentis? Quod proscribere tot milia civium ac trucidare potuisset. O prava interpretatio et futuro tempore infelix! Non melioris sortis tunc fuere pereuntes quorum miseremur hodie, cum Sullam nemo non oderit? Age, non exitus vitae eius omnium proscriptorum ab illo calamitate crudelior fuit erodente se ipso corpore et supplicia sibi gignente? Quod ut dissimulaverit et supremo somnio eius, cui inmortus quodammodo est, credamus ab uno illo invidiam
40 gloria victam, hoc tamen nempe felicitati suae defuisse confessus est quod Capitolium non dedicavisset.

Q. Metellus in ea oratione quam habuit supremis laudibus patris sui L. Metelli pontificis, bis consulis, dictatoris, magistri equitum, quindecimviri agris dandis, qui plurimos elephantos ex primo Punico bello duxit in triumpho, scriptum reliquit decem maximas res optimasque, in quibus quaerendis sapientes aetatem exigerent, consummasse eum: voluisse enim primarium bellatorem esse, optimum oratorem, fortissimum imperatorem, auspicio
50 suo maximas res geri, maximo honore uti, summa sa-

pientia esse, summum senatorem haberi, pecuniam magnam bono modo invenire, multos liberos relinquere et clarissimum in civitate esse. Haec contigisse ei nec ulli alii post Romam conditam. Longum est refellere et supervacuum abunde uno casu refutante. Siquidem is Metellus orbam luminibus exegit senectam amissis incendio, cum Palladium raperet ex aede Vestae, memorabili causa sed eventu misero. Quo fit ut infelix quidem dici non debeat, felix tamen non possit. Tribuit ei populus Romanus quod nulli alii ab condito aevo, ut quotiens in senatum iret curru veheretur ad curiam. Magnum et sublime, sed pro oculis datum.

Huius quoque Q. Metelli qui illa de patre dixit filius inter rara felicitatis humanae exempla numeratur. Nam praeter honores amplissimos cognomenque Macedonici a quattuor filiis inlatus rogo, uno praetorio, tribus consularibus, duobus triumphalibus, uno censorio, quae singula quoque paucis contigere. In ipso tamen flore dignationis suae ab C. Atinio Labeone, cui cognomen fuit Macerioni, tribuno plebis, quem e senatu censor eiecerat, revertens e campo meridiano tempore, vacuo foro et Capitolio ad Tarpeium raptus ut praecipitaretur, convolante quidem tam numerosa illa cohorte quae patrem eum appellabat, sed, ut necesse erat in subito, tarde et tamquam in exsequias, cum resistendi sacroque sanctum repellendi ius non esset, virtutis suae opera et censurae periturus, aegre tribuno qui intercederet reperto a limine ipso mortis revocatus, alieno beneficio postea vixit, bonis inde etiam consecratis a damnato suo, tamquam parum esset faucium certe intortarum expressique per aures sanguinis poena exacta. Equidem et Africani sequentis inimicum fuisse inter calamitates duxerim, ipso teste Macedonico, siquidem dixit: ite filii, celebrate exsequias, numquam civis maioris funus videbitis. Et hoc dicebat iam Bali-

aricis, Diadematis, iam Macedonicus ipse. Verum ut
illa sola iniuria aestimetur, quis hunc iure felicem dixerit
periclitatum ad libidinem inimici, nec Africani saltem,
perire? Quos hostes vicisse tanti fuit? Aut quos non
honores currusque illa sua violentia fortuna retroegit,
90 per mediam urbem censore tracto—etenim sola haec
morandi ratio fuerat,—tracto in Capitolium illo in quod
triumphans ipse deorum exuviis ne captivos quidem sic
traxerat? Maius hoc scelus felicitate consecuta factum
est, periclitato Macedonico vel funus tantum ac tale perdere, in quo a triumphalibus liberis portaretur in rogum
velut exsequiis quoque triumphans. Nulla est profecto
solida felicitas quam contumelia ulla vitae rupit, nedum
tanta. Quod superest, nescio morum gloriae an indignationis dolori accedat, inter tot Metellos tam sceleratam
100 C. Atini audaciam semper fuisse inultam. [vii. 42.]

IV.

Death and the spirits of the dead.

Ipsum cremare apud Romanos non fuit veteris instituti.
Terra condebantur. At postquam longinquis bellis
obrutos erui cognovere, tunc institutum. Et tamen
multae familiae priscos servavere ritus, sicut in Cornelia
nemo ante Sullam dictatorem traditur crematus, idque
voluisse veritum talionem eruto C. Mari cadavere.
Sepultus vero intellegatur quoquo modo conditus,
humatus vero humo contectus.

Post sepulturam vanae manium ambages. Omnibus
10 a supremo die eadem quae ante primum, nec magis a
morte sensus ullus aut corpori aut animae quam ante
natalem. Eadem enim vanitas in futurum etiam se
propagat et in mortis quoque tempora siba vitam menti-
tur, alias inmortalitatem animae, alias transfigurationem,

alias sensum inferis dando et manes colendo deumque faciendo qui iam etiam homo esse desierit, ceu vero ullo modo spirandi ratio ceteris animalibus distet, aut non diuturniora in vita multa reperiantur quibus nemo similem divinat inmortalitatem. Quod autem corpus animae per se? Quae materia? Ubi cogitatio illi? 20 Quomodo visus, auditus, aut qui tangit? Quis usus eius aut quod sine his bonum? Quae deinde sedes quantave multitudo tot saeculis animarum velut umbrarum? Puerilium ista deliramentorum avidaeque numquam desinere mortalitatis commenta sunt. Similis et de adservandis corporibus hominum ac reviviscendi promisso Democriti vanitas, qui non revixit ipse. Quae, malum, ista dementia est iterari vitam morte? Quaeve genitis quies umquam, si in sublimi sensus animae manet, inter inferos umbrae? Perdit profecto ista dulcedo 30 credulitasque praecipuum naturae bonum, mortem, ac duplicat obituri dolorem etiam post futuri aestimatione. Etenim si dulce vivere est, cui potest esse vixisse? At quanto facilius certiusque sibi quemque credere et specimen securitatis antegenitali sumere experimento!
[vii. 85.]

V.

The pearl and its history.

Concha ipsa, cum manum vidit, comprimit sese operitque opes suas gnara propter illas se peti manumque, si praeveniat, acie sua abscidat nulla iustiore poena, et aliis munita suppliciis, quippe inter scopulos maior pars invenitur, sed in alto quoque comitantur marinis canibus, nec tamen auras feminarum arcentur. Quidam tradunt sicut apibus ita concharum examinibus singulas magnitudine et vetustate praecipuas esse veluti duces mirae ad cavendum sollertiae. Has urinantium cura peti, illis

10 captis facile ceteras palantes retibus includi, multo
deinde obrui eas sale in vasis fictilibus, rosa carne omni
nucleos quosdam corporum, hoc est uniones decidere in
ima.

Usu atteri non dubium est coloremque indiligentia
mutare. Dos omnis in candore, magnitudine, orbe,
lævore, pondere, haud promptis rebus in tantum ut nulli
duo reperiantur indiscreti, unde nomen unionum Romanae scilicet inposuere deliciae. Nam id apud Graecos
non est, ne apud barbaros quidem inventores eius aliud
20 quam margaritae. Et in candore ipso magna differentia.
Clarior in Rubro mari repertis, Indicos specularium
lapidum squama adsimulat alias magnitudine praecel-
lentes. Summa laus coloris est exaluminatos vocari.
Et proceriōribus sua gratia est. Elenchos appellant
fastigata longitudine alabastrorum figura in pleniorem
orbem desinentes. Hos digitis suspendere et binos ac
ternos auribus feminarum gloria est, subeuntque luxuriae
eius nomina et taedia exquisita perdito nepotatu, siquidem, cum id fecere, crotalia appellant, ceu sono
30 quoque gaudeant et collisu ipso margaritarum. Cu-
piuntque iam et pauperes lictorem feminae in publico
unionem esse dictitantes. Quin et pedibus, nec crepida-
rum tantum obstragulis sed totis socculis addunt.
Neque enim gestare iam margaritas, nisi calcent ac per
uniones etiam ambulent, satis est. In nostro mari re-
periri solebant, crebrius circa Bosporum Thracium, rufi
ac parvi in conchis quas myas appellant. At in Acar-
nania quae vocatur pina gignit, quo apparet non uno
conchae genere nasci. Namque et Iuba tradit Arabicis
40 concham esse similem pectini insecto, hirsutam echin-
orum modo, ipsum unionem in carne grandini similem.
Conchae non tales ad nos adferuntur. Nec in Acar-
nania autem laudati reperiuntur, enormes et feri color-

isque marmorei. Meliores circa Actium sed et hi parvi, et in Mauretaniae maritimis. Alexander Polyhistor et Sudines senescere eos putant coloremque exspirare.

Eorum corpus solidum esse manifestum est, quod nullo lapsu franguntur. Non autem semper in media carne reperiuntur, sed aliis atque aliis locis, vidimusque iam in extremis etiam marginibus velut e concha exeuntes, et in quibusdam quaternos quinosque. Pondus ad hoc aevi semunciae pauci singulis scripulis excessere. In Britannia parvos atque decolores nasci certum est, quoniam divus Iulius thoracem quem Veneri Genetrici in templo eius dicavit ex Britannicis margaritis factum voluerit intellegi.

Lolliam Paulinam, quae fuit Gai principis matrona, ne serio quidem aut sollemni caerimoniarum aliquo apparatu sed mediocrium etiam sponsalium cena, vidi zmaragdis margaritisque opertam, alterno textu fulgentibus toto capite, crinibus, [spira,] auribus, collo, [monilibus,] digitisque—summa quadringentiens HS. colligebat —, ipsam confestim paratam mancupationem tabulis probare. Nec dona prodigi principis fuerant, sed avitae opes, provinciarum scilicet spoliis partae. Hic est rapinarum exitus, hoc fuit quare M. Lollius infamatus regum muneribus in toto oriente interdicta amicitia a Gaio Caesare Augusti filio venenum biberet, ut neptis eius quadringentiens HS. operta spectaretur ad lucernas. Computet nunc aliquis ex altera parte quantum Curius aut Fabricius in triumphis tulerint; imaginetur illorum fercula et ex altera parte Lolliam unam imperii mulierculam accubantem: non illos curru detractos quam in hoc vicisse malit? Nec haec summa luxuriae exempla sunt. Duo fuere maximi uniones per omne aevum. Utrumque possedit Cleopatra Aegypti reginarum novissima per manus orientis regum sibi traditos. Haec,

cum exquisitis cotidie Antonius saginaretur epulis, superbo simul ac procaci fastu, ut regina meretrix lautitiam
eius omnem apparatumque obtrectans, quaerente eo quid
adstrui magnificentiae posset respondit una se cena
centiens HS. absumpturam. Cupiebat discere Antonius,
sed fieri posse non arbitrabatur. Ergo sponsionibus
factis postero die quo iudicium agebatur magnificam alias
cenam, ne dies periret, sed cotidianam, Antonio adposuit
inridenti computationemque expostulanti. At illa corol-
larium id esse et consumpturam eam cenam taxationem
confirmans solamque se centiens HS. cenaturam, inferri
mensam secundam iussit. Ex praecepto ministri unum
tantum vas ante eam posuere aceti, cuius asperitas visque
in tabem margaritas resolvit. Gerebat auribus tum
maxime singulare illud et vere unicum naturae opus.
Itaque exspectante Antonio quidnam esset actura de-
tractum alterum mersit ac liquefactum obsorbuit. Iniecit
alteri manum L. Plancus, iudex sponsionis eius, cum
quoque parante simili modo absumere, victumque Antonium pronuntiavit omine rato. Comitatur fama unionis
eius parem capta illa tantae quaestionis victrice regina
dissectum, ut esset in utrisque Veneris auribus Romae
in Pantheo dimidia eorum cena. [ix. 55.]

VI.

The nightingale.

Lusciniis diebus ac noctibus continuis xv garrulus
sine intermissu cantus densante se frondium germine,
non in novissimum digna miratu ave. Primum tanta
vox tam parvo in corpusculo, tam pertinax spiritus;
deinde in una perfecta musica scientia: modulatus editur
sonus et nunc continuo spiritu trahitur in longum, nunc
variatur inflexo, nunc distinguitur conciso, copulatur
intorto, promittitur revocato, infuscatur ex inopinato,

interdum et secum ipse murmurat, plenus, gravis, acutus, creber, extentus, ubi visum est, vibrans, summus, medius, imus. Breviterque omnia tam parvulis in faucibus quae tot exquisitis tibiarum tormentis ars hominum excogitavit, ut non sit dubium hanc suavitatem praemonstratam efficaci auspicio, cum in ore Stesichori cecinit infantis. Ac ne quis dubitet artis esse, plures singulis sunt cantus, nec iidem omnibus, sed sui cuique. Certant inter se, palamque animosa contentio est. Victa morte finit saepe vitam spiritu prius deficiente quam cantu. Meditantur iuveniores versusque quos imitentur accipiunt. Audit discipula intentione magna et reddit vicibusque reticent. Intellegitur emendatae correptio et in docente quaedam reprehensio. Ergo servorum illis pretia sunt, et quidem ampliora quam quibus olim armigeri parabantur. Scio HS $\overline{VI}$ candidam alioquin, quod est prope invisitatum, venisse quae Agrippinae Claudi principis coniugi dono daretur. Visum iam saepe iussas canere coepisse et cum symphonia alternasse, sicut homines repertos, qui sonum earum addita in transversas harundines aqua foramen inspirantes (linguaeve parva aliqua opposita mora indiscreta redderent similitudine. Sed hae tantae tamque artifices argutiae a XV diebus paulatim desinunt, nec ut fatigatas possis dicere aut satiatas. Mox aestu aucto in totum alia vox fit, nec modulata aut varia. Mutatur et color. Postremo hieme ipsa non cernitur. Linguis earum tenuitas illa prima non est quae ceteris avibus. Pariunt vere primo cum plurimum sena ova. [x. 43.]

VII.

Wine at Rome.

Non possunt iure dici vina quae Graeci deuteria appellant, Cato et nos loram, maceratis aqua vinaceis, sed

tamen inter vina operaria numerantur. Tria eorum
genera: decima parte aquae addita quam musti expressa
sit, et ita nocte ac die madefactis vinaceis rursusque
prelo subiectis. Alterum quomodo Graeci factitavere,
tertia parte eius quod expressum sit addita aquae ex-
pressoque decocto ad tertias partes. Tertium est faecibus
vini expressum, quod faecatum Cato appellat. Nullum
ex his plus quam annui usus.

Verum inter haec subit mentem, cum sint genera
nobilia, quae proprie vini intellegi possint, LXXX fere in
toto orbe, duas partes ex hoc numero Italiae esse, praeterea longe ante cunctas terras. Et hinc deinde altius
cura serpit non a primordio hanc gratiam fuisse, auctoritatem post DC urbis annum coepisse.

Romulum lacte, non vino, libasse indicio sunt sacra ab
eo. instituta, quae hodie custodiunt morem. Numae
regis Postumia lex est: Vino rogum ne respargito. Quod
sanxisse illum propter inopiam rei nemo dubitet. Eadem
lege ex inputata vite libari vina diis nefas statuit, ratione
excogitata ut putare cogerentur alias aratores et pigri
circa pericula arbusti. M. Varro auctor est Mezentium
Etruriae regem auxilium Rutulis contra Latinos tulisse
vini mercede quod tum in Latino agro fuisset.

Non licebat id feminis Romae bibere. Invenimus inter
exempla Egnati Maetenni uxorem, quod vinum bibisset
e dolio, interfectam fusti a marito, cumque caedis a
Romulo absolutum. Fabius Pictor in annalibus suis
scripsit matronam, quod loculos in quibus erant claves
cellae vinariae resignavisset, a suis inedia mori coactam;
Cato ideo propinquos feminis osculum dare ut scirent an
temetum olerent. Hoc tum nomen vino erat, unde et
temulentia appellata. Cn. Domitius iudex pronuntiavit
mulierem videri plus vini bibisse quam valitudinis causa
viro insciente et dote multavit. Diuque eius rei magna

parsimonia fuit. L. Papirius imperator adversus Samnites dimicaturus votum fecit, si vicisset, Iovi pocillum vini. Denique inter dona sextarios *lactis* datos invenimus, nusquam vini. Idem Cato cum in Hispaniam navigaret, unde cum triumpho rediit, non aliud vinum bibit quam remiges, in tantum dissimilis istis qui etiam convivis alia quam sibimet ipsis ministrant aut procedente mensa subiciunt.

Lautissima apud priscos vina erant murrae odore condita, ut apparet in Plauti fabula quae Persa inscribitur, quamquam in ea et calamum addi iubet. Ideo quidam aromatite delectatos maxime credunt. Sed Fabius Dossennus his versibus decernit:

Mittebam vinum pulchrum, murrinam,

et in Acharistione:

Panem et polentam, vinum murrinam.

Scaevolam quoque et L. Aelium et Ateium Capitonem in eadem sententia fuisse video, quoniam in Pseudolo sit:

Quod si opus est, ut dulce promat *indicem*,
ecquid habet?—Rogas?

Murrinam, passum, defrutum, mella?..,
quibus apparet non inter vina modo murrinam, sed inter dulcia quoque nominatum.

Apothecas fuisse et diffundi solita vina anno DCXXXIII urbis apparet indubitato Opimiani vini argumento, iam intellegente suum bonum Italia. Nondum tamen ista genera in claritate erant. Itaque omnia tunc genita unum habent consulis nomen. Sic quoque postea diu transmarina in auctoritate fuerunt et ad avos usque nostros, quin et Falerno iam reperto, sicut apparet ex illo comico versu:

Quinque Thasii vini depromam, bina Falerni.
P. Licinius Crassus L. Iulius Caesar censores anno urbis conditæ DCLXV edixerunt, ne quis vinum Graecum Amineumque octonis aeris singula quadrantalia venderet. Haec enim verba sunt. Tanta vero Graeco vino gratia erat ut singulae potiones in convictu darentur. [xiv. 12-16.]

VIII.

Apelles and Protogenes.

Verum et omnes prius genitos futurosque postea superavit Apelles Cous olympiade centesima duodecima. Picturae plura solus prope quam ceteri omnes contulit, voluminibus etiam editis quae doctrinam eam continent. Praecipua eius in arte venustas fuit, cum eadem aetate maximi pictores essent. Quorum opera cum admiraretur omnibus conlaudatis, deesse illam suam Venerem dicebat, quam Graeci Charita vocant, cetera omnia contigisse, sed hac sola sibi neminem parem. Et aliam gloriam usurpavit, cum Protogenis opus inmensi laboris ac curae supra modum anxiae miraretur, dixit enim omnia sibi cum illo paria esse aut illi meliora, sed uno se praestare, quod manum de tabula sciret tollere, memorabili praecepto nocere saepe nimiam diligentiam. Fuit autem non minoris simplicitatis quam artis. Melanthio dispositione cedebat, Asclepiodoro de mensuris, hoc est quanto quid a quoque distare deberet. Scitum est inter Protogenen et eum quod accidit. Ille Rhodi vivebat, quo cum Apelles adnavigasset avidus cognoscendi opera eius fama tantum sibi cogniti, continuo officinam petiit. Aberat ipse, sed tabulam amplae magnitudinis in machina aptatam picturae una custodiebat anus. Haec foris esse Protogenen respondit interrogavitque a quo quaesitum diceret. Ab hoc, inquit Apelles, adreptoque penicillo liniam ex colore duxit summae tenuitatis per tabulam, et reverso Protogeni quae gesta erant anus indicavit. Ferunt artificem protinus contemplatum subtilitatem dixisse Apellen venisse, non cadere in alium tam absolutum opus, ipsumque alio colore tenuiorem liniam in ipsa illa duxisse abeuntemque praecepisse, si redisset ille, ostenderet adiceretque hunc esse quem quaereret, atque ita evenit. Revertit enim Apelles et vinci erubescens tertio colore lineas secuit nullum relinquens amplius subtilitati locum. At Protogenes victum se confessus in portum devolavit hospitem quaerens, placuitque sic eam tabulam posteris tradi omnium quidem, sed artificum praecipuo miraculo. Consumptam eam priore incendio Caesaris domus in Palatio audio, spectatam nobis ante spatiose nihil aliud continentem quam linias visum effugientes inter egregia multorum opera inani similem et eo ipso allicientem omnique opere nobiliorem. Apelli fuit alioqui perpetua consuetudo numquam tam occupatam diem agendi ut non lineam ducendo exerceret artem, quod ab eo in proverbium venit. Idem perfecta opera proponebat in pergula transeuntibus, atque ipse post tabulam latens vitia quae notarentur auscultabat vulgum diligentiorem iudicem quam se praeferens, feruntque reprehensum a sutore, quod in crepidis una pauciores intus fecisset ansas, eodem postero die superbo emendatione pristinae admonitionis cavillante circa crus, indignatum prospexisse denuntiantem ne supra crepidam sutor iudicaret, quod et ipsum in proverbium abiit. Fuit enim et comitas illi, propter quam gratior Alexandro Magno frequenter in officinam ventitanti—nam, ut diximus, ab alio se pingi vetuerat edicto—sed in officina imperite multa disserenti silentium comiter suadebat rideri eum dicens a pueris qui colores tererent. Tantum erat auctoritati iuris in regem alioqui iracundum. [xxxv. 10–12.]

QUINTILIAN.

M. Fabius Quintilian was born, like many other distinguished writers of the first century A.D.—such as Martial, Lucan, and Seneca,—in Spain, 35 A.D. But though a provincial by birth, he was a Roman both by nature and education. At Rome he first made his mark as a pleader in the law courts, and to this period of his life he makes several allusions in the Institutio Oratoria: he then became a highly distinguished and esteemed professor of oratory, numbering among his pupils Pliny the younger, and possibly Juvenal. From the allusions in the poets, such as Juvenal iv. 75, vi. 75, vii. 186 (*see* Mayor's note), he appears to have been not only in high repute, but also from the worldly point of view a successful teacher. Martial addresses him in very flattering terms—in answer apparently to a rebuke of some kind:

> Quintiliane, vagae moderator summe iuventae
> Gloria Romanae, Quintiliane, togae.

To him later Domitian entrusted the education of his grand-nephews, and possibly to this must be ascribed the rather extravagant language in which he addresses the emperor. He married late in life, and had the misfortune to lose both his wife and his two sons, the elder of whom was apparently a youth of considerable promise. He himself died 95 A.D.

He did not commence writing till late in life, beginning with a work on the decay of oratory, which has been lost. Then followed the Institutio Oratoria, or the complete training of an orator from the cradle to the forum, a work showing wide knowledge both of theory and practice. After dealing with the early training and education of the would-be orator, he treats the different departments of oratory. In the tenth book, which is perhaps most often read, he enumerates the various Greek and Roman authors whose works should be studied, with criticisms on their style, which, if from their very familiarity they seem to us somewhat trite, are certainly marked by good sense and discrimination. Of the remaining books, the eleventh deals with the cultivation of the memory, and the twelfth maintains that the good orator should also be a good man. There are also extant certain *Declamationes* which purport to be the work of Quintilian. They are not generally regarded as genuine, though Ritter, while rejecting the longer, inclines to the view that the shorter are authentic: other critics, with more probability, regard both longer and shorter as belonging to a later collection, which were composed in imitation of and bearing the name of Quintilian. Yet it is hard to decide that none are genuine.

As his model, Quintilian took Cicero—"hunc spectemus, hoc propositum nobis sit exemplum" [x. i. 112]—and the older classical writers. All his efforts are directed to a reprobation of the corrupt tendencies of his own day, love of antitheses and rhetorical adornment. He more especially censures Seneca, whom he regarded as the main cause of the depraved style. It is easy for us to see now that Quintilian himself was not quite able to steer clear of the faults which he censures. A sufficient example of this may be found in the introductory part of the sixth book, in which he bewails the death of his son with a profusion of rhetorical figures which can hardly be surpassed even in the pages of Seneca.

I.

Quintilian mourns the loss of his wife and sons.

Haec, Marcelle Victori, ex tua voluntate maxime ingressus, tum si qua ex nobis ad iuvenes bonos pervenire posset utilitas, novissime paene etiam necessitate quadam officii delegati mihi sedulo laborabam; respiciens tamen illam curam meae voluptatis, quod filio, cuius eminens ingenium sollicitam quoque parentis diligentiam mere batur, hanc optimam partem relicturus hereditatis videbar, ut, si me, quod aequum et optabile fuit, fata intercepissent, praeceptore tamen patre uteretur. At me fortuna id agentem diebus ac noctibus festinantemque metu meae 10 mortalitatis ita subito prostravit, ut laboris mei fructus

ad neminem minus quam ad me pertineret. Illum enim, de quo summa conceperam et in quo spem unicam senectutis reponebam, repetito vulnere orbitatis amisi. Quid nunc agam? aut quem ultra esse usum mei, diis repugnantibus, credam? Nam ita forte accidit, ut eum quoque librum, quem de causis corruptae eloquentiae emisi, iam scribere aggressus ictu simili ferirer. Nunc igitur optimum fuit, infaustum opus, et quidquid hoc est in me
20 infelicium litterarum, super immaturum funus consumpturis viscera mea flammis iniicere neque hanc impiam vivacitatem novis insuper curis fatigare. Quis enim mihi bonus parens ignoscat, si studere amplius possum; ac non oderit hanc animi mei firmitatem, si quis in me alius usus vocis, quam ut incusem deos superstes omnium meorum? Nullam in terras despicere providentiam tester; si non meo casu, cui tamen nihil obiici, nisi quod vivam, potest, at illorum certe, quos utique immeritos mors acerba damnavit, erepta prius mihi matre eorundem, quae
30 nondum expleto aetatis undevicesimo anno duos enixa filios, quamvis acerbissimis rapta fatis, felix decessit? Ego vel hoc uno malo sic eram afflictus, ut me iam nulla fortuna posset efficere felicem. Nam cum omni virtute, quae in feminas cadit, functa insanabilem attulit marito dolorem; tum aetate tam puellari, praesertim meae comparata, potest et ipsa numerari inter vulnera orbitatis. Liberis tamen superstitibus, et, quod nefas erat, sed optabat ipsa, me salvo maximos cruciatus praecipiti via effugit. Mihi filius minor quintum egressus annum prior
40 alterum ex duobus eruit lumen. Non sum ambitiosus in malis nec augere lacrimarum causas volo, utinamque esset ratio minuendi. Sed dissimulare qui possum, quid ille gratiae in vultu, quid iucunditatis in sermone, quos ingenii igniculos, quam substantiam placidae et (quam scio vix posse credi tantam) altae mentis ostenderit;

qualis amorem quicunque alienus infans mereretur. Illud vero insidiantis, quo me validius cruciaret, fortunae fuit, ut ille mihi blandissimus me suis nutricibus, me aviae educanti, me omnibus, qui sollicitare illas aetates solent, anteferret. Quapropter illi dolori, quem ex matre 50 optima atque omnem laudem supergressa paucos ante menses ceperam, gratulor. Minus enim est, quod flendum meo nomine quam quod illius gaudendum est. Una post haec Quintiliani mei spe ac voluptate nitebar, et poterat sufficere solatio. Non enim flosculos, sicut prior, sed iam decimum aetatis ingressus annum, certos ac deformatos fructus ostenderat. Iuro per mala mea, per infelicem conscientiam, per illos manes, numina mei doloris, has me in illo vidisse virtutes ingenii, non modo ad percipiendas disciplinas, quo nihil praestantius cognovi plurima 60 expertus, studiique iam tum non coacti (sciunt praeceptores) sed probitatis, pietatis, humanitatis, liberalitatis, ut prorsus posset hinc esse tanti fulminis metus, quod observatum fere est, celerius occidere festinatam maturitatem, et esse nescio quam, quae spes tantas decerpat, invidiam, ne videlicet ultra, quam homini datum est, nostra provehantur. Etiam illa fortuita aderant omnia, vocis incunditas claritasque, oris suavitas et in utra-cunque lingua, tanquam ad eam demum natus esset, expressa proprietas omnium litterarum. Sed haec spes 70 adhuc; illa maiora, constantia, gravitas, contra dolores etiam ac metus robur. Nam quo ille animo, qua medicorum admiratione mensium octo valetudinem tulit? ut me in supremis consolatus est? quam etiam deficiens iamque non noster ipsum illum alienatae mentis errorem circa solas litteras habuit? Tuosne ego, o meae spes inanes, labentes oculos, tuum fugientem spiritum vidi? Tuum corpus frigidum exangue complexus animam recipere auramque communem haurire amplius potui?

80 Dignus his cruciatibus, quos fero, dignus his cogitationibus. Tene consulari nuper adoptione ad omnium spes honorum prius admotum, te avunculo praetori generum destinatum, te, omnium spe, acutissimae eloquentiae candidatum? Superstes parens tantum poenas—! Et si non cupido lucis certe patientia vindicet te reliqua mea aetate. Nam frustra mala omnia ad crimen fortunae relegamus. Nemo nisi sua culpa diu dolet. Sed vivimus, et aliqua vivendi ratio quaerenda est, credendumque doctissimis hominibus, qui unicum adversorum solatium 90 litteras putaverunt. Si quando tamen ita resederit praesens impetus, ut aliqua tot luctibus alia cogitatio inseri possit, non iniuste peticrim morae veniam. Quis enim dilata studia miretur, quae potius non abrupta esse mirandum est? Tum, si qua fuerint minus effecta iis, quae levius adhuc afflicti coeperamus: imperitanti fortunae remittantur, quae, si quid mediocrium alioqui in nostro ingenio virium fuit, ut non extinxerit, debilitavit tamen. Sed vel propter hoc nos contumacius erigamus, quod illam ut perferre nobis difficile est, ita facile contemnere. Nihil 100 enim sibi adversus me reliquit, et infelicem quidem sed certissimam tamen attulit mihi ex his malis securitatem. Boni autem consulere nostrum laborem vel propter hoc aequum est, quod in nullum iam proprium usum perseveramus, sed omnis haec cura alienas utilitates (si modo quid utile scribimus) spectat. Nos miseri sicut facultates patrimonii nostri ita hoc opus aliis praeparabamus aliis relinquemus. [vi. i. proem.]

II.

How to produce emotion in others.

Quodsi tradita mihi sequi praecepta sufficeret: satis feceram huic parti, nihil eorum, quae legi vel didici, quod modo probabile fuit, omittendo; sed eruere in animo est, quae latent, et penitus ipsa huius loci aperire penetralia, quae quidem non aliquo tradente sed experimento meo ac natura ipsa duce accepi. Summa enim, quantum ego quidem sentio, circa movendos affectus in hoc posita est, ut moveamur ipsi. Nam et luctus et irae et indignationis aliquando etiam ridicula fuerit imitatio, si verba vultumque tantum non etiam animum accommodarimus. Quid enim aliud est causae, ut lugentes utique in recenti dolore disertissime quaedam exclamare videantur, et ira nonnunquam indoctis quoque eloquentiam faciat, quam quod illis inest vis mentis et veritas ipsa morum? Quare in iis, quae verisimilia esse volemus, simus ipsi similes eorum, qui vere patiuntur, affectibus, et a tali animo proficiscatur oratio, qualem facere iudicem volet. An ille dolebit, qui audiet me, qui in hoc dicam, non dolentem? irascetur, si nihil ipse, qui in iram concitat se idque exigit, similia patietur? siccis agentis oculis lacrimas dabit? Fieri non potest. Nec incendit nisi ignis, nec madescimus nisi humore, nec res ulla dat alteri colorem, quem non ipsa habet. Primum est igitur, ut apud nos valeant ea, quae valere apud iudicem volumus, afficiamurque antequam afficere conemur. At quomodo fiet, ut afficiamur? neque enim sunt motus in nostram potestatem. Temptabo etiam de hoc dicere. Quas φαντασίας Graeci vocant, nos sane *visiones* appellemus, per quas imagines rerum absentium ita repraesentantur animo, ut eas cernere oculis ac praesentes habere videamur. Has quisquis bene conceperit, is erit in affectibus potentissimus. Hunc quidam dicunt εὐφαντασίωτον, qui sibi res, voces, actus secundum verum optime finget; quod quidem nobis volentibus facile continget. An vero inter otia animorum et spes inanes et velut somnia quaedam vigilantium ita nos hae, de quibus loquor, imagines prosequuntur, ut peregrinari, navigare, proeliari, populos alloqui, divi-

tiarum, quas non habemus, usum videamur disponere,
nec cogitare sed facere: hoc animi vitium ad utilitatem
40 non transferemus? At hominem occisum queror; non
omnia, quae in re praesenti accidisse credibile est, in
oculis habebo? non percussor ille subitus erumpet? non
expavescet circumventus? exclamabit? vel rogabit vel
fugiet? non ferientem, non concidentem videbo? non
animo sanguis et pallor et gemitus extremus denique
expirantis hiatus insidet?

Insequetur ἐνάργεια, quae a Cicerone *illustratio* et *evi-
dentia* nominatur, quae non tam dicere videtur quam
ostendere; et affectus non aliter, quam si rebus ipsis
50 intersimus, sequentur. An non ex his visionibus illa
sunt: *Excussi manibus radii, revolutaque pensa?—Levique
patens in pectore vulnus?* equus ille in funere Pallantis,—
positis insignibus? Quid? non idem poeta penitus ultimi
fati concepit imaginem, ut diceret: *Et dulces moriens
reminiscitur Argos?* Ubi vero miserationc opus erit:
nobis ea, de quibus queremur, accidisse credamus atque
id animo nostro persuadeamus. Nos illi simus, quos
gravia, indigna, tristia passos queremur, nec agamus rem
quasi alienam sed assumamus parumper illum dolorem.
60 Ita dicemus, quae in nostro simili casu dicturi essemus.
Vidi ego saepe histriones atque comoedos, cum ex aliquo
graviore actu personam deposuissent, flentes adhuc egredi,
Quodsi in alienis scriptis sola pronuntiatio ita falsis
accedit affectibus: quid nos faciemus, qui illa cogitare
debemus et moveri periclitantium vice possumus? Sed
in schola quoque rebus ipsis affici convenit easque veras
sibi fingere, hoc magis quod illic ut litigatores loquimur
frequentius quam ut advocati. Orbum agimus et nau-
fragum et periclitantem, quorum inducere personas quid
70 attinet, nisi affectus assumimus? Haec dissimulanda
mihi non fuerunt, quibus ipse, quantuscunque sum aut

fui, pervenisse me ad aliquod nomen ingenii credo; frequenter motus sum, ut me non lacrimae solum deprehenderent sed pallor et veri similis dolor. [vi. 2. 25.]

III.

Quintilian's esteem of Roman authors.

Idem nobis per Romanos quoque auctores ordo ducendus est. Itaque ut apud illos Homerus sic apud nos Vergilius auspicatissimum dederit exordium, omnium eius generis poetarum Graecorum nostrorumque haud dubie proximus. Utor enim verbis iisdem, quae ex Afro Domitio iuvenis excepi; qui mihi interroganti, quem Homero crederet maxime accedere, *Secundus*, inquit, *est Vergilius, propior tamen primo quam tertio*. Et hercule ut illi naturae coelesti atque immortali cesserimus: ita curae et diligentiae vel ideo in hoc plus est, quod ei fuit magis laborandum, et quantum eminentibus vincimur, fortasse aequalitate pensamus. Ceteri omnes longe sequentur. Nam Macer et Lucretius legendi quidem, sed non ut phrasin, id est, corpus eloquentiae faciant; elegantes in sua quisque materia sed alter humilis alter difficilis. Atacinus Varro in iis, per quae nomen est assecutus, interpres operis alieni, non spernendus quidem verum ad augendam facultatem dicendi parum locuples. Ennium sicut sacros vetustate lucos adoremus, in quibus grandia et antiqua robora iam non tantam habent speciem quantam religionem. Propiores alii atque ad hoc, de quo loquimur, magis utiles. Lascivus quidem in herois quoque Ovidius et nimium amator ingenii sui, laudandus tamen in partibus. Cornelius autem Severus, etiamsi versificator quam poeta melior, si tamen, ut est dictum, ad exemplar primi libri bellum Siculum perscripsisset, vindicaret sibi iure secundum locum. *Serranum* consummari mors immatura non passa est; puerilia tamen eius opera et maximam indolem ostendunt et admirabilem 30 praecipue in aetate illa recti generis voluntatem. Multum in Valerio Flacco nuper amisimus. Vehemens et poeticum ingenium Saleii Bassi fuit, nec ipsum senectus maturavit. Rabirius ac Pedo non indigni cognitione, si vacet. Lucanus ardens et concitatus et sententiis clarissimus et, ut dicam quod sentio, magis oratoribus quam poetis imitandus. Hos nominavimus, quia Germanicum Augustum ab institutis studiis deflexit cura terrarum, parumque diis visum est esse cum maximum poetarum. Quid tamen his ipsis eius operibus, in quae donato imperio 40 iuvenis secesserat, sublimius, doctius, omnibus denique numeris praestantius? Quis enim caneret bella melius, quam qui sic gerit? Quem praesidentes studiis deae propius audirent? Cui magis suas artes aperiret familiare numen Minerva? Dicent haec plenius futura saecula, nunc enim ceterarum fulgore virtutum laus ista praestringitur. Nos tamen sacra litterarum colentes feras, Caesar, si non tacitum hoc praeterimus et Vergiliano certe versu testamur:

Inter victrices hederam tibi serpere laurus.

50 Elegia quoque Graecos provocamus, cuius mihi tersus atque elegans maxime videtur auctor Tibullus. Sunt qui Propertium malint. Ovidius utroque lascivior, sicut durior Gallus. Satira quidem tota nostra est, in qua primus insignem laudem adeptus Lucilius quosdam ita deditos sibi adhuc habet amatores, ut cum non eiusdem modo operis auctoribus sed omnibus poetis praeferre non dubitent. Ego quantum ab illis tantum ab Horatio dissentio, qui Lucilium *fluere lutulentum* et *esse aliquid, quod tollere possis*, putat. Nam eruditio in eo mira et 60 libertas atque inde acerbitas et abundantia salis. Multum

est tersior ac purus magis Horatius et, nisi labor eius amore, praecipuus. Multum et verae gloriae quamvis uno libro Persius meruit. Sunt clari hodieque et qui olim nominabuntur. Alterum illud etiam prius satirae genus sed non sola carminum varietate mixtum condidit Terentius Varro, vir Romanorum eruditissimus. Plurimos hic libros et doctissimos composuit, peritissimus linguae Latinae et omnis antiquitatis et rerum Graecarum nostrarumque, plus tamen scientae collaturus quam eloquentiae. Iambus non sane a Romanis celebratus est ut 70 proprium opus, quibusdam interpositus; cuius acerbitas in Catullo, Bibaculo, Horatio, quanquam illi epodos interveniat, reperietur. At Lyricorum idem Horatius fere solus legi dignus. Nam et insurgit aliquando et plenus est iucunditatis et gratiae et variis figuris et verbis felicissime audax. Si quem adiicere velis, is erit Caesius Bassus, quem nuper vidimus; sed eum longe praecedunt ingenia viventium. Tragoediae scriptores veterum Attius atque Pacuvius clarissimi gravitate sententiarum, verborum pondere, auctoritate personarum. Ceterum nitor 80 et summa in excolendis operibus manus magis videri potest temporibus quam ipsis defuisse. Virium tamen Attio plus tribuitur; Pacuvium videri doctiorem, qui esse docti affectant, volunt. Iam Varii Thyestes cuilibet Graecarum comparari potest. Ovidii Medea videtur mihi ostendere, quantum ille vir praestare potuerit, si ingenio suo imperare quam indulgere maluisset. Eorum quos viderim longe princeps Pomponius Secundus, quem senes quidem parum tragicum putabant, eruditione ac nitore praestare confitebantur. In comoedia maxime 90 claudicamus, licet Varro *Musas*, Aelii Stilonis sententia, *Plautino* dicat *sermone locuturas fuisse, si Latine loqui vellent*, licet Caecilium veteres laudibus ferant, licet Terentii scripta ad Scipionem Africanum referantur; quae tamen sunt in hoc genere elegantissima et plus adhuc habitura gratiae, si intra versus trimetros stetissent. Vix levem consequimur umbram, adeo ut mihi sermo ipse Romanus non recipere videatur illam solis concessam Atticis venerem, cum eam ne Graeci quidem in alio genere linguae obtinuerint. Togatis excellit Afranius. . . .

At non historia cesserit Graecis, nec opponere Thucydidi Sallustium verear. Neque indignetur sibi Herodotus aequari T. Livium, cum in narrando mirae iucunditatis clarissimique candoris tum in contionibus supra quam enarrari potest eloquentem; ita quae dicuntur omnia cum rebus tum personis accommodata sunt; affectus quidem, praecipueque eos qui sunt dulciores, ut parcissime dicam, nemo historicorum commendavit magis. Ideoque immortalem illam Sallustii velocitatem diversis virtutibus consecutus est. Nam mihi egregie dixisse videtur Servilius Nonianus, *pares eos magis quam similes;* qui et ipse a nobis auditus est, clari vir ingenii et sententiis creber sed minus pressus quam historiae auctoritas postulat. Quam paulum aetate praecedens eum Bassus Aufidius egregie, utique in libris belli Germanici, praestitit, genere ipso probabilis in omnibus sed in quibusdam suis ipse viribus minor. Superest adhuc et exornat aetatis nostrae gloriam vir saeculorum memoria dignus, qui olim nominabitur, nunc intelligitur. Habet amatores nec imitatorem, ut cui libertas, quanquam circumcisis quae dixisset, nocuerit. Sed elatum abunde spiritum et audaces sententias deprehendas etiam in iis, quae manent. Sunt et alii scriptores boni, sed nos genera degustamus non bibliothecas excutimus.

Oratores vero vel praecipue Latinam eloquentiam parem facere Graecae possint. Nam Ciceronem cuicunque eorum fortiter opposuerim. Nec ignoro, quantam mihi concitem pugnam, cum praesertim non sit id propositi, ut eum Demostheni comparem hoc tempore; neque enim attinet, cum Demosthenem in primis legendum vel ediscendum potius putem. Quorum ego virtutes plerasque arbitror similes, consilium, ordinem, dividendi, praeparandi, probandi rationem, omnia denique quae sunt inventionis. In eloquendo est aliqua diversitas; densior ille hic copiosior, ille concludit astrictius hic latius, pugnat ille acumine semper hic frequenter et pondere, illi nihil detrahi potest huic nihil adiici, curae plus in illo in hoc naturae. Salibus certe et commiseratione, qui duo plurimum affectus valent, vincimus. Et fortasse epilogos illi mos civitatis abstulerit; sed et nobis illa, quae Attici mirantur, diversa Latina sermonis ratio minus permiserit. In epistolis quidem, quanquam sunt utriusque, dialogisve, quibus nihil ille, nulla contentio est. Cedendum vero in hoc, quod et prior fuit et ex magna parte Ciceronem, quantus est, fecit. Nam mihi videtur M. Tullius, cum se totum ad imitationem Graecorum contulisset, effinxisse vim Demosthenis, copiam Platonis, iucunditatem Isocratis, Nec vero quod in quoque optimum fuit, studio consecutus est tantum; sed plurimas vel potius omnes ex se ipso virtutes extulit immortalis ingenii beatissima ubertas. Non enim *pluvias*, ut ait Pindarus, *aquas colligit sed vivo gurgite exundat*, dono quodam providentiae genitus, in quo totas vires suas eloquentia experiretur. Nam quis docere diligentius, movere vehementius potest? Cui tanta unquam iucunditas affuit? ut ipsa illa, quae extorquet, impetrare eum credas, et cum transversum vi sua iudicem ferat: tamen ille non rapi videatur sed sequi. Iam in omnibus, quae dicit, tanta auctoritas inest, ut dissentire pudeat, nec advocati studium sed testis aut iudicus afferat fidem; cum interim haec omnia, quae vix singula quisquam intentissima cura consequi posset, fluunt illaborata, et illa, qua nihil pulchrius auditum est,

oratio prae se fert tamen felicissimam facilitatem.
Quare non immerito ab hominibus aetatis suae *regnare in
iudiciis* dictus est, apud posteros vero id consecutus, ut
Cicero iam non hominis nomen sed eloquentiae habeatur.
Hunc igitur spectemus, hoc propositum nobis sit exemplum, ille se profecisse sciat, cui Cicero valde placebit.
Multa in Asinio Pollione inventio, summa diligentia, adeo
170 ut quibusdam etiam nimia videatur, et consilii et animi
satis; a nitore et iucunditate Ciceronis ita longe abest,
ut videri possit saeculo prior. At Messala nitidus et
candidus et quodammodo praeferens in dicendo nobili-
tatem suam, viribus minor. C. vero Caesar si foro tantum vacasset, non alius ex nostris contra Ciceronem
nominaretur. Tanta in eo vis est, id acumen, ea con-
citatio, ut illum eodem animo dixisse, quo bellavit,
appareat; exornat tamen haec omnia mira sermonis, cuius
proprie studiosus fuit, elegantia. Multum ingenii in
180 Caelio et praecipue in accusando multa urbanitas, dig-
nusque vir cui et mens melior et vita longior contigisset.
Inveni qui Calvum praeferrent omnibus, inveni qui
Ciceroni crederent, eum nimia contra se calumnia verum
sanguinem perdidisse; sed est et sancta et gravis oratio
et custodita et frequenter vehemens quoque. Imitator
autem est Atticorum, fecitque illi properata mors iniuriam,
si quid adiecturus sibi, non si quid detracturus fuit. Et
Servius Sulpicius insignem non immerito famam tribus
orationibus meruit. Multa, si cum iudicio legatur, dabit
190 imitatione digna Cassius Severus, qui si ceteris virtutibus
colorem et gravitatem orationis adiecisset, ponendus inter
praecipuos foret. Nam et ingenii plurimum est in eo
et acerbitas mira, et urbanitas eius summa; sed plus
stomacho quam consilio dedit. Praeterea ut amari sales,
ita frequenter amaritudo ipsa ridicula est. Sunt alii
multi diserti, quos persequi longum est. Eorum quos

viderim Domitius Afer et Iulius Africanus longe praestantissimi. Arte ille et toto genere dicendi praeferendus et quem in numero veterum habere non timeas; hic concitatior sed in cura verborum nimius et compositione 200 nonnunquam longior et translationibus parum modicus. Erant clara et nuper ingenia. Et Trachalus plerumque sublimis et satis apertus fuit et quem velle optima crederes, auditus tamen maior; nam et vocis, quantam in nullo cognovi, felicitas et pronuntiatio vel scenis suffectura et decor omnia denique ei, quae sunt extra, superfuerunt; et Vibius Crispus compositus et iucundus et delectationi natus, privatis tamen causis quam publicis melior. Iulio Secundo, si longior contigisset aetas, clarissimum profecto nomen oratoris apud posteros foret. 210 Adiecisset enim, atque adiiciebat ceteris virtutibus suis quod desiderari potest. Id est autem, ut esset multo magis pugnans et saepius id curam rerum ab elocutione respiceret. Ceterum interceptus quoque magnum sibi vindicat locum; ea est facundia, tanta in explicando quod velit gratia, tam candidum et lene et speciosum dicendi genus, tanta verborum etiam quae assumpta sunt proprietas, tanta in quibusdam ex periculo petitis significantia. Habebunt, qui post nos de oratoribus scribent, magnam eos, qui nunc vigent, materiam vere laudandi. Sunt 220 enim summa hodie, quibus illustratur forum, ingenia. Namque et consummati iam patroni veteribus aemulantur et eos iuvenum ad optima tendentium imitatur ac sequitur industria.

Supersunt, qui de philosophia scripserint, quo in genere paucissimos adhuc eloquentes litterae Romanae tulerunt. Idem igitur M. Tullius, qui ubique, etiam in hoc opere Platonis aemulus extitit. Egregius vero multoque quam in orationibus praestantior Brutus suffecit ponderi rerum; scias eum sentire quae dicit. Scripsit non parum multa 230

Cornelius Celsus, Sextios secutus, non sine cultu ac
nitore. Plautus in Stoicis rerum cognitioni utilis. In
Epicureis levis quidem sed non iniucundus tamen auctor
est Catius. Ex industria Senecam in omni genere eloquentiae distuli propter vulgatam falso de me opinionem,
qua damnare eum et invisum quoque habere sum creditus.
Quod accidit mihi, dum corruptum et omnibus vitiis
fractum dicendi genus revocare ad severiora iudicia con-
tendo. Tum autem solus hic fere in manibus adolescen-
240 tium fuit. Quem non equidem omnino conabar excutere
sed potioribus praeferri non sinebam, quos ille non
destiterat incessere, cum diversi sibi conscius generis
placere se in dicendo posse quibus illi placent diffideret.
Amabant autem eum magis quam imitabantur tantumque
ab eo defluebant, quantum ille ab antiquis descenderat.
Foret enim optandum, pares ac saltem proximos illi viro
fieri. Sed placebat propter sola vitia et ad ea se quisque
dirigebat effingenda, quae poterat; deinde cum se iactaret
eodem modo dicere, Senecam infamabat. Cuius et multae
250 alioqui et magnae virtutes fuerunt, ingenium facile et
copiosum, plurimum studii, multa rerum cognitio; in qua
tamen aliquando ab his, quibus inquirenda quaedam
mandabat, deceptus est. Tractavit etiam omnem fere
studiorum materiam. Nam et orationes eius et poemata
et epistolae et dialogi feruntur. In philosophia parum
diligens, egregius tamen vitiorum insectator fuit. Multae in eo claraeque sententiae, multa etiam morum
gratia legenda; sed in eloquendo corrupta pleraque
atque eo perniciosissima, quod abundant dulcibus vitiis.
260 Velles eum suo ingenio dixisse, alieno iudicio. Nam si
aliqua contempsisset, si partem non concupisset, si non
omnia sua amasset, si rerum pondera minutissimis sententiis non fregisset: consensu potius eruditorum quam
puerorum amore comprobaretur. Verum sic quoque

iam robustis et severiore genere satis firmatis legendus vel ideo, quod exercere potest utrinque iudicium. Multa enim, ut dixi, probanda in eo, multa etiam admiranda sunt, eligere modo curae sit; quod utinam ipse fecisset. Digna enim fuit illa natura, quae meliora vellet, quae quod voluit effecit. [x. 1. 85, seq.]

IV.

On gesture in oratory.

Et hi quidem, de quibus sum locutus, cum ipsis vocibus naturaliter exeunt gestus; alii sunt, qui res imitatione significant, ut si aegrum temptantis venas medici similitudine aut citharoedum formatis ad modum percutientis nervos manibus ostendas; quod est genus quam longissime in actione fugiendum. Abesse enim plurimum a saltatore debet orator, ut sit gestus ad sensum magis quam ad verba accommodatus; quod etiam histrionibus paulo gravioribus facere moris fuit. Ergo ut ad se manum referre, cum de se ipso loquatur, et in eum, quem demonstret, intendere et aliqua his similia permiserim; ita non effingere status quosdam et, quidquid dicet, ostendere. Neque id in manibus solum sed in omni gestu ac voce servandum est. Non enim aut in illa periodo, *Stetit soleatus praetor populi Romani*, inclinatio incumbentis in mulierculam Verris effingenda est; aut in illa, *Caedebatur in medio foro Messanae*, motus laterum, qualis esse ad verbera solet, torquendus, aut vox, qualis dolore exprimitur, eruenda; cum mihi comoedi quoque pessime facere videantur, qui, etiamsi iuvenem agant, cum tamen in expositione aut sensis sermo, ut in Hydriae prologo, aut mulieris, ut in Georgo, incidit, tremula vel effeminata voce pronuntiant. Adeo in illis quoque est aliqua vitiosa imitatio, quorum ars omnis constat imitatione.

Est autem gestus ille maxime communis, quo medius
digitus in pollicem contrahitur explicitis tribus, et principiis utilis cum leni in utramque partem motu modice
prolatus, simul capite atque humeris sensim ad id, quo
manus feratur, obsecundantibus; et in narrando certus
dum paulo productior; et in exprobrando et coarguendo
acer atque instans, longius enim partibus his et liberius
exseritur. Vitiose vero idem sinistrum quasi humerum
petens in latus agi solet, quanquam adhuc peius aliqui
transversum brachium proferunt et cubito pronuntiant.
Duo quoque medii sub pollicem veniunt; et est hic adhuc priore gestus instantior, principio et narrationi non
accommodatus. At cum tres contracti pollice premun-
tur: tum digitus ille, quo usum optime Crassum Cicero
dicit, explicari solet. Is in exprobrando et indicando,
unde et ei nomen est, valet; et allevata ac spectante
humerum manu paulum inclinatus affirmat, versus in
terram et quasi pronus urget, aliquando pro numero est.
Idem summo articulo utrinque leviter apprehenso, duobus modice curvatis, minus tamen minimo, aptus ad
disputandum est. Acrius tamen argumentari videntur,
qui medium articulum potius tenent; tanto contractiori-
bus ultimis digitis, quanto priores descenderunt. Est et
ille verecundae orationi aptissimus, quo, quattuor primis
leviter in summum coeuntibus digitis, non procul ab ore
aut pectore refertur ad nos manus et deinde prona ac
paululum prolata laxatur. Hoc modo coepisse Demo-
sthenen credo in illo pro Ctesiphonte timido summissoque
principio, sic formatam Ciceronis manum, cum diceret:
Si quid est ingenii in me, quod sentio quam sit exiguum.
[xi. 3. 88.]

V

The good orator must be a good man.

Sit ergo nobis orator, quem constituimus, is, qui a M. Catone finitur, vir bonus dicendi peritus; verum, id quod et ille posuit prius, et ipsa natura potius ac maius est, utique vir bonus. Id non eo tantum, quod, si vis illa dicendi malitiam instruxerit, nihil sit publicis privatisque rebus perniciosius eloquentia, nosque ipsi, qui pro virili parte conferre aliquid ad facultatem dicendi conati sumus, pessime mereamur de rebus humanis, si latroni comparamus haec arma non militi. Quid de nobis loquor? Rerum ipsa natura in eo, quod praecipue 10 indulsisse homini videtur quoque nos a ceteris animalibus separasse, non parens sed noverca fuerit, si facultatem dicendi, sociam scelerum, adversam innocentiae, hostem veritatis invenit. Mutos enim nasci et egere omni ratione satius fuisset, quam providentiae munera in mutuam perniciem convertere. Longius tendit hoc iudicium meum. Neque enim tantum id dico, eum, qui sit orator, virum bonum esse oportere, sed ne futurum quidem oratorem nisi virum bonum. Nam certe neque intelligentiam concesseris iis, qui, proposita honestorum 20 ac turpium via, peiorem sequi malent, neque prudentiam, cum in gravissimas frequenter legum, semper vero malae conscientiae poenas a semet ipsis improviso rerum exitu induantur. Quodsi neminem malum esse nisi stultum eundem, non modo sapientibus dicitur sed vulgo quoque semper est creditum, certe non fiet unquam stultus orator. Adde quod ne studio quidem operis pulcherrimi vacare mens nisi omnibus vitiis libera potest: primum quod in eodem pectore nullum est honestorum turpiumque consortium, et cogitare optima simul ac deterrima 30 non magis est unius animi quam eiusdem hominis bonum

esse ac malum; tum illa quoque ex causa, quod mentem tantae rei intentam vacare omnibus aliis etiam culpa carentibus curis oportet. Ita demum enim libera ac tota, nulla distringente atque alio ducente causa, spectabit id solum, ad quod accingitur. Quodsi agrorum nimia cura et sollicitior rei familiaris diligentia et venandi voluptas et dati spectaculis dies multum studiis auferunt (huic enim rei perit tempus, quodcunque alteri
40 datur): quid putamus facturas cupiditatem, avaritiam, invidiam, quarum impotentissimae cogitationes somnos etiam et illa per quietem visa perturbant? Nihil est enim tam occupatum, tam multiforme, tot ac tam variis affectibus concisum atque laceratum quam mala mens. Nam et cum insidiatur, spe, curis, labore distringitur; et iam cum sceleris compos fuit, sollicitudine, poenitentia, poenarum omnium expectatione torquetur. Quis inter haec litteris aut ulli bonae arti locus? Non hercule magis quam frugibus in terra sentibus ac rubis occupata.
50 Age, non ad perferendos studiorum labores necessaria frugalitas? Quid igitur ex libidine ac luxuria spei? Non praecipue acuit ad cupiditatem litterarum amor laudis? Num igitur malis esse laudem curae putamus? Iam hoc quis non videt, maximam partem orationis in tractatu aequi bonique consistere? Dicetne de his secundum debitam rerum dignitatem malus atque iniquus? Denique, ut maximam partem quaestionis eximam, demus, id quod nullo modo fieri potest, idem ingenii, studii, doctrinae, pessimo atque optimo viro: uter melior
60 dicetur orator? Nimirum qui homo quoque melior. Non igitur unquam malus idem homo et perfectus orator. Non enim perfectum est quidquam, quo melius est aliud. Sed, ne more Socraticorum nobismet ipsi responsum finxisse videamur, sit aliquis adeo contra veritatem obstinatus, ut audeat dicere, eodem ingenio,

studio, doctrina praeditum nihilo deteriorem futurum oratorem malum virum quam bonum: convincamus huius quoque amentiam. Nam hoc certe nemo dubitabit, omnem orationem id agere, ut iudici, quae proposita fuerint, vera et honesta videantur. Utrum igitur 70 hoc facilius bonus vir persuadebit an malus? Bonus quidem dicet saepius vera atque honesta. Sed etiam si quando aliquo ductus officio (quod accidere, ut mox docebimus, potest) falso haec affirmare conabitur, maiore cum fide necesse est audiatur. At malis hominibus ex contemptu opinionis et ignorantia recti nonnunquam excidit ipsa simulatio. Inde immodeste proponunt, sine pudore affirmant. Sequitur in iis, quae certum est effici non posse, deformis pertinacia et irritus labor. Nam sicut in vita in causis quoque spes improbas habent. 80 Frequenter autem accidit, ut his etiam vera dicentibus fides desit, videaturque talis advocatus malae causae argumentum.

Nunc de iis dicendum est, quae mihi quasi conspiratione quadam vulgi reclamari videntur. Orator ergo Demosthenes non fuit? atqui malum virum accepimus. Non Cicero? atqui huius quoque mores multi reprehenderunt. Quid agam? magna responsi invidia subeunda est, mitigandae sunt prius aures. Mihi enim nec Demosthenes tam gravi morum dignus videtur invidia, 90 ut omnia, quae in eum ab inimicis congesta sunt, credam, cum pulcherrima eius in re publica consilia et finem vitae clarum legam; nec Marco Tullio defuisse video in ulla parte civis optimi voluntatem. Testimonio est actus nobilissime consulatus integerrime provincia administrata et repudiatus vigintiviratus, et civilibus bellis, quae in aetatem eius gravissima inciderunt, neque spe neque metu declinatus animus, quo minus optimis se partibus, id est rei publicae, iungeret. Parum fortis videtur qui-

100 busdam, quibus optime respondit ipse, *non se timidum in suscipiendis sed in providendis periculis;* quod probavit morte quoque ipsa, quam praestantissimo suscepit animo. Quodsi defuit his viris summa virtus: sic quaerentibus, an oratores fuerint, respondebo, quomodo Stoici, si interrogentur, an sapiens Zeno, an Cleanthes, an Chrysippus, respondeant, *Magnos quidem illos ac venerabiles, non tamen id, quod natura hominis summum habet, consecutos.* [xii. i. 1, seq.]

VI.

True principles of education.

Hinc iam, quas primas in docendo partes rhetorum putem, tradere incipiam, dilata parumper illa quae sola vulgo vocatur arte rhetorica. Ac mihi opportunus maxime videtur ingressus ab eo, cuius aliquid simile apud grammaticos puer didicerit. Et quia narrationum, excepta qua in causis utimur, tres accepimus species, fabulam, quae versatur in tragoediis atque carminibus, non a veritate modo sed etiam a forma veritatis remota; argumentum, quod falsum sed vero simile comoediae 10 fingunt; historiam, in qua est gestae rei expositio; grammaticis autem poeticas dedimus: apud rhetorem initium sit historica, tanto robustior quanto verior. Sed narrandi quidem quae nobis optima ratio videatur, tum demonstrabimus, cum de iudiciali parte dicemus. Interim admonere illud sat est, ut sit ea neque arida prorsus atque ieiuna, (nam quid opus erat tantum studiis laboris impendere, si res nudas atque inornatas indicare satis videretur?) neque rursus sinuosa et arcessitis descriptionibus, in quas plerique imitatione poeticae licentiae 20 ducuntur, lasciviat. Vitium utrumque; peius tamen illud, quod ex inopia quam quod ex copia venit. Nam in pueris oratio perfecta nec exigi nec sperari potest;

melior autem indoles laeta generosique conatus et vel plura iusto concipiens interim spiritus. Nec unquam me in his discentis annis offendat, si quid superfuerit. Quin ipsis doctoribus hoc esse curae velim, ut teneras adhuc mentes more nutricum mollius alant et satiari velut quodam iucundioris disciplinae lacte patiantur. Erit illud plenius interim corpus, quod mox adulta aetas astringat. Hinc spes roboris. Maciem namque et infirmitatem in posterum minari solet protinus omnibus membris expressus infans. Audeat haec aetas plura et inveniat et inventis gaudeat, sint licet illa non satis sicca interim ac severa. Facile remedium est ubertatis; sterilia nullo labore vincuntur. Illa mihi in pueris natura minimum spei dederit, in qua ingenium iudicio praesumitur. Materiam esse primum volo vel abundantiorem atque ultra quam oporteat fusam. Multum inde decoquent anni, multum ratio limabit, aliquid velut usu ipso deteretur, sit modo unde excidi possit et quod exculpi; erit autem, si non ab initio tenuem nimium laminam duxerimus et quam caelatura altior rumpat. Quod me de his aetatibus sentire minus mirabitur, qui apud Ciceronem legerit: *Volo enim se efferat in adolescente fecunditas.*

Quapropter in primis evitandus et in pueris praecipue magister aridus, non minus quam teneris adhuc plantis siccum et sine humore ullo solum. Inde fiunt humiles statim et velut terram spectantes, qui nihil supra cotidianum sermonem attollere audeant. Macies illis pro sanitate et iudicii loco infirmitas est, et dum satis putant vitio carere, in id ipsum incidunt vitium, quod virtutibus carent. Quare mihi ne maturitas quidem ipsa festinet, nec musta in lacu statim austera sint; sic et annos ferent et vetustate proficient.

Nec illud quidem quod admoneamus indignum est,

ingenia puerorum nimia interim emendationis severitate
deficere; nam et desperant et dolent et novissime ode-
runt et, quod maxime nocet, dum omnia timent, nihil
60 conantur. Quod etiam rusticis notum est, qui frondibus
teneris non putant adhibendam esse falcem, quia reformi-
dare ferrum videntur et nondum cicatricem pati posse.
Iucundus ergo tum maxime debet esse praeceptor, ut
remedia, quae alioqui natura sunt aspera, molli manu
leniantur; laudare aliqua, ferre quaedam, mutare etiam,
reddita cur id fiat ratione, illuminare interponendo
aliquid sui. Nonnunquam hoc quoque erit utile, ipsum
totas dictare materias, quas et imitetur puer et interim
tanquam suas amet. Et si tam negligens ei stilus fuerit,
70 ut emendationem non recipiat, expertus sum prodesse,
quotiens eandem materiam rursus a me tractatam scribere
de integro iuberem, *posse enim eum adhuc melius*; quatenus
nullo magis studia quam spe gaudent. Aliter autem alia
aetas emendanda est, et pro modo virium et exigendum
et corrigendum opus. Solebam ego dicere pueris aliquid
ausis licentius aut laetius, *laudare illud me adhuc, venturum
tempus, quo idem non permitterem*; ita et ingenio gaude-
bant et iudicio non fallebantur. [ii. 4, 1-14.]

VII.

'Quare incruditi ingeniosiores vulgo habeantur.'

Ne hoc quidem negaverim, sequi plerumque hanc
opinionem, ut fortius dicere videantur indocti; primum
vitio male iudicantium, qui maiorem habere vim credunt
ea, quae non habent artem, ut effringere quam aperire,
rumpere quam solvere, trahere quam ducere putant
robustius. Nam et gladiator, qui armorum inscius in
rixam ruit, et luctator, qui totius corporis nisu in id,
quod semel invasit, incumbit, fortior ab his vocatur;

cum interim et hic frequenter suis viribus ipse prosternitur, et illum vehementis impetus excipit adversarii 10 mollis articulus. Sed sunt in hac parte, quae imperitos etiam naturaliter fallant; nam et divisio, cum plurimum valeat in causis, speciem virium minuit, et rudia politis maiora et sparsa compositis numerosiora creduntur. Est praeterea quaedam virtutum vitiorumque vicinia, qua maledicus pro libero, temerarius pro forti, effusus pro copioso accipitur. Maledicit autem ineruditus apertius et saepius vel cum periculo suscepti litigatoris frequenter etiam suo. Affert et ista res opinionem, quia libentissime homines audiunt ea, quae dicere ipsi noluissent. 20 Illud quoque alterum, quod est in elocutione ipsa, periculum, minus vitat conaturque perdite, unde evenit nonnunquam, ut aliquid grande inveniat, qui semper quaerit, quod nimium est; verum id et raro provenit, et certa vitia non pensat. Propter hoc quoque interdum videntur indocti copiam habere maiorem, quod dicunt omnia; doctis est et electio et modus. His accedit, quod a cura docendi, quod intenderunt, recedunt. Itaque illud quaestionum et argumentorum apud corrupta iudicia frigus evitant nihilque aliud, quam quod vel 30 pravis voluptatibus aures assistentium permulceat, quaerunt. Sententiae quoque ipsae, quas solas petunt, magis eminent, cum omnia circa illas sordida et abiecta sunt; ut lumina non *inter umbras*, quemadmodum Cicero dicit, sed plane in tenebris clariora sunt. Itaque ingeniosi vocentur, ut libet, dum tamen constet, contumeliose sic laudari disertum. Nihilominus confitendum est etiam detrahere doctrinam aliquid, ut limam rudibus et cotes hebetibus et vino vetustatem; sed vitia detrahit, atque eo solo minus est, quod litterae perpolierunt, quo melius. 40 Verum hi pronuntiatione quoque famam dicendi fortius quaerunt. Nam et clamant ubique et omnia *levata*, ut

ipsi vocant, *manu* emugiunt, multo discursu, anhelitu,
iactatione gestus, motu capitis furentes. Iam collidere
manus, terrae pedem incutere, femur, pectus, frontem
caedere, mire ad pullatum circulum facit; cum ille eru-
ditus, ut in oratione multa summittere, variare, disponere, ita etiam in pronuntiando suum cuique eorum, quae
dicet, colori accommodare actum sciat, et, si quid sit
50 perpetua observatione dignum, modestus et esse et
videri malit. At illi hanc *vim* appellant, quae est potius
violentia; cum interim non actores modo aliquos in-
venias sed, quod est turpius, praeceptores etiam, qui
brevem dicendi exercitationem consecuti, omissa ratione,
ut tulit impetus, passim tumultuentur eosque, qui plus
honoris litteris tribuerunt, ineptos et ieiunos et trepidos
et infirmos, ut quodque verbum contumeliosissimum
occurrit, appellent. Verum illis quidem gratulemur
sine labore, sine ratione, sine disciplina disertis; nos,
60 quando et praecipiendi munus iam pridem deprecati
sumus et in foro quoque dicendi, quia honestissimum
finem putamus desinere, dum desideraremur: inquirendo
scribendoque talia consolemur otium nostrum, quae futura usui bonae mentis iuvenibus arbitramur, nobis certe
sunt voluptati. [ii. 12.]

TACITUS.

Tacitus almost alone of the silver age prose writers is so universally read by junior students that it may seem unnecessary to have made any selections from his writings; but a few passages have been included, partly to furnish examples of his style, partly, in the case of the extracts from the Annals, to illustrate the life of Seneca. Tacitus was born 55 A.D. and died about 120 A.D. His actual birthplace is unknown, but it is clear that he came of a good family. He studied under the rhetoricians Aper and Julius Secundus, and was possibly a pupil of Quintilian. He had a distinguished official career under four emperors (Vespasian to Trajan), culminating with the consulship (97 A.D.) under Trajan. Of the writers of the Silver Age none are probably so universally read as Tacitus, and hence it is needless to attempt any summary either of his political and philosophical views, his merits and failings as an historian, or the peculiarities of his style. It may be, however, pointed out that the epithet 'Tacitean' as frequently used can only be strictly applied to the Annals, for at first, as may be seen both from the Dialogue on Orators and the Agricola, he was a student and imitator of Cicero (yet these books are not without indications of his later style). In the Agricola we find that Tacitus, though breaking away from the Ciceronian period, still retains many characteristic Ciceronian turns of expression: his model has now become Sallust, and indeed his later style is, perhaps, only a development, under the special circumstances of his own genius and the times in which he lived, of the Sallustian manner. The three leading characteristics of this style are generally classed under the heads Brevitas, Varietas, Color Poeticus. The works of Tacitus were Dialogus de oratoribus, De vita et moribus Iulii Agricolae (his father-in-law), Germania, Historiae (*i.e.* of the emperors 69-96 A.D., probably originally in fourteen books (or less), of which we have now the first four and part of the fifth, *i.e.* only the history of the years 69 and 70), Annales, dealing with the years 14-68 A.D., probably in sixteen books: we have the first four books, parts of the next two, and (fairly complete) books eleven to sixteen. The existence of fourteen books of the histories is conjectured from the remark of Jerome, "Cornelius Tacitus . . . vitas Caesarum triginta voluminibus exaravit".

I.

The character and death of Agricola.

Natus erat Agricola Gaio Caesare tertium consule idibus Iuniis: excessit *quarto* et quinquagesimo anno, decumo kalendas Septembris Collega Priscoque consulibus. Quod si habitum quoque eius posteri noscere velint, decentior quam sublimior fuit; nihil metus in vultu: gratia oris supererat. Bonum virum facile crederes, magnum libenter. Et ipse quidem, quamquam medio in spatio integrae aetatis ereptus, quantum ad gloriam, longissimum aevum peregit. Quippe et vera bona, quae 10 in virtutibus sita sunt, impleverat, et consulari ac triumphalibus ornamentis praedito quid aliud adstruere fortuna poterat? Opibus nimiis non gaudebat, speciosae contigerant. Filia atque uxore superstitibus potest videri etiam beatus incolumi dignitate, florente fama, salvis adfinitatibus et amicitiis futura effugisse. Nam sicut ei *non licuit* durare in hanc beatissimi saeculi lucem ac principem Traianum videre, quod augurio votisque apud nostras auris ominabatur, ita festinatae mortis grande solacium tulit evasisse postremum illud tempus, quo 20 Domitianus non iam per intervalla ac spiramenta temporum, sed continuo et velut uno ictu rem publicam exhausit.

Non vidit Agricola obsessam curiam et clausum armis senatum et eadem strage tot consularium caedes, tot nobilissimarum feminarum exilia et fugas. Una adhuc victoria Carus Metius censebatur, et intra Albanam arcem sententia Messalini strepebat, et Massa Baebius tum reus erat: mox nostrae duxere Helvidium in carcerem manus; nos Maurici Rusticique visus, nos innocenti sanguine Senecio perfudit. Nero tamen subtraxit oculos 30 suos iussitque scelera, non spectavit: praecipua sub Domitiano miseriarum pars erat videre et aspici, cum suspiria nostra subscriberentur, cum denotandis tot hominum palloribus sufficeret saevus ille vultus et rubor, quo se contra pudorem muniebat.

Tu vero felix, Agricola, non vitae tantum claritate, sed etiam opportunitate mortis. Ut perhibent qui interfuerunt novissimis sermonibus tuis, constans et libens fatum excepisti, tamquam pro virili portione innocentiam principi donares. Sed mihi filiaeque eius praeter acerbi- 40 tatem parentis erepti auget maestitiam, quod adsidere valetudini, fovere deficientem, satiari vultu complexuque non contigit. Excepissemus certe mandata vocesque, quas penitus animo figeremus. Noster hic dolor, nostrum vulnus, nobis tam longae absentiae condicione ante quadriennium amissus est. Omnia sine dubio, optime parentum, adsidente amantissima uxore superfuere honori tuo: paucioribus tamen lacrimis comploratus es, et novissima in luce desideravere aliquid oculi tui.

Si quis piorum manibus locus, si, ut sapientibus placet, 50 non cum corpore extinguuntur magnae animae, placide quiescas, nosque domum tuam ab infirmo desiderio et muliebribus lamentis ad contemplationem virtutum tuarum voces, quas neque lugeri neque plangi fas est. Admiratione te potius et immortalibus laudibus et, si natura suppeditet, similitudine decoremus: is verus honos, ea coniunctissimi cuiusque pietas. Id filiae quoque uxorique praeperim, sic patris, sic mariti memoriam venerari, ut omnia facta dictaque eius secum revolvant, formamque ac figuram animi magis quam corporis complectantur, 60 non quia intercedendum putem imaginibus quae marmore aut aere finguntur, sed, ut vultus hominum, ita simulacra vultus imbecilla ac mortalia sunt, forma mentis aeterna, quam tenere et exprimere non per alienam materiam et artem, sed tuis ipse moribus possis. Quidquid ex Agricola amavimus, quidquid mirati sumus, manet mansurumque est in animis hominum, in aeternitate temporum, *in* fama rerum; nam multos veterum velut inglorios et ignobilis oblivio obruet: Agricola posteritati narratus et traditus superstes erit. [*Agricola*, 46.]

II.

The pleasures of the orator's life.

Ad voluptatem oratoriae eloquentiae transeo, cuius iucunditas non uno aliquo momento, sed omnibus prope diebus ac prope omnibus horis contingit. Quid enim dulcius libero et ingenuo animo et ad voluptates honestas nato quam videre plenam semper et frequentem domum suam concursu splendidissimorum hominum? Idque scire non pecuniae, non orbitati, non officii alicuius administrationi, sed sibi ipsi dari? Ipsos quin immo orbos et locupletes et potentes venire plerumque ad iuvenem et pauperem, ut aut sua aut amicorum discrimina commendent. Ullane tanta ingentium opum ac magnae potentiae voluptas quam spectare homines veteres et senes et totius urbis gratia subnixos in summa rerum omnium abundantia confitentes, id quod optimum sit se non habere? Iam vero qui togatorum comitatus et egressus! quae in publico species! quae in iudiciis veneratio! quod illud gaudium consurgendi adsistendique inter tacentes et in unum conversos! coire populum et circumfundi coronam et accipere adfectum, quemcumque orator induerit! Vulgaria dicentium gaudia et imperitorum quoque oculis exposita percenseo: illa secretiora et tantum ipsis orantibus nota maiora sunt. Sive accuratam meditatamque profert orationem, est quoddam sicut ipsius dictionis, ita gaudii pondus et constantia; sive novam et recentem curam non sine aliqua trepidatione animi attulerit, ipsa sollicitudo commendat eventum et lenocinatur voluptati. Sed extemporalis audaciae atque ipsius temeritatis vel praecipua iucunditas est; nam in ingenio quoque, sicut in agro, quamquam alia diu serantur atque elaborentur, gratiora tamen quae sua sponte nascuntur.

Equidem, ut de me ipso fatear, non eum diem laetiorem egi, quo mihi latus clavus oblatus est, vel quo homo novus et in civitate minime favorabili natus quaesturam aut tribunatum aut praeturam accepi, quam eos, quibus mihi pro mediocritate huius quantulaecumque in dicendo facultatis aut *apud patres* reum prospere defendere aut apud centumviros causam aliquam feliciter orare aut apud principem ipsos illos libertos et procuratores principum tueri et defendere datur. Tum mihi supra tribunatus et praeturas et consulatus ascendere videor, tum habere quod, si non in aliquo oritur, nec codicillis datur nec cum gratia venit. Quid? Fama et laus cuius artis cum oratorum gloria comparanda est? Quinam inlustriores sunt in urbe non solum apud negotiosos et rebus intentos, sed etiam apud vacuos et adulescentes, quibus modo recta indoles est et bona spes sui? Quorum nomina prius parentes liberis suis ingerunt? Quos saepius vulgus quoque imperitum et tunicatus hic populus transeuntes nomine vocat et digito demonstrat? Advenae quoque et peregrini iam in municipiis et coloniis suis auditos, cum primum urbem attigerunt, requirunt ac velut adgnoscere concupiscunt. [*Dialogue*, c. vi.]

III.

The manners of the Aestii: their mode of collecting amber.

Trans Suionas aliud mare, pigrum ac prope inmotum, quo cingi cludique terrarum orbem hinc fides, quod extremus cadentis iam solis fulgor in ortum edurat adeo clarus, ut sidera hebetet; sonum insuper emergentis audiri formasque equorum et radios capitis adspici persuasio adicit. Illuc usque, si fama vera, tantum natura. Ergo iam dextro Suebici maris litore Aestiorum gentes adluuntur, quibus ritus habitusque Sueborum, lingua Britannicae propior. Matrem deum venerantur. Insigne
10 superstitionis formas aprorum gestant: id pro armis omnique tutela securum deae cultorem etiam inter hostis praestat. Rarus ferri, frequens fustium usus. Frumenta ceterosque fructus patientius quam pro solita Germanorum inertia laborant. Sed et mare scrutantur, ac soli omnium sucinum, quod ipsi glaesum vocant, inter vada atque in ipso litore legunt. Nec quae natura quaeve ratio gignat, ut barbaris, quaesitum compertumve; diu quin etiam inter cetera eiectamenta maris iacebat, donec luxuria nostra dedit nomen. Ipsis in nullo usu: rude
20 legitur, informe perfertur, pretiumque mirantes accipiunt. Sucum tamen arborum esse intellegas, quia terrena quaedam atque etiam volucria animalia plerumque interiacent, quae implicata humore mox durescente materia cluduntur. Fecundiora igitur nemora lucosque sicut Orientis secretis, ubi tura balsamaque sudantur, ita Occidentis insulis terrisque inesse crediderim, quae vicini solis radiis expressa atque liquentia in proximum mare labuntur ac vi tempestatum in adversa litora exundant. Si naturam sucini admoto igni temptes, in modum taedae
30 accenditur alitque flammam pinguem et olentem; mox ut in picem resinamve lentescit. [*Germania*, 45.]

IV.

The death of Otho after the news of Bedriacum.

Opperiebatur Otho nuntium pugnae nequaquam trepidus et consilii certus. Maesta primum fama, dein profugi e proelio perditas res patefaciunt. Non expectavit militum ardor vocem imperatoris; bonum haberet animum iubebant: superesse adhuc novas vires, et ipsos extrema passuros ausurosque. Neque erat adulatio: ire in aciem, excitare partium fortunam furore quodam et instinctu flagrabant. Qui procul adstiterant, tendere manus, et proximi prensare genua, promptissimo Plotio Firmo. Is praetorii praefectus identidem orabat, ne fidissimum exer- 10 citum, ne optime meritos milites desereret: maiore animo tolerari adversa quam relinqui; fortes et strenuos etiam contra fortunam insistere spei, timidos et ignavos ad desperationem formidine properare. Quas inter voces ut flexerat vultum aut induraverat Otho, clamor et gemitus. Nec praetoriani tantum, proprius Othonis miles, sed praemissi e Moesia eandem obstinationem adventantis exercitus, legiones Aquileiam ingressas nuntiabant, ut nemo dubitet potuisse renovari bellum atrox, lugubre, incertum victis et victoribus. 20

Ipse aversus a consiliis belli 'hunc' inquit 'animum, hanc virtutem vestram ultra periculis obicere nimis grande vitae meae pretium puto. Quanto plus spei ostenditis, si vivere placeret, tanto pulchrior mors erit. Experti in vicem sumus ego ac fortuna. Nec tempus conputaveritis: difficilius est temperare felicitati, qua te non putes diu usurum. Civile bellum a Vitellio coepit, et ut de principatu certaremus armis, initium illinc fuit: ne plus quam semel certemus, penes me exemplum erit; hinc Othonem posteritas aestimet. Fruetur Vitellius fratre, 30 coniuge, liberis: mihi non ultione neque solaciis opus est.

Alii diutius imperium tenuerint: nemo tam fortiter reliquerit. An ego tantum Romanae pubis, tot egregios exercitus sterni rursus et rei publicae eripi patiar? Eat hic mecum animus, tamquam perituri pro me fueritis, sed este superstites. Nec diu moremur, ego incolumitatem vestram, vos constantiam meam. Plura de extremis loqui pars ignaviae est. Praecipuum destinationis meae documentum habete, quod de nemine queror; nam in-
40 cusare deos vel homines eius est, qui vivere velit'.

Talia locutus, ut cuique aetas aut dignitas, comiter appellatos, irent propere neu remanendo iram victoris asperarent, iuvenes auctoritate, senes precibus movebat, placidus ore, intrepidus verbis, intempestivas suorum lacrimas coërcens. Dari naves ac vehicula abeuntibus iubet; libellos epistulasque studio erga se aut in Vitellium contumeliis insignes abolet; pecunias distribuit parce nec ut periturus. Mox Salvium Coccoianum, fratris filium, prima iuventa, trepidum et maerentem ultro solatus est,
50 laudando pietatem eius, castigando formidinem: an Vitellium tam inmitis animi fore, ut pro incolumi tota domo ne hanc quidem sibi gratiam redderet? mereri se festinato exitu clementiam victoris; non enim ultima desperatione, sed poscente proelium exercitu remisisse rei publicae novissimum casum. Satis sibi nominis, satis posteris suis nobilitatis quaesitum. Post Iulios Claudios Servios se primum in familiam novam imperium intulisse: proinde erecto animo capesseret vitam, neu patruum sibi Othonem fuisse aut obliviscerctur umquam aut
60 nimium meminisset.

Post quae dimotis omnibus paulum requievit. Atque illum supremas iam curas animo volutantem repens tumultus avertit, nuntiata consternatione ac licentia militum; namque abeuntibus exitium minitabantur, atrocissima in Verginium vi, quem clausa domo obside-

bant. Increpitis seditionis auctoribus regressus vacavit
abeuntium adloquiis, donec omnes inviolati digrederentur.
Vesperascente die sitim haustu gelidae aquae sedavit.
Tum adlatis pugionibus *duobus*, cum utrumque pertemp-
tasset, alterum capiti subdidit. Et explorato iam pro- 70
fectos amicos, noctem quietam, utque adfirmatur, non
insomnem egit: luce prima in ferrum pectore incubuit.
Ad gemitum morientis ingressi liberti servique et Plotius
Firmus praetorii praefectus unum vulnus invenere.
Funus maturatum; ambitiosis id precibus petierat, ne
amputaretur caput ludibrio futurum. Tulere corpus
praetoriae cohortes cum laudibus et lacrimis, vulnus
manusque eius exosculantes. Quidam militum iuxta
rogum interfecere se, non noxa neque ob metum, sed
aemulatione decoris et caritate principis. Ac postea pro- 80
misce Bedriaci, Placentiae aliisque in castris celebratum
id genus mortis. Othoni sepulchrum exstructum est
modicum et mansurum. Hunc vitae finem habuit sep-
timo et tricensimo aetatis anno. [*Tac. Hist.* ii. 46–49.]

V.

Preparations for the siege, and description of Jerusalem.

Igitur castris, uti diximus, ante moenia Hierosoly-
morum positis instructas legiones ostentavit: Iudaei sub
ipsos muros struxere aciem, rebus secundis longius ausuri
et, si pellerentur, parato perfugio. Missus in eos eques
cum expeditis cohortibus ambigue certavit; mox cessere
hostes et sequentibus diebus crebra pro portis proelia
serebant, donec adsiduis damnis intra moenia pellerentur.
Romani ad obpugnandum versi; neque enim dignum
videbatur famem hostium opperiri, poscebantque pericula,
pars virtute multi ferocia et cupidine praemiorum. Ipsi 10
Tito Roma et opes voluptatesque ante oculos, ac ni

statim Hierosolyma conciderent, morari videbantur. Sed
urbem arduam situ opera molesque firmaverant, quis vel
plana satis munirentur. Nam duos colles in immensum
editos claudebant muri per artem obliqui aut introrsus
sinuati, ut latera obpugnantium ad ictus patescerent.
Extrema rupis abrupta, et turres, ubi mons iuvisset, in
sexagenos pedes, inter devexa in centenos vicenosque
attollebantur, mira specie ac procul intuentibus pares.
20 Alia intus moenia regiae circumiecta, conspicuoque fastigio turris Antonia, in honorem M. Antonii ab Herode
appellata.

Templum in modum arcis propriique muri, labore et
opere ante alios; ipsae porticus, quis templum ambibatur,
egregium propugnaculum. Fons perennis aquae, cavati
sub terra montes et piscinae cisternaeque servandis
imbribus. Providerant conditores ex diversitate morum
crebra bella: inde cuncta quamvis adversus longum
obsidium; et a Pompeio expugnatis metus atque usus
30 pleraque monstravere. Atque per avaritiam Claudianorum temporum empto iure muniendi struxere muros in
pace tamquam ad bellum, magna conluvie et ceterarum
urbium clade aucti; nam pervicacissimus quisque illuc
perfugerat eoque seditiosius agebant. Tres duces, totidem exercitus: extrema et latissima moenium Simo,
mediam urbem Ioannes [quem et Bargioram vocabant],
templum Eleazarus firmaverat. Multitudine et armis
Ioannes ac Simo, Eleazarus loco pollebat: sed proelia
dolus incendia inter ipsos, et magna vis frumenti am-
40 busta. Mox Ioannes, missis per speciem sacrificandi qui
Eleazarum manumque eius obtruncarent, templo potitur.
Ita in duas factiones civitas discessit, donec propinquantibus Romanis bellum externum concordiam pareret.

Evenerant prodigia, quae neque hostiis neque votis
piare fas habet gens superstitioni obnoxia, religionibus

adversa. Visae per caelum concurrere acies, rutilantia
arma et subito nubium igne conlucere templum. Apertae
repente delubri fores et audita maior humana vox, ex-
cedere deos; simul ingens motus excedentium. Quae
pauci in metum trahebant: pluribus persuasio inerat 50
antiquis sacerdotum litteris contineri, eo ipso tempore
fore ut valesceret Oriens profectique Iudaea rerum poter-
entur.) Quae ambages Vespasianum ac Titum praedixerat,
sed vulgus more humanae cupidinis sibi tantam fatorum
magnitudinem interpretati ne adversis quidem ad vera
mutabantur. Multitudinem obsessorum omnis aetatis,
virile ac muliebre secus, sescenta milia fuisse accepimus:
arma cuncti, qui ferre possent, et plures quam pro
numero audebant. Obstinatio viris feminisque par; ac
si transferre sedes cogerentur, maior vitae metus quam 60
mortis. Hanc adversus urbem gentemque Caesar Titus,
quando impetus et subita belli locus abnueret, aggeribus
vineisque certare statuit: dividuntur legionibus munia et
quies proelicrum fuit, donec cuncta expugnandis urbibus
reperta apud veteres aut novis ingeniis struerentur. [*II.
v. 11-13.*]

VI.

Seneca's correspondence with Nero.

At Seneca criminantium non ignarus, prodentibus iis,
quibus aliqua honesti cura, et familiaritatem eius magis
aspernante Caesare, tempus sermoni orat et accepto ita
incipit: 'Quartus decumus annus est, Caesar, ex quo spei
tuae admotus sum, octavus, ut imperium obtines: medio
temporis tantum honorum atque opum in me cumulasti,
ut nihil felicitati meae desit nisi moderatio eius. Utar
magnis exemplis, nec meae fortunae, sed tuae. Abavus
tuus Augustus M. Agrippae Mytilenense secretum, C.
Maecenati urbe in ipsa velut peregrinum otium permisit; 10

quorum alter bellorum socius, alter Romae pluribus
laboribus iactatus ampla quidem, sed pro ingentibus
meritis, praemia acceperant. Ego quid aliud muni-
ficentiae tuae adhibere potui quam studia, ut sic dixerim,
in umbra educata, et quibus claritudo venit, quod inven-
tae tuae rudimentis adfuisse videor, grande huius rei pretium. At tu gratiam inmensam, innumeram pecuniam
circumdedisti, adeo ut plerumque intra me ipse volvam:
egone, equestri et provinciali loco ortus, proceribus
20 civitatis adnumeror? inter nobiles et longa decora prae-
ferentes novitas mea enituit? ubi est animus ille modicis
contentus? talis hortos exstruit et per haec suburbana
incedit et tantis agrorum spatiis, tam lato faenore exu-
berat? una defensio occurrit, quod muneribus tuis obniti
non debui.

Sed uterque mensuram implevimus, et tu, quantum
princeps tribuere amico posses, et ego, quantum amicus a
principe accipere: cetera invidiam augent. Quae quidem,
ut omnia mortalia, infra tuam magnitudinem iacet, sed
30 mihi incumbit, mihi subveniendum est. Quo modo in
militia aut via fessus adminiculum orarem, ita in hoc
itinere vitae senex et levissimis quoque curis inpar, cum
opes meas ultra sustinere non possim, praesidium peto.
Iube rem per procuratores tuos administrari, in tuam
fortunam recipi. Nec me in paupertatem ipse detrudam,
sed traditis quorum fulgore praestringor, quod temporis
hortorum aut villarum curae seponitur, in animum revo-
cabo. Superest tibi robur et tot per annos visum *summi
fastigii* regimen: possumus seniores amici quietem repos-
40 cere. Hoc quoque in tuam gloriam cedet, eos ad summa
vexisse, qui et modica tolerarent'.

Ad quae Nero sic ferme respondit: 'Quod meditatae
orationi tuae statim occurram, id primum tui muneris
habeo, qui me non tantum praevisa, sed subita expedire

docuisti. Abavus meus Augustus Agrippae et Maecenati usurpare otium post labores concessit, sed in ea ipse aetate, cuius auctoritas tueretur quidquid illud et qualecumque tribuisset; ac tamen neutrum datis a se praemiis exuit. Bello et periculis meruerant; in iis enim iuventa Augusti versata est. Nec mihi tela et manus tuae defuissent in armis agenti: sed quod praesens condicio poscebat, ratione consilio praeceptis pueritiam, dein iuventam meam fovisti. Et tua quidem erga me munera, dum vita suppetet, aeterna erunt: quae a me habes, horti et faenus et villae, casibus obnoxia sunt. Ac licet multa videantur, plerique haudquaquam artibus tuis pares plura tenuerunt. Pudet referre libertinos, qui ditiores spectantur: unde etiam mihi rubori est, quod praecipuus caritate nondum omnes fortuna antecellis.

Verum et tibi valida aetas rebusque et fructui rerum sufficiens, et nos prima imperii spatia ingredimur, nisi forte aut te Vitellio ter consuli aut me Claudio postponis, et quantum Volusio longa parsimonia quaesivit, tantum in te mea liberalitas explere non potest. Quin, si qua in parte lubricum adulescentiae nostrae declinat, revocas ornatumque robur subsidio inpensius regis? Non tua moderatio, si reddideris pecuniam, nec quies, si reliqueris principem, sed mea avaritia, meae crudelitatis metus in ore omnium versabitur. Quod si maxime continentia tua laudetur, non tamen sapienti viro decorum fuerit, unde amico infamiam paret, inde gloriam sibi recipere'. His adicit complexum et oscula, factus natura et consuetudine exercitus velare odium fallacibus blanditiis. Seneca, cui finis omnium cum dominante sermonum, grates agit: sed instituta prioris potentiae commutat, prohibet coetus salutantium, vitat comitantis, rarus per urbem, quasi valetudine infensa aut sapientiae studiis domi adtineretur. [*Ann.* xiv. 53–56.]

VII.
The death of Seneca.

Ille interritus poscit testamenti tabulas; ac denegante centurione conversus ad amicos, quando meritis eorum referre gratiam prohiberetur, quod unum iam et tamen pulcherrimum habeat, imaginem vitae suae relinquere testatur, cuius si memores essent, bonarum artium famam fructum constantis amicitiae laturos. Simul lacrimas eorum modo sermone, modo intentior in modum coërcentis ad firmitudinem revocat, rogitans ubi praecepta sapientiae, ubi tot per annos meditata ratio adversum
10 imminentia? Cui enim ignaram fuisse saevitiam Neronis? Neque aliud superesse post matrem fratremque interfectos, quam ut educatoris, praeceptorisque necem adiceret.

Ubi haec atque talia velut in commune disseruit, complectitur uxorem, et paululum adversus praesentem fortitudinem mollitus rogat oratque temperaret dolori neu aeternum susciperet, sed in contemplatione vitae per virtutem actae desiderium mariti solaciis honestis toleraret. Illa contra sibi quoque destinatam mortem adseverat
20 manumque percussoris exposcit. Tum Seneca gloriae eius non adversus, simul amore, ne sibi unice dilectam ad iniurias relinqueret, 'vitae' inquit 'delenimenta monstraveram tibi, tu mortis decus mavis: non invidebo exemplo. Sit huius tam fortis exitus constantia penes utrosque par, claritudinis plus in tuo fine'. Post quae eodem ictu brachia ferro exsolvunt. Seneca, quoniam senile corpus et parco victu tenuatum lenta effugia sanguini praebebat, crurum quoque et poplitum venas abrumpit; saevisque cruciatibus defessus, ne dolore suo
30 animum uxoris infringeret atque ipse visendo eius tormenta ad inpatientiam delaberetur, suadet in aliud cubi-

culum abscedere. Et novissimo quoque momento suppeditante eloquentia advocatis scriptoribus pleraque tradidit, quae in vulgus edita eius verbis invertere supersedeo.

At Nero nullo in Paulinam proprio odio, ac ne glisceret invidia crudelitatis, *iubet* inhiberi mortem. Hortantibus militibus servi libertique obligant brachia, premunt sanguinem, incertum an ignarae. Nam, ut est vulgus ad deteriora promptum, non defuere qui crederent, donec implacabilem Neronem timuerit, famam sociatae cum marito mortis petivisse, deinde oblata mitiore spe blandimentis vitae evictam ; cui addidit paucos postea annos, laudabili in maritum memoria et ore ac membris in eum pallorem albentibus, ut ostentui esset multum vitalis spiritus egestum. Seneca interim, durante tractu et lentitudine mortis, Statium Annaeum, diu sibi amicitiae fide et arte medicinae probatum, orat provisum pridem venenum, quo damnati publico Atheniensium iudicio extinguerentur, promeret; adlatumque hausit frustra, frigidus iam artus et cluso corpore adversum vim veneni. Postremo stagnum calidae aquae introiit, respergens proximos servorum addita voce, libare se liquorem illum Iovi liberatori. Exim balneo inlatus et vapore eius exanimatus, sine ullo funeris sollemni crematur. Ita codicillis praescripserat, cum etiam tum praedives et praepotens supremis suis consuleret. [*Ann.* xv. 62.]

PLINY THE YOUNGER.

Pliny the younger, like Cicero, with whom in moments of self-gratification he was fond of comparing himself, was essentially a man of peace: he was adopted by his uncle, the elder Pliny, whom in ability he undoubtedly surpassed. His life is especially well known to us, both from allusions in his own writings and also from inscriptions found at his native place Novocomum. Born about 62 A.D. he was educated at Rome, being a pupil of Quintilian and also of Nicetas of Smyrna, a famous rhetorician of the time. He saw a little military service in Syria, returned thence and took up the profession of the bar, and made himself a name as a successful pleader in the centumviral courts and as an orator in the curia: various honours fell to his share, as he was quaestor, tribunus plebis, praetor and consul in 100 A.D. (Cruttwell, Hist. Rom. Lit., says that this was the second occasion of his holding the consulship, but I have been unable to find his authority for the statement): later he was an augur and a legatus Caesaris in Pontus and Bithynia. He died about 113 A.D.

None of his forensic speeches have come to us, though after delivery he was wont to publish polished and emended ('retractatas') editions: we do, however, possess the speech in which he returns thanks to Trajan for his election to the consulship. But Pliny's fame is secure, though it rests entirely on his letters: these were written with a view to publication, and are perhaps marked by an excess of self-satisfaction; but they are so finished examples of their own special style, so graphic in narrative, and often of such a delicate humour that their loss would have been a heavy one for students of Roman life and Roman literature. In making a selection of a few letters I have omitted some that are perhaps most familiar, notably the two dealing with the eruption of Vesuvius; but I have tried to pick out those which exemplify the characteristics of his style.

I.

A contrast between the occupations of Rome and literary leisure.

Mirum est quam singulis diebus in urbe ratio aut constet aut constare videatur, pluribus cunctaque non constet. Nam si quem interroges 'hodie quid egisti?', respondeat 'officio togae virilis interfui, sponsalia aut nuptias frequentavi, ille me ad signandum testamentum, ille in advocationem, ille in consilium rogavit'. Haec quo die feceris necessaria, eadem, si cotidie fecisse te reputes, inania videntur, multo magis cum secesseris. Tunc enim subit recordatio 'quot dies quam frigidis rebus absumpsi!' Quod evenit mihi, postquam in Laurentino meo aut lego aliquid aut scribo aut etiam corpori vaco, cuius fulturis animus sustinetur. Nihil audio quod audisse, nihil dico quod dixisse paeniteat: nemo apud me quemquam sinistris sermonibus carpit, neminem ipse reprehendo, nisi tamen me, cum parum commode scribo; nulla spe, nullo timore sollicitor, nullis rumoribus inquietor: mecum tantum et cum libellis loquor. O rectam sinceramque vitam, o dulce otium honestumque ac paene omni negotio pulchrius! O mare, o litus, verum secretumque μουσεῖον, quam multa invenitis, quam multa dictatis! Proinde tu quoque strepitum istum inanemque discursum et multum ineptos labores, ut primum fuerit occasio, relinque teque studiis vel otio trade. Satius est enim, ut Atilius noster eruditissime simul et facetissime dixit, otiosum esse quam nihil agere. Vale. [i. 9.]

II.

A description of Pliny's villa.

Miraris cur me Laurentinum vel, si ita mavis, Laurens meum tanto opere delectet: desines mirari, cum cogno-

veris gratiam villae, oportunitatem loci, litoris spatium.
Decem et septem milibus passuum ab urbe secessit, ut
peractis quae agenda fuerint salvo iam et composito die
possis ibi manere. Aditur non una via; nam et Laurentina et Ostiensis eodem ferunt, sed Laurentina a quarto
decimo lapide, Ostiensis ab undecimo relinquenda est.
Utrimque excipit iter aliqua ex parte harenosum, iunctis
10 paulo gravius et longius, equo breve et molle. Varia
hinc atque inde facies: nam modo occurrentibus silvis via
coartatur, modo latissimis pratis diffunditur et patescit;
multi greges ovium, multa ibi equorum boum armenta,
quae montibus hieme depulsa herbis et tepore verno
nitescunt. Villa usibus capax, non sumptuosa tutela.
Cuius in prima parte atrium frugi nec tamen sordidum,
deinde porticus in D litterae similitudinem circumactae,
quibus parvola sed festiva area includitur. Egregium
hae adversus tempestates receptaculum: nam specularibus
20 ac multo magis imminentibus tectis muniuntur. Est
contra medias cavaedium hilare, mox triclinium satis
pulchrum, quod in litus excurrit, ac si quando Africo
mare inpulsum est, fractis iam et novissimis fluctibus
leviter adluitur. Undique valvas aut fenestras non
minores valvis habet, atque ita a lateribus a fronte quasi
tria maria prospectat; a tergo cavaedium, porticum,
aream, porticum rursus, mox atrium, silvas et longinquos
respicit montes. Huius a laeva retractius paulo cubiculum est amplum, deinde aliud minus, quod altera
30 fenestra admittit orientem, occidentem altera retinet, hac
et subiacens mare longius quidem sed securius intuetur.
Huius cubiculi et triclini illius obiectu includitur angulus,
qui purissimum solem continet et accendit. Hoc hiber-
naculum, hoc etiam gymnasium meorum est: ibi omnes
silent venti exceptis qui nubilum inducunt et serenum
ante quam usum loci eripiunt. Adnectitur angulo cubi-

culum in hapsida curvatum, quod ambitum solis fenestris omnibus sequitur. Parieti eius in bibliothecae speciem armarium insertum est, quod non legendos libros sed lectitandos capit. Adhaeret dormitorium membrum 40 transitu interiacente, qui suspensus et *tubulatus* conceptum vaporem salubri temperamento huc illuc digerit et ministrat. Reliqua pars lateris huius servorum libertorumque usibus detinetur, plerisque tam mundis ut accipere hospites possint. Ex alio latere cubiculum est politissimum; deinde vel cubiculum grande vel modica cenatio, quae plurimo sole, plurimo mari lucet; post hanc cubiculum cum procoetone, altitudine aestivum, munimentis hibernum: est enim subductum omnibus ventis. Huic cubiculo aliud et procoeton communi pariete iun- 50 guntur. Inde balnei cella frigidaria spatiosa et effusa, cuius in contrariis parietibus duo baptisteria velut eiecta sinuantur, abunde capacia, si mare in proximo cogites. Adiacet unctorium, hypocauston, adiacet propnigeon balinei, mox duae cellae magis elegantes quam sumptuosae: cohaeret calida piscina mirifica, ex qua natantes mare aspiciunt, nec procul sphaeristerium, quod calidissimo soli inclinato iam die occurrit. Hic turris erigitur, sub qua diaetae duae, totidem in ipsa, praeterea cenatio, quae latissimum mare, longissimum litus, villas amoenissimas 60 prospicit. Est et alia turris: in hac cubiculum, in quo sol nascitur conditurque: lata post apotheca et horreum: sub hoc triclinium, quod turbati maris non nisi fragorem et sonum patitur, eumque iam languidum et desinentem; hortum et gestationem videt, qua hortus includitur. Gestatio buxo aut rore marino, ubi deficit buxus, ambitur: nam buxus, qua parte defenditur tectis, abunde viret; aperto caelo apertoque vento et quamquam longinqua aspergine maris inarescit. Adiacet gestationi interiore circumitu vinea tenera et umbrosa nudisque etiam pedi- 70

bus mollis et cedens. Hortum morus et ficus frequens vestit, quarum arborum illa vel maxime ferax terra est, malignior ceteris. Hac non deteriore quam maris facie cenatio remota a mari fruitur: cingitur diaetis duabus a tergo, quarum fenestris subiacet vestibulum villae et hortus alius pinguis et rusticus. Hinc cryptoporticus prope publici operis extenditur. Utrimque fenestrae, a mari plures, ab horto *pauciores*, sed alternis *singulae*. Hae, cum serenus dies et inmotus, omnes, cum hinc vel
80 inde ventus inquietus, qua venti quiescunt, sine iniuria patent. Ante cryptoporticum xystus violis odoratus: teporem solis infusi repercussu cryptoporticus auget, quae ut tenet solem sic aquilonem inhibet summovetque, quantumque caloris ante tantum retro frigoris. Similiter Africum sistit, atque ita diversissimos ventos alium alio latere frangit et finit. Haec iucunditas eius hieme, maior aestate. Nam ante meridiem xystum, post meridiem gestationis hortique proximam partem umbra sua temperat, quae, ut dies crevit decrevitve, modo brevior modo
90 longior hac vel illa cadit. Ipsa vero cryptoporticus tum maxime caret sole, cum ardentissimus culmini eius insistit. Ad hoc patentibus fenestris favonios accipit transmittitque nec umquam aere pigro et manente ingravescit. In capite xysti deinceps cryptoporticus horti diaeta est, amores mei; re vera amores: ipse posui. In hac heliocaminus quidem alia xystum alia mare utraque solem, cubiculum autem valvis cryptoporticum, fenestra prospicit mare. Contra parietem medium zotheca perquam eleganter recedit, quae specularibus et velis
100 obductis reductisve modo adicitur cubiculo modo aufertur. Lectum et duas cathedras capit: a pedibus mare, a tergo villae, a capite silvae: tot facies locorum totidem fenestris et distinguit et miscet. Iunctum est cubiculum noctis et somni. Non illud voces servolorum, non maris

murmur, non tempestatum motus, non fulgurum lumen
ac ne diem quidem sentit, nisi fenestris apertis. Tam
alti abditique secreti illa ratio, quod interiacens andron
parietem cubiculi hortique distinguit, atque ita omnem
sonum media inanitate consumit. Adplicitum est cubiculo hypocauston perexiguum, quod angusta fenestra 110
suppositum calorem, ut ratio exigit, aut effundit aut
retinet. Procoeton inde et cubiculum porrigitur in solem,
quem orientem statim exceptum ultra meridiem obliquum
quidem sed tamen servat. In hanc ego diaetam cum me
recepi, abesse mihi etiam a villa mea videor, magnamque
eius voluptatem praecipue Saturnalibus capio, cum reliqua pars tecti licentia dierum festisque clamoribus per-
sonat: nam nec ipse meorum lusibus nec illi studiis meis
obstrepunt. Haec utilitas, haec amoenitas deficitur aqua
salienti, sed puteos ac potius fontes habet: sunt enim in 120
summo. Et omnino litoris illius mira natura: quocumque loco moveris humum, obvius et paratus umor
occurrit, isque sincerus ac ne leviter quidem tanta maris
vicinitate corruptus. Suggerunt adfatim ligna proximae
silvae: ceteras copias Ostiensis colonia ministrat. Frugi
quidem homini sufficit etiam vicus quem una villa dis-
cernit: in hoc balnea meritoria tria, magna commoditas,
si forte balneum domi vel subitus adventus vel brevior
mora calfacere dissuadeat. Litus ornant varietate gratissima nunc continua nunc intermissa tecta villarum, 130
quae praestant multarum urbium faciem, sive mari sive
ipso litore utare; quod non numquam longa tranquillitas
mollit, saepius frequens et contrarius fluctus indurat.
Mare non sane pretiosis piscibus abundat, soleas tamen
et squillas optimas egerit. Villa vero nostra etiam medi-
terraneas copias praestat, lac in primis: nam illuc e
pascuis pecora conveniunt, si quando aquam umbramve
sectantur. Iustisne de causis iam tibi videor incolere,

inhabitare, diligere secessum, quem tu nimis urbanus es
140 nisi concupiscis? Atque utinam concupiscas! ut tot
tantisque dotibus villulae nostrae maxima commendatio
ex tuo contubernio accedat. Vale. [ii. 17.]

III

Pliny's account of his uncle's method of life.

Pergratum est mihi quod tam diligenter libros avun-
culi mei lectitas ut habere omnes velis quacrasque qui
sint omnes. Fungar indicis partibus atque etiam quo
sint ordine scripti notum tibi faciam: est enim haec
quoque studiosis non iniucunda cognitio. 'De iaculatione equestri unus': hunc, cum praefectus alae militaret,
pari ingenio curaque composuit. 'De vita Pomponi
Secundi duo'; a quo singulariter amatus hoc memoriae
amici quasi debitum munus exsolvit. 'Bellorum Ger-
10 maniae viginti'; quibus omnia quae cum Germanis gessi-
mus bella collegit. Inchoavit, cum in Germania militaret, somnio monitus: adstitit ei quiescenti Drusi
Neronis effigies, qui Germaniae latissimo victor ibi periit,
commendabat memoriam suam orabatque ut se ab iniuria
oblivionis adsereret. 'Studiosi tres', in sex volumina
propter amplitudinem divisi, quibus oratorem ab in-
cunabulis instituit et perficit. 'Dubii sermonis octo':
scripsit sub Nerone novissimis annis, cum omne studiorum genus paulo liberius et erectius periculosum servitus
20 fecisset. 'A fine Aufidi Bassi triginta unus.' 'Naturae
historiarum triginta septem', opus diffusum, eruditum,
nec minus varium quam ipsa natura. Miraris quod tot
volumina multaque in his tam scrupulosa homo occupatus
absolverit? magis miraberis, si scieris illum aliquandiu
causas actitasse, decessisse anno sexto et quinquagesimo,
medium tempus distentum impeditumque qua officiis

maximis qua amicitia principum egisse. Sed erat acre
ingenium, incredibile studium, summa vigilantia. Lucu-
brare Vulcanalibus incipiebat, non auspicandi causa sed
studendi, statim a nocte multa, hieme vero ab hora
septima, vel cum tardissime, octava, saepe sexta. Erat
sane somni paratissimi, non numquam etiam inter ipsa
studia instantis et deserentis. Ante lucem ibat ad
Vespasianum imperatorem (nam ille quoque noctibus
utebatur), inde ad delegatum sibi officium. Reversus
domum, quod relicum temporis, studiis reddebat. Post
cibum saepe, quem interdiu levem et facilem veterum
more sumebat, aestate, si quid otii, iacebat in sole, liber
legebatur, adnotabat excerpebatque. Nihil enim legit
quod non excerperet: dicere etiam solebat nullum esse
librum tam malum ut non aliqua parte prodesset. Post
solem plerumque frigida lavabatur: deinde gustabat
dormiebatque minimum: mox quasi alio die studebat in
cenae tempus. Super hanc liber legebatur, adnotabatur,
et quidem cursim. Memini quendam ex amicis, cum
lector quaedam perperam pronuntiasset, revocasse et re-
peti coëgisse, huic avunculum meum dixisse 'intellexeras
nempe?' cum ille adnuisset, 'cur ergo revocabas? decem
amplius versus hac tua interpellatione perdidimus.'
Tanta erat parsimonia temporis. Surgebat aestate a
cena luce, hieme intra primam noctis, et tamquam aliqua
lege cogente. Haec inter medios labores urbisque fre-
mitum. In secessu solum balinei tempus studiis exime-
batur: cum dico balinei, de interioribus loquor; nam
dum destringitur tergiturque, audiebat aliquid aut dicta-
bat. In itinere quasi solutus ceteris curis huic uni vaca-
bat: ad latus notarius cum libro et pugillaribus, cuius
manus hieme manicis muniebantur, ut ne caeli quidem
asperitas ullum studiis tempus eriperet; qua ex causa
Romae quoque sella vehebatur. Repeto me correptum

ab eo cur ambularem: 'poteras' inquit 'has horas non
perdere'; nam perire omne tempus arbitrabatur quod
studiis non inpenderetur. Hac intentione tot ista volumina peregit electorumque commentarios centum sexaginta mihi reliquit, opisthographos quidem et minu-
tissime scriptos; qua ratione multiplicatur hic numerus.
Referebat ipse potuisse se, cum procuraret in Hispania,
vendere hos commentarios Largio Licino quadringentis
milibus nummum, et tunc aliquanto pauciores erant.
70 Nonne videtur tibi recordanti quantum legerit, quantum
scripserit, nec in officiis ullis nec in amicitia principis
fuisse, rursus, cum audis quid studii laboris inpenderit,
nec scripsisse satis nec legisse? Quid est enim quod non
aut illae occupationes inpedire aut haec instantia non
possit efficere? Itaque soleo ridere, cum me quidam
studiosum vocant, qui, si comparer illi, sum desidiosissi-
mus. Ego autem tantum, quem partim publica partim
amicorum officia distringunt? quis ex istis qui tota vita
litteris adsident collatus illi non quasi somno et inertiae
80 deditus erubescat? Extendi epistulam, cum hoc solum
quod requirebas scribere destinassem, quos libros re-
liquisset: confido tamen haec quoque tibi non minus
grata quam ipsos libros futura, quae te non tantum ad
legendos eos verum etiam ad simile aliquid elaborandum
possunt aemulationis stimulis excitare. Vale. [iii. 5.]

IV.

A ghost story.

Et mihi discendi et tibi docendi facultatem otium
praebet. Igitur perquam velim scire, esse phantasmata
et habere propriam figuram numenque aliquod putes an
inania et vana ex metu nostro imaginem accipere. Ego
ut esse credam in primis eo ducor quod audio accidisse

Curtio Rufo. Tenuis adhuc et obscurus obtinenti Africam comes haeserat: inclinato die spatiabatur in porticu: offertur ei mulieris figura humana grandior pulchriorque: perterrito Africam se, futurorum praenuntiam, dixit; iturum enim Romam honoresque gesturum adque etiam 10 cum summo imperio in eandem provinciam reversurum ibique moriturum. Facta sunt omnia. Praeterea accedenti Carthaginem egredientique nave eadem figura in litore occurrisse narratur. Ipse certe implicitus morbo, futura praeteritis, adversa secundis auguratus, spem salutis nullo suorum desperante proiecit. Iam illud nonne et magis terribile et non minus mirum est, quod exponam ut accepi? Erat Athenis spatiosa et capax domus, sed infamis et pestilens. Per silentium noctis sonus ferri, et si attenderes acrius, strepitus vinculorum 20 longius, primo, deinde e proximo reddebatur: mox apparebat idolon, senex macie et squalore confectus, promissa barba, horrenti capillo: cruribus compedes, manibus catenas gerebat quatiebatque. Inde inhabitantibus tristes diraeque noctes per metum vigilabantur: vigiliam morbus et crescente formidine mors sequebatur. Nam interdiu quoque, quamquam abscesserat imago, memoria imaginis oculis inerrabat, longiorque causis timoris timor erat. Deserta inde et damnata solitudine domus totaque illi monstro relicta; proscribebatur tamen, seu quis emere, 30 seu quis conducere ignarus tanti mali vellet. Venit Athenas philosophus Athenodorus, legit titulum, auditoque pretio, quia suspecta vilitas, percunctatus, omnia docetur ac nihilo minus, immo tanto magis conducit. Ubi coepit advesperascere, iubet sterni sibi prima domus parte, poscit pugillares stilum lumen: suos omnes in interiora dimittit, ipse ad scribendum animum oculos manum intendit, ne vacua mens audita simulacra et inanes sibi metus fingeret. Initio, quale ubique, silen-

⁴⁰tium noctis, dein concuti ferrum, vincula moveri: ille
non tollere oculos, non remittere stilum, sed offirmare
animum auribusque praetendere: tum crebrescere fragor,
adventare, et iam ut in limine, iam ut intra limen audiri:
respicit, videt agnoscitque narratam sibi effigiem. Stabat
innebatque digito, similis vocanti: hic contra ut paulum
exspectaret manu significat rursusque ceris et stilo incumbit: illa scribentis capiti catenis insonabat: respicit
rursus idem quod prius innuentem, nec moratus tollit
lumen et sequitur. Ibat illa lento gradu, quasi gravis
⁵⁰vinculis: postquam deflexit in aream domus, repente
dilapsa deserit comitem: desertus herbas et folia con-
cerpta signum loco ponit. Postero die adit magistratus,
monet ut illum locum effodi iubeant. Inveniuntur ossa
inserta catenis et implicita, quae corpus aevo terraque
putrefactum nuda et exesa reliquerat vinculis collecta
publice sepeliuntur. Domus postea rite conditis manibus caruit. Et haec quidem adfirmantibus credo: illud
adfirmare aliis possum. Est libertus mihi, non in-
litteratus. Cum hoc minor frater eodem lecto quiesce-
⁶⁰bat. Is visus est sibi cernere quendam in toro resi-
dentem admoventemque capiti suo cultros adque etiam
ex ipso vertice amputantem capillos. Ubi inluxit, ipse
circa verticem tonsus, capilli iacentes reperiuntur.
Exiguum temporis medium, et rursus simile aliud
priori fidem fecit. Puer in paedagogio mixtus pluribus dormiebat: venerunt per fenestras (ita narrat) in
tunicis albis duo cubantemque detonderunt, et qua
venerant recesserunt. Hunc quoque tonsum sparsosque
circa capillos dies ostendit. Nihil notabile secutum, nisi
⁷⁰forte quod non fui reus, futurus, si Domitianus, sub quo
haec acciderunt, diutius vixisset. Nam in scrinio eius
datus a Caro de me libellus inventus est; ex quo coniectari potest, quia reis moris est summittere capillum,

PLINY THE YOUNGER.   125

precisos meorum capillos depulsi quod imminebat periculi
signum fuisse. .Proinde rogo eruditionem tuam intendas.
Digna res est quam diu multumque consideres: ne ego
quidem indignus cui copiam scientiae tuae facias. Licet
etiam utramque in partem, ut soles, disputes, ex altera
tamen fortius, ne me suspensum incertumque dimittas,
cum mihi consulendi causa fuerit ut dubitare desinerem. 80
Vale. [vii. 27.]

V.

A description of the Clitumnus.

Vidistine aliquando Clitumnum fontem? Si nondum
(et puto nondum; alioqui narrasses mihi), vide quem ego
(paenitet tarditatis) proxime vidi. Modicus collis ad-
surgit, antiqua cupresso nemorosus et opacus. Hunc
subter exit fons et exprimitur pluribus venis sed impari-
bus, eluctatusque quem facit gurgitem lato gremio patescit purus et vitreus, ut numerare iactas stipes et re-
lucentis calculos possis. Inde non loci devexitate sed
ipsa sui copia et quasi pondere impellitur. Fons adhuc
et iam amplissimum flumen atque etiam navium patiens, 10
quas obvias quoque et contrario nisu in diversa tendentes
transmittit et perfert, adeo validus ut illa qua properat
ipse, quamquam per solum planum, remis non adiuvetur,
idem aegerrime remis contisque superetur adversus.
Iucundum utrumque per iocum ludumque fluitantibus,
ut flexerint cursum, laborem otio, otium labore variare.
Ripae fraxino multa, multa populo vestiuntur, quas
perspicuus amnis ut mersas viridi imagine adnumerat.
Rigor aquae certaverit nivibus, nec color cedit. Adiacet
templum priscum et religiosum: stat Clitumnus ipse 20
amictus ornatusque praetexta: praesens numen atque
etiam fatidicum indicant sortes. Sparsa sunt circa sacella
complura totidemque dii. Sua cuique veneratio, suum

nomen, quibusdam vero etiam fontes. Nam praeter illum quasi parentem ceterorum sunt minores capite discreti; sed flumini miscentur, quod ponte transmittitur. Is terminus sacri profanique. In superiore parte navigare tantum, infra etiam natare concessum. Balineum Hispellates, quibus illum locum divus Augustus dono 30 dedit, publice praebent, praebent hospitium. Nec desunt villae, quae secutae fluminis amoenitatem margini insistunt. In summa, nihil erit ex quo non capias voluptatem. Nam studebis quoque; leges multa multorum omnibus columnis, omnibus parietibus inscripta, quibus fons ille deusque celebratur. Plura laudabis, nonnulla ridebis; quamquam tu vero, quae tua humanitas, nulla ridebis. Vale. [viii. 8.]

VI.

An overflow of the Tiber.

Num istic quoque inmite et turbidum caelum? Hic adsiduae tempestates et crebra diluvia. Tiberis alveum excessit et demissioribus ripis alte superfunditur. Quamquam fossa quam providentissimus imperator fecit exhaustus, premit valles, innatat campis, quaque planum solum, pro solo cernitur. Inde quae solet flumina accipere et permixta devehere velut obvius sistere cogit, atque ita alienis aquis operit agros quos ipse non tangit. Anio, delicatissimus amnium ideoque adiacentibus villis 10 velut invitatus retentusque, magna ex parte nemora quibus inumbratur fregit et rapuit: subruit montes et decidentium mole pluribus locis clausus, dum amissum iter quaerit, impulit tecta ac se super ruinas eiecit atque extulit. Viderunt quos excelsioribus terris illa tempestas deprehendit alibi divitum apparatus et gravem supellectilem, alibi instrumenta ruris, ibi boves aratra rectores, hic soluta et libera armenta, atque inter haec arborum

truncos aut villarum trabes, varie lateque fluitantia. Ac
ne illa quidem malo vacaverunt quae non ascendit amnis.
Nam pro amne imber adsiduus et deiecti nubibus tur- 20
bines, proruta opera quibus pretiosa rura cinguntur,
quassata atque etiam decussa monimenta. Multi eiusmodi casibus debilitati, obruti, obtriti, et aucta luctibus
damna. Ne quid simile istic pro mensura periculi vereor
teque rogo, si nihil tale, quam maturissime sollicitudini
meae consulas, sed et si tale, id quoque nunties. Nam
paulum differs patiaris adversa an exspectes; nisi quod
tamen est dolendi modus, non est timendi. Doleas enim
quantum scias accidisse, timeas quantum possit accidere.
Vale. [viii. 17.] 30

(VII.)

The fame of Pliny and Tacitus.

Frequenter agenti mihi evenit ut centumviri, cum diu
se intra iudicum auctoritatem gravitatemque tenuissent,
omnes repente quasi victi coactique consurgerent lauda-
rentque; frequenter e senatu famam, qualem maxime
optaveram, rettuli: numquam tamen maiorem cepi voluptatem, quam nuper ex sermone Corneli Taciti. Narra-
bat sedisse se cum quodam Circensibus proximis: hunc
post varios eruditosque sermones requisisse 'Italicus es
an provincialis?' se respondisse 'nosti me, et quidem ex
studiis.' Ad hoc illum 'Tacitus es an Plinius?' Expri- 10
mere non possum quam sit iucundum mihi quod nomina
nostra, quasi litterarum propria, non hominum, litteris
redduntur, quod uterque nostrum his etiam ex studiis
notus quibus aliter ignotus est. Accidit aliud ante pau-
culos dies simile. Recumbebat mecum vir egregius,
Fabius Rufinus, super eum municeps ipsius, qui illo die
primum venerat in urbem; cui Rufinus, demonstrans me,
'vides hunc?' Multa deinde de studiis nostris. Et ille

'Plinius est' inquit. Verum fatebor, capio magnum
laboris mei fructum. An, si Demosthenes iure laetatus
est quod illum anus. Attica ita noscitavit, οὗτός ἐστι Δη-
μοσθένης, ego celebritate nominis mei gaudere non debeo?
Ego vero et gaudeo et gaudere me dico. Neque enim
vereor ne iactantior videar, cum de me aliorum iudicium,
non meum profero, praesertim apud te, qui nec ullius
invides laudibus et faves nostris. Vale. [ix. 23.]

VIII.

A description of Trajan's entry into Rome.

Ac primum, qui dies ille quo expectatus desideratusque
urbem tuam ingressus es! Iam hoc ipsum, quod ingressus es, quam mirum laetumque! Nam priores invehi
et inportari solebant, non dico quadriiugo curru et albentibus equis, sed umeris hominum, quod adrogantius
erat. Tu sola corporis proceritate elatior aliis et excel-
sior, non de patientia nostra quendam triumphum, sed
de superbia principum egisti. Ergo non aetas quemquam, non valetudo, non sexus retardavit quo minus
oculos insolito spectaculo impleret. Te parvuli noscere,
ostentare iuvenes, mirari senes; aegri quoque neglecto
medentium imperio ad conspectum tui, quasi ad salutem
sanitatemque prorepere. Inde alii se satis vixisse te
viso, te recepto, alii nunc magis esse vivendum praedica-
bant. Feminas etiam tunc fecunditatis suae maxima
voluptas subiit, cum cernerent cui principi cives, cui imperatori milites peperissent. Videres referta tecta ac
laborantia, ac ne eum quidem vacantem locum qui non
nisi suspensum et instabile vestigium caperet, oppletas
undique vias angustumque tramitem relictum tibi, ala-
crem hinc atque inde populum, ubique par gaudium
paremque clamorem. Tam aequalis ab omnibus ex ad-

ventu tuo laetitia percepta est quam omnibus venisti:
quae tamen ipsa cum ingressu tuo crevit ac prope in
singulos gradus adaucta est. Gratum erat cunctis quod
senatum osculo exciperes, ut dimissus osculo fueras,
gratum quod equestris ordinis decora honore nominum
sine monitore signares, gratum quod tantum non ultro
clientibus salutatis quasdam familiaritatis notas adderes;
gratius tamen quod sensim et placide, et quantum respec- 30
tantium turba pateretur, incederes, quod occursantium
populus te quoque, te immo maxime artaret, quod primo
statim die latus tuum crederes omnibus. Neque enim
stipatus satellitum manu, sed circumfusus undique nunc
senatus nunc equestris ordinis flore, prout alterutrum
frequentiae genus invaluisset, silentes quietosque lictores
tuos subsequebare: nam milites nihil a plebe habitu tranquillitate modestia differebant. Ubi vero coepisti Capitolium ascendere, quam laeta omnibus adoptionis tuae
recordatio! Quam peculiare gaudium eorum qui te primi 40
eodem loco salutaverant imperatorem! Quin etiam
deum ipsum tunc praecipuam voluptatem operis sui per-
cepisse crediderim. Ut quidem isdem vestigiis institisti
quibus parens tuus ingens illud deorum prolaturus ar-
canum, quae circumstantium gaudia! quam recens clamor,
quam similis illi dies qui hunc genuit diem! ut plena
altaribus, angusta victimis cuncta! ut in unius salutem
collata omnium vota! cum sibi se ac liberis suis intelle-
gerent precari quae pro te precarentur. Inde tu in
palatium quidem, sed eo vultu, ea moderatione, ut si 50
privatam domum peteres; ceteri ad penates suos quisque,
iteraturus gaudii fidem, ubi nulla necessitas gaudendi est.
Onerasset alium eius modi introitus; tu cotidie admira-
bilior et melior, talis denique quales alii principes futuros
se tantum pollicentur. Solum ergo te commendat auget-
que temporis spatium. Iunxisti enim ac miscuisti res

diversissimas, securitatem olim imperantis et incipientis pudorem. Non tu civium amplexus ad pedes tuos deprimis nec osculum manu reddis: manet imperatori quae prior oris humanitas. Incedebas pedibus; incedis: laetabaris labore; laetaris: eadem quae omnia illa circa te nihil in ipso te fortuna mutavit. Liberum est ingrediente per publicum principe subsistere, occurrere, comitari, praeterire: ambulas inter nos, non quasi contingas; et copiam tui, non ut imputes, facis. Haeret lateri tuo quisquis accessit, finemque sermoni suus cuique pudor, non tua superbia facit. Regimur quidem a te et subiecti tibi, sed quemadmodum legibus sumus. Nam et illae cupiditates nostras libidinesque moderantur, nobiscum tamen et inter nos versantur. Emines, excellis ut honor, ut potestas, quae super homines quidem, hominum sunt tamen. Ante te principes fastidio nostri et quodam aequalitatis metu usum pedum amiserant. Illos ergo umeri cervicesque servorum super ora nostra, te fama, te gloria, te civium pietas, te libertas super ipsos principes vehunt; te ad sidera tollit humus ista communis et confusa principis vestigia. [*Panegyric*, 22-24.]

SUETONIUS.

It is difficult to determine the exact date of either Suetonius' birth or death (Teuffel suggests for the former 75 A.D., for the latter 160), but his literary life may be regarded as belonging to the second century A.D., the lives of the twelve Caesars being published A.D. 120. He began his career as an advocate in the time of Trajan, and then took to literature, and was Hadrian's private secretary (epistularum magister); afterwards he resigned the post and betook himself to the writing of books, all of which are almost entirely lost, except the important life of the Caesars, and a small portion of the 'Viri Illustres', a work intended to chronicle the performances of Roman writers in the various branches of literature (we possess a portion of De Grammaticis and a very fragmentary De Rhetoribus). In Roth's edition are also to be found the remains of various lost books, some of which prove that Suetonius wrote in Greek as well as in Latin.

The Life of the Caesars has of course made him famous. It is no way an ideal biography, as there is little attention paid to chronology, and, while there is a monotony of arrangement, the various subjects are often treated most disproportionately. No detail, however objectionable, is omitted, and Suetonius seems to have been an indefatigable collector of other people's opinions and scandalous stories about the Emperors. Nor again in the character drawing does he possess any breadth of treatment, or show any real power of psychological analysis. Despite these drawbacks we should be, in our knowledge of social life under the empire, much to seek had we not Suetonius, as he is to some extent the Herodotus of the early empire. His prose, though Pliny calls him a grammarian and philologist, would not have satisfied classical purists: like Tacitus, he appropriated many Greek and poetical constructions, but he goes beyond him in admitting into his sentences many Greek words. Moreover, though by intention straightforward, he often risks his lucidity in aiming at brevity, and was, indeed, not infrequently an example of Horace's 'brevis esse laboro, obscurus fio'.

I.

Death of Julius Caesar.

Ob haec simul et ob infirmam valitudinem diu cunctatus, an se contineret et quae apud senatum proposuerat agere differret, tandem Decimo Bruto adhortante, ne frequentis ac iam dudum opperientis destitueret, quinta fere hora progressus est libellumque insidiarum indicem, ab obvio quodam porrectum, libellis ceteris, quos sinistra manu tenebat quasi mox lecturus, commiscuit. Dein pluribus hostiis caesis, cum litare non posset, introiit curiam spreta religione Spurinnamque irridens et ut falsum arguens, 10 quod sine ulla sua noxa Idus Martiae adessent: quamquam is venisse quidem eas diceret, sed non praeterisse. Assidentem conspirati specie officii circumsteterunt; illicoque Cimber Tillius, qui primas partes susceperat, quasi aliquid rogaturus propius accessit, renuentique et gestu in aliud tempus differenti ab utroque umero togam adprehendit; deinde clamantem: *Ista quidem vis est*, alter e Cascis aversum vulnerat, paulum infra iugulum. Caesar Cascae brachium arreptum graphio traiecit, conatusque prosilire alio vulnere tardatus est; utque animadvertit 20 undique se strictis pugionibus peti, toga caput obvolvit, simul sinistra manu sinum ad ima crura deduxit, quo honestius caderet etiam inferiore corporis parte velata. Atque ita tribus et viginti plagis confossus est, uno modo ad primum ictum gemitu sine voce edito; etsi tradiderunt quidam Marco Bruto irruenti dixisse: Καὶ σὺ τέκνον; Exanimis, diffugientibus cunctis, aliquandiu iacuit, donec lecticae impositum, dependente brachio, tres servoli domum retulerunt. Nec in tot vulneribus, ut Antistius medicus existimabat, letale ullum repertum est, nisi quod 30 secundo loco in pectore acceperat.

Fuerat animus coniuratis corpus occisi in Tiberim

trahere, bona publicare, acta rescindere, sed metu Marci
Antoni consulis et magistri equitum Lepidi destiterunt.
Postulante ergo Lucio Pisone socero testamentum eius
aperitur recitaturque in Antoni domo, quod Idibus Sep-
tembribus proximis in Lavicano suo fecerat demandave-
ratque virgini Vestali maximae. Quintus Tubero tradit,
heredem ab eo scribi solitum ex consulatu ipsius primo
usque ad initium civilis belli Cn. Pompeium, idque militibus pro contione recitatum. Sed novissimo testamento 40
tres instituit heredes sororum nepotes, Gaium Octavium
ex dodrante, et Lucium Pinarium et Quintum Pedium ex
quadrante reliquo; in ima cera Gaium Octavium etiam
in familiam nomenque adoptavit; plerosque percussorum
in tutoribus fili, si qui sibi nasceretur, nominavit, Decimum
Brutum etiam in secundis heredibus. Populo hortos circa
Tiberim publice, et viritim trecenos sestertios legavit.

Funere indicto rogus exstructus est in Martio campo
iuxta Iuliae tumulum et pro rostris aurata aedes ad simulacrum templi Veneris Genetricis collocata; intraque 50
lectus eburneus auro ac purpura stratus, et ad caput
tropaeum cum veste, in que fuerat occisus. Praeferen-
tibus munera, quia suffecturus dies non videbatur, praeceptum, ut omisso ordine, quibus quisque vellet itineribus
urbis, portaret in Campum. Inter ludos cantata sunt
quaedam ad miserationem et invidiam caedis eius accommodata ex Pacuvi Armorum iudicio:

Men servasse, ut essent qui me perderent?

et ex Electra Atili ad similem sententiam. Laudationis
loco consul Antonius per praeconem pronuntiavit senatus 60
consultum, quo omnia simul ei divina atque humana de-
creverat, item ius iurandum, quo se cuncti pro salute
unius astrinxerant; quibus perpauca a se verba addidit.
Lectum pro rostris in forum magistratus et honoribus

functi detulerunt. Quem cum pars in Capitolini Iovis cella cremare pars in curia Pompei destinaret, repente duo quidam, gladiis succincti ac bina iacula gestantes, ardentibus cereis succenderunt, confestimque circumstantium turba virgulta arida et cum subselliis tribunalia, 70 quicquid praeterea ad donum aderat, congessit. Deinde tibicines et scenici artifices vestem, quam ex triumphorum instrumento ad praesentem usum induerant, detractam sibi atque discissam iniecere flammae, et veteranorum militum legionarii arma sua, quibus exculti funus celebrabant; matronae etiam pleraeque ornamenta sua, quae gerebant, et liberorum bullas atque praetextas. [*Div. Jul.* 81–84.]

II.

Appearance and habits of Augustus.

Cibi (nam ne haec quidem omiserim) minimi erat atque vulgaris fere. Secundarium panem et pisciculos minutos et caseum bubulum manu pressum et ficos virides biferas maxime appetebat; vescebaturque et ante caenam quocumque tempore et loco, quo stomachus desiderasset. Verba ipsius ex epistolis sunt: *Nos in essedo panem et palmulas gustavimus.* Et iterum: *Dum lectica ex regia domum redeo, panis unciam cum paucis acinis uvae duracinae comedi.* Et rursus: *Ne Iudaeus quidem, mi Tiberi, tam dili-* 10 *genter sabbatis ieiunium servat quam ego hodie servavi, qui in balineo demum post horam primam noctis duas bucceas manducavi prius quam ungui inciperem.* Ex hac inobservantia nonnumquam vel ante initum vel post dimissum convivium solus caenitabat, cum pleno convivio nihil tangeret. Vini quoque natura parcissimus erat. Non amplius ter bibere eum solitum super caenam in castris apud Mutinam, Cornelius Nepos tradit. Postea quotiens largissime se invitaret, senos sextantes non excessit, aut si excessisset, reiciebat. Et maxime delectatus est Raetico, neque temere interdiu bibit. Pro potione sumebat perfusum aqua frigida panem, aut cucumeris frustum vel lactuculae thyrsum, aut recens aridumve pomum suci vinosioris.

Post cibum meridianum, ita ut vestitus calciatusque erat, retectis pedibus paulisper conquiescebat, opposita ad oculos manu. A caena in lecticulam se lucubratoriam recipiebat; ibi, donec residua diurni actus aut omnia aut ex maxima parte conficeret, ad multam noctem permanebat. In lectum inde transgressus, non amplius cum plurimum quam septem horas dormiebat, ac ne eas quidem continuas, sed ut in illo temporis spatio ter aut quater expergisceretur. Si interruptum somnum reciperare, ut evenit, non posset, lectoribus aut fabulatoribus arcessitis resumebat, producebatque ultra primam saepe lucem. Nec in tenebris vigilavit umquam nisi assidente aliquo. Matutina vigilia offendebatur; ac si vel officii vel sacri causa maturius evigilandum esset, ne id contra commodum faceret, in proximo cuiuscumque domesticorum caenaculo manebat. Sic quoque saepe indigens somni, et dum per vicos deportaretur et deposita lectica inter aliquas moras condormiebat.

Forma fuit eximia et per omnes aetatis gradus venustissima; quamquam et omnis lenocinii neglegens et in capite comendo tam incuriosus, ut raptim compluribus simul tonsoribus operam daret, ac modo tonderet modo raderet barbam, eoque ipso tempore aut legeret aliquid aut etiam scriberet. Vultu erat vel in sermone vel tacitus adeo tranquillo serenoque, ut quidam e primoribus Galliarum confessus sit inter suos, eo se inhibitum ac remollitum, quo minus, ut destinarat, in transitu Alpium per simulationem conloquii propius admissus, in precipitium propelleret. Oculos habuit claros ac nitidos, quibus etiam existimari volebat inesse quiddam divini vigoris, gaude-

batque, si qui sibi acrius contuenti quasi ad fulgorem
solis vultum summitteret; sed in senecta sinistro minus
vidit; dentes raros et exiguos et scabros; capillum leviter
inflexum et subflavum; supercilia coniuncta; mediocres
aures; nasum et a summo eminentiorem et ab imo deduc-
tiorem; colorem inter aquilum candidumque; staturam
brevem, (quam tamen, Iulius Marathus, libertus et a
memoria eius, quinque pedum et dodrantis fuisse tradit)
sed quae commoditate et aequitate membrorum occulere-
tur, ut nonnisi ex comparatione astantis alicuius proceri-
oris intellegi posset. [*Div. Aug.* 76–79.]

III.

Tiberius' behaviour on his accession.

Excessum Augusti non prius palam fecit, quam Agrippa
iuvene interempto. Hunc tribunus militum custos appo-
situs occidit, lectis codicillis, quibus ut id faceret iubebatur;
quos codicillos dubium fuit, Augustusne moriens reliquis-
set, quo materiam tumultus post se subduceret; an nomine
Augusti Livia et ea conscio Tiberio an ignaro, dictasset.
Tiberius renuntianti tribuno, factum esse quod imperasset,
neque imperasse se et redditurum eum senatui rationem respondit, invidiam scilicet in praesentia vitans. Nam mox
silentio rem obliteravit. Iure autem tribuniciae potestatis
coacto senatu inchoataque adlocutione, derepente velut
impar dolori congemuit, utque non solum vox sed et
spiritus deficeret optavit ac perlegendum librum Druso
filio tradidit. Inlatum deinde Augusti testamentum, non
admissis signatoribus nisi senatorii ordinis, ceteris extra
curiam signa agnoscentibus, recitavit per libertum. Testamenti initium fuit: *Quoniam atrox fortuna Gaium et
Lucium filios mihi eripuit, Tiberius Caesar mihi ex parte
dimidia et sextante heres esto.* Quo et ipso aucta suspitio

est opinantium, successorem ascitum eum necessitate 20
magis quam iudicio, quando ita praefari non abstinuerit.
   Principatum, quamvis neque occupare confestim neque
agere dubitasset, et statione militum, hoc est vi et specie
dominationis assumpta, diu tamen recusavit, impudentis-
simo mimo nunc adhortantis amicos increpans ut *ignaros,
quanta bellua esset imperium,* nunc precantem senatum et
procumbentem sibi ad genua ambiguis responsis et callida
cunctatione suspendens; ut quidam patientiam rumperent
atque unus in tumultu proclamaret: *Aut agat, aut desistat!*
alter coram exprobraret, ceteros, quod polliciti sint tarde 30
praestare, sed ipsum, quod praestet tarde polliceri. Tandem quasi coactus, et querens *miseram et onerosam iniungi
sibi servitutem,* recepit imperium; nec tamen aliter, quam
ut depositurum se quandoque spem faceret. Ipsius verba
sunt: *Dum veniam ad id tempus, quo vobis aequum possit
videri dare vos aliquam senectuti meae requiem.*
   Cunctandi causa erat metus undique imminentium
discriminum, ut saepe *lupum se auribus tenere* diceret.
Nam et servus Agrippae Clemens nomine non contem-
nendam manum in ultionem domini compararat, et L. 40
Scribonius Libo vir nobilis res novas clam moliebatur, et
duplex seditio militum in Illyrico et in Germania exorta
est. Flagitabant ambo exercitus multa extra ordinem,
ante omnia ut aequarentur stipendio praetorianis. Ger-
maniciani quidem etiam principem detractabant non a se
datum, summaque vi Germanicum, qui tum iis praeerat,
ad capessendam rem p. urgebant, quamquam obfirmate
resistentem. Quem maxime casum timens, *partes sibi
quas senatui liberet, tuendas in re p.* depoposcit, *quando
universae sufficere solus nemo posset, nisi cum altero vel etiam* 50
cum pluribus. Simulavit et valitudinem, quo aequiore
animo Germanicus celerem successionem vel certe societatem principatus opperiretur. Compositis seditionibus

Clementem quoque, fraude deceptum, redegit in potestatem. Libonem, ne quid in novitate acerbius fieret, secundo demum anno in senatu coarguit, medio temporis spatio tantum cavere contentus; nam et inter pontifices sacrificanti simul pro secespita plumbeum cultrum subiciendum curavit, et secretum petenti nonnisi adhibito 60 Druso filio dedit, dextramque obambulantis veluti incumbens, quoad perageretur sermo, continuit.

Verum liberatus metu, civilem admodum inter initia ac paulo minus quam privatum egit. Ex plurimis maximisque honoribus praeter paucos et modicos non recepit. Natalem suum, plebeis incurrentem circensibus, vix unius bigae adiectione honorari passus est. Templa, flamines, sacerdotes decerni sibi prohibuit, etiam statuas atque imagines nisi permittente se poni: permisitque ea sola conditione, ne inter simulacra deorum sed inter ornamenta 70 aedium ponerentur. Intercessit et quo minus in acta sua iuraretur, et ne mensis September Tiberius, October Livius vocarentur. Praenomen quoque imperatoris cognomenque patris patriae, et civicam in vestibulo coronam recusavit; ac ne Augusti quidem nomen, quamquam hereditarium, ullis nisi ad reges ac dynastas epistolis addidit. Nec amplius quam mox tres consulatus, unum paucis diebus, alterum tribus mensibus, tertium absens usque in Idus Maias gessit. [*Tib.* 24-26.]

IV.

The cruelty of Caligula.

Saevitiam ingenii per haec maxime ostendit. Cum ad saginam ferarum muneri praeparatarum carius pecudes compararentur, ex noxiis laniandos adnotavit et custodiarum seriem recognoscens, nullius inspecto elogio, stans tantum modo intra porticum mediam, *a calvo ad calvum* duci imperavit. Votum exegit ab eo, qui pro salute sua gladiatoriam operam promiserat, spectavitque ferro dimicantem, nec dimisit nisi victorem et post multas preces. Alterum, qui se periturum ea de causa voverat, cunctantem pueris tradidit; verbenatum infulatumque votum reposcentes per vicos agerent, quoad praecipitaretur ex aggere. Multos honesti ordinis, deformatos prius stigmatum notis, ad metalla et munitiones viarum aut ad bestias condemnavit, aut bestiarum more quadripedes cavea coercuit, aut medios serra dissecuit; nec omnes gravibus ex causis, verum male de munere suo opinatos, vel quod numquam per genium suum deierassent. Parentes supplicio filiorum interesse cogebat; quorum uni valitudinem excusanti lecticam misit, alium a spectaculo poenae epulis statim adhibuit atque omni comitate ad hilaritatem et iocos provocavit. Curatorem munerum ac venationum, per continuos dies in conspectu suo catenis verberatum, non prius occidit quam offensus putrefacti cerebri odore. Atellanae poetam ob ambigui ioci versiculum media amphitheatri harena igni cremavit. Equitem R. obiectum feris, cum se innocentem proclamasset, reduxit, abscisaque lingua rursus induxit. Revocatum quendam a vetere exilio sciscitatus, quidnam ibi facere consuesset, respondente eo per adulationem: *Deos semper oravi ut, quod evenit, periret Tiberius, et tu imperares*, opinans sibi quoque exules suos mortem imprecari, misit circum insulas, qui universos contrucidarent. Cum discerpi senatorem concupisset, subornavit, qui ingredientem curiam repente hostem publicum appellantes invaderent, graphisque confossum lacerandum ceteris traderent; nec ante satiatus est quam membra et artus et viscera hominis tracta per vicos atque ante se congesta vidisset. Immanissima facta augebat atrocitate verborum. Nihil magis in natura sua laudare se ac probare dicebat quam, ut

40 ipsius verbo utar, ἀδιατρεψίαν (hoc est inverecundiam).
Monenti Antoniae aviae tamquam parum esset non obœ-
dire: *Memento* ait *omnia mihi et in omnis licere!* Trucida-
turus fratrem, quem metu venenorum praemuniri medica-
mentis suspicabatur: *Antidotum* inquit *adversus Caesarem?*
Relegatis sororibus *non solum insulas habere se, sed etiam
gladios* minabatur. Praetorium virum ex secessu Anti-
cyrae, quam valitudinis causa petierat, propagari sibi
commeatum saepius desiderantem cum mandasset in-
terimi, adiecit, *necessariam esse sanguinis missionem, cui tam
50 diu non prodesset elleborum.* Decimo quoque die numerum
puniendorum ex custodia subscribens, *rationem se purgare*
dicebat. Gallis Graecisque aliquot uno tempore condem-
natis, gloriabatur, *Gallograeciam se subegisse.* Non temere
in quemquam nisi crebris et minutis ictibus animadverti
passus est, perpetuo notoque iam praecepto: *Ita feri ut
se mori sentiat!* Punito per errorem nominis alio quam
quem destinaverat, ipsum quoque paria meruisse dixit.
Tragicum illud subinde iactabat:

Oderint, dum metuant!

60 Saepe in cunctos pariter senatores, ut Seiani clientis, ut
matris ac fratrum suorum delatores, invectus est, prolatis
libellis, quos crematos simulaverat, defensaque Tiberi
saevitia quasi necessaria, cum tot criminantibus creden-
dum esset. Equestrem ordinem ut scaenae harenaeque
devotum assidue proscidit. Infensus turbae faventi adversus studium suum, exclamavit: *Utinam P. R. unam
cervicem haberet!* Cumque Tetrinius latro postularetur, *et
qui postularent, Tetrinios esse* ait. Retiarii tunicati quinque
numero gregatim dimicantes sine certamine ullo totidem
70 secutoribus succubuerant; cum occidi iuberentur, unus
resumpta fuscina omnes victores interemit: hanc ut
crudelissimam caedem et deflevit edicto et eos, qui spec-

tare sustinuissent, execratus est. Queri etiam palam de
conditione temporum suorum solebat, quod nullis calamitatibus publicis insignirentur; Augusti principatum clade
Variana, Tiberi ruina spectaculorum apud Fidenas memorabilem factum, suo oblivionem imminere prosperitate
rerum; atque identidem exercituum caedes, famem, pestilentiam, incendia, hiatum aliquem terrae optabat. [*C.
Caligula*, 27–31.]

(V.)

Nero's passionate devotion to the circus and singing.

Cum magni aestimaret cantare etiam Romae, Neroneum
agona ante praestitutam diem revocavit, flagitantibusque
cunctis caelestem vocem respondit quidem *in hortis* se
copiam volentibus facturum, sed adiuvante vulgi preces
etiam statione militum, quae tunc excubabat, *repraesentaturum* se pollicitus est libens; ac sine mora nomen suum
in albo profitentium citharoedorum iussit ascribi, sorticulaque in urnam cum ceteris demissa, intravit ordine suo,
simul praefecti praetorii citharam sustinentes, post tribuni
militum, iuxtaque amicorum intimi. Utque constitit, 10
peracto principio, *Niobam se cantaturum* per Cluvium
Rufum consularem pronuntiavit et in horam fere decimam
perseveravit, coronamque eam et reliquam certaminis
partem in annum sequentem distulit, ut saepius canendi
occasio esset. Quod cum tardum videretur, non cessavit
identidem se publicare. Dubitavit etiam an privatis
spectaculis operam inter scenicos daret, quodam praetorum sestertium decies offerente. Tragoedias quoque
cantavit personatus, heroum deorumque item heroidum
ac dearum personis effectis ad similitudinem oris sui et 20
feminae, prout quamque diligeret. Inter cetera cantavit
Canacen parturientem, Oresten matricidam, Oedipodem
excaecatum, Herculem insanum. In qua fabula fama est,

tirunculum militem positum ad custodiam aditus, cum eum ornari ac vinciri catenis, sicut argumentum postulabat, videret, accurrisse ferendae opis gratia.

Equorum studio vel praecipue ab ineunte aetate flagravit, plurimusque illi sermo, quamquam vetaretur, de circensibus erat; et quondam tractum prasinum agitatorem 30 inter condiscipulos querens, obiurgante paedagogo, de Hectore se loqui ementitus est. Sed cum inter initia imperii eburneis quadrigis cotidie in abaco luderet, ad omnis etiam minimos circenses e secessu commeabat, primo clam, deinde propalam; ut nemini dubium esset, eo die utique affuturum. Neque dissimulabat velle se palmarum numerum ampliare; quare spectaculum multiplicatis missibus in serum protrahebatur, ne dominis quidem iam factionum dignantibus nisi ad totius diei cursum greges ducere. Mox et ipse aurigare atque etiam 40 spectari saepius voluit, positoque in hortis inter servitia et sordidam plebem rudimento, universorum se oculis in circo maximo praebuit, aliquo liberto mittente mappam unde magistratus solent. Nec contentus harum artium experimenta Romae dedisse, Achaiam, ut diximus, petit, hinc maxime motus: instituerant civitates, apud quas musici agones edi solent, omnes citharoedorum coronas ad ipsum mittere. Eas adeo grate recipiebat, ut legatos, qui pertulissent, non modo primos admitteret, sed etiam familiaribus epulis interponeret. A quibusdam ex his 50 rogatus ut cantaret super caenam, exceptusque effusius, *solos scire audire Graecos, solosque se et studiis suis dignos* ait. Nec profectione dilata, ut primum Cassiopen traiecit, statim ad aram Iovis Casii cantare auspicatus, certamina deinceps obiit omnia. Nam et quae diversissimorum temporum sunt, cogi in unum annum, quibusdam etiam iteratis, iussit, et Olympiae quoque praeter consuetudinem musicum agona commisit. Ac ne quid circa haec occupatum avocaret detineretve, cum praesentia eius urbicas res egere a liberto Helio admoneretur, rescripsit his verbis:

Quamvis nunc tuum consilium sit et votum celeriter reverti me, tamen suadere et optare potius debes, ut Nerone dignus revertar. [Nero, 21-23.]

VI.
Death of Nero.

Nuntiata interim etiam ceterorum exercituum defectione, litteras prandenti sibi redditas concerpsit, mensam subvertit, duos scyphos gratissimi usus, quos Homerios a caelatura carminum Homeri vocabat, solo inlisit, ac sumpto a Locusta veneno et in auream pyxidem condito, transiit in hortos Servilianos, ubi, praemissis libertorum fidissimis Ostiam ad classem praeparandam, tribunos centurionesque praetorii de fugae societate temptavit. Sed partim tergiversantibus, partim aperte detrectantibus, uno vero etiam proclamante: *Usque adeone mori miserum est?* varie agitavit, Parthosne an Galbam supplex peteret, an atratus prodiret in publicum proque rostris quanta maxima posset miseratione veniam praeteritorum precaretur, ac ni flexisset animos, vel Aegypti praefecturam concedi sibi oraret. Inventus est postea in scrinio eius hac de re sermo formatus; sed deterritum putant, ne prius quam in forum perveniret discerperetur.

Sic cogitatione in posterum diem dilata, ad mediam fere noctem excitatus, ut comperit stationem militum recessisse, prosiluit e lecto misitque circum amicos, et quia nihil a quoquam renuntiabatur, ipse cum paucis hospitia singulorum adiit. Verum clausis omnium foribus, respondente nullo, in cubiculum rediit, unde iam et custodes diffugerant, direptis etiam stragulis, amota et

pyxide veneni; ac statim Spiculum mirmillonem vel quemlibet alium percussorem, cuius manu periret, requisiit, et nemine reperto, *Ergo ego*, inquit, *nec amicum habeo nec inimicum?* procurritque, quasi praecipitaturus se in Tiberim. Sed revocato rursus impetu, aliquid
30 secretioris latebrae ad colligendum animum desideravit, et offerente Phaonte liberto suburbanum suum inter Salariam et Nomentanam viam circa quartum miliarium, ut erat nudo pede atque tunicatus, paenulam obsoleti coloris superinduit, adopertoque capite et ante faciem optento sudario equum inscendit, quattuor solis comitantibus, inter quos et Sporus erat. Statimque tremore terrae et fulgure adverso pavefactus, audiit e proximis castris clamorem militum et sibi adversa et Galbae prospera ominantium, etiam ex obviis viatoribus quendam
40 dicentem: *Hi Neronem persequuntur*, alium sciscitantem: *Ecquid in urbe novi de Nerone?* Equo autem ex odore abiecti in via cadaveris consternato, detecta facie agnitus est a quodam missicio praetoriano et salutatus. Ut ad deverticulum ventum est, dimissis equis, inter fruticeta ac vepres per harundineti semitam aegre nec nisi strata sub pedibus veste ad aversum villae parietem evasit. Ibi hortante eodem Phaonte, ut interim in specum egestae harenae concederet, negavit *se vivum sub terram iturum*, ac parumper commoratus, dum clandestinus ad villam in-
50 troitus pararetur, aquam ex subiecta lacuna poturus manu hausit et *Haec est*, inquit, *Neronis decocta!* dein, divolsa sentibus paenula, traiectos surculos rasit. Atque ita quadripes per angustias effossae cavernae receptus in proximam cellam, decubuit super lectum modica culcita, vetere pallio strato, instructum; fameque et iterum siti interpellante, panem quidem sordidum oblatum aspernatus est, aquae autem tepidae aliquantum bibit. Tunc uno quoque hinc inde instante ut quam primum se impen-

dentibus contumeliis eriperet, scrobem coram fieri imperavit, dimensus ad corporis sui modulum, componique simul, si qua invenirentur, frusta marmoris, et aquam simul ac ligna conferri curando mox cadaveri, flens ad singula atque identidem dictitans: *Qualis artifex pereo!*

Inter moras perlatos a cursore Phaonti codicillos praeripuit legitque, se hostem a senatu iudicatum et quaeri, ut puniatur *more maiorum*, interrogavitque quale id genus esset poenae; et cum comperisset, nudi hominis cervicem inseri furcae, corpus virgis ad necem caedi, conterritus duos pugiones, quos secum extulerat, arripuit, temptataque utriusque acie rursus condidit, causatus *nondum adesse fatalem horam*; ac modo Sporum hortabatur ut lamentari ac plangere inciperet, modo orabat ut se aliquis ad mortem capessendam exemplo iuvaret; interdum segnitiem suam his verbis increpabat: *Vivo· deformiter, turpiter*—οὐ πρέπει Νέρωνι, οὐ πρέπει—νήφειν δεῖ ἐν τοῖς τοιούτοις—ἄγε ἔγειρε σεαυτόν! Iamque equites appropinquabant, quibus praeceptum erat ut vivum eum adtraherent. Quod ud sensit, trepidanter effatus:

"Ἵππων μ' ὠκυπόδων ἀμφὶ κτύπος οὔατα βάλλει—

ferrum iugulo adegit, iuvante Epaphrodito a libellis. Semianimisque adhuc irrumpenti centurioni et paenula ad vulnus adposita in auxilium se venisse simulanti non aliud respondit quam *Sero!* et *Haec est fides!* Atque in ea voce defecit, extantibus rigentibusque oculis usque ad horrorem formidinemque visentium. Nihil prius aut magis a comitibus exegerat quam ne potestas cuiquam capitis sui fieret, sed ut quoquo modo totus cremaretur. Permisit hoc Icelus, Galbae libertus, non multo ante vinculis exsolutus, in quae primo tumultu coniectus fuerat. [*Ib.* 47–49.]

VII.

Death of Galba.

Magna et assidua monstra iam inde a principio exitum ei, qualis evenit, portenderant. Cum per omne iter dextra sinistraque oppidatim victimae caederentur, taurus securis ictu consternatus rupto vinculo essedum eius invasit elatisque pedibus totum cruore perfudit; ac descendentem speculator impulsu turbae lancea prope vulneravit. Urbem quoque et deinde Palatium ingressum excepit terrae tremor et assimilis quidam mugitui sonus. Secuta sunt aliquanto manifestiora. Monile, margaritis gemmisque consertum, ad ornandam Fortunam suam Tusculanam ex omni gaza secreverat; id repente quasi augustiore dignius loco Capitolinae Veneri dedicavit, ac proxima nocte somniavit speciem Fortunae querentis fraudatam se dono destinato, minantisque erepturam et ipsam quae dedisset. Cumque exterritus luce prima ad expiandum somnium, praemissis qui rem divinam appararent, Tusculum excucurrisset, nihil invenit praeter tepidam in ara favillam atratumque iuxta senem in catino vitreo thus tenentem et in calice fictili merum. Observatum etiam est, Kal. Ian. sacrificanti coronam de capite excidisse, auspicanti pullos avolasse; adoptionis die neque milites adlocuturo castrensem sellam de more positam pro tribunali, oblitis ministris, et in senatu curulem perverse collocatam. Prius vero quam occideretur sacrificantem mane haruspex identidem monuit, caveret periculum, non longe percussores abesse.

Haud multo post cognoscit teneri castra ab Othone, ac plerisque ut eodem quam primum pergeret suadentibus, (posse enim auctoritate et praesentia praevalere) nihil amplius quam continere se statuit et legionariorum firmare praesidiis, qui multifariam diverseque tendebant. Loricam tamen induit linteam, quamquam haud dissimulans parum adversus tot mucrones profuturam. Sed extractus rumoribus falsis, quos conspirati, ut eum in publicum elicerent, de industria dissiparant, paucis temere affirmantibus transactum negotium, oppressos, qui tumultuarentur, advenire frequentis ceteros gratulabundos et in omne obsequium paratos; iis ut occurreret prodiit, tanta fiducia ut militi cuidam occisum a se Othonem glorianti *Quo auctore?* responderit; atque in forum usque processit. Ibi equites, 40 quibus mandata caedes erat, cum per publicum dimota paganorum turba equos adegissent, viso procul eo, parumper restiterunt; dein rursum incitati desertum a suis contrucidarunt.

Sunt qui tradant, ad primum tumultum proclamasse eum: *Quid agitis commilitones? ego vester sum, et vos mei!* donativum etiam pollicitum. Plures autem prodiderunt, optulisse ultro iugulum et *ut hoc agerent, ac ferirent, quando ita videretur,* hortatum. Illud mirum admodum fuerit, neque praesentium quemquam opem imperatori ferre 50 conatum et omnes qui arcessirentur sprevisse nuntium, excepta Germanicianorum vexillatione. Ii ob recens meritum quod se aegros et invalidos magnopere fovisset, in auxilium advolaverunt, sed serius, itinere devio per ignorantiam locorum retardati. [*Galba*, 18-20.]

VIII.

Good acts of Titus.

Natura autem benivolentissimus, cum ex instituto Tiberi omnes dehinc Caesares beneficia a superioribus concessa principibus aliter non haberent, quam si eadem isdem et ipsi dedissent, primus praeterita omnia uno confirmavit edicto, nec a se peti passus est. In ceteris vero desideriis hominum obstinatissime tenuit, ne quem sine

spe dimitteret; quin et admonentibus domesticis, quasi
plura polliceretur quam praestare posset, *non oportere* ait
quemquam a sermone principis tristem discedere; atque etiam
10 recordatus quondam super caenam, quod nihil cuiquam
toto die praestitisset, memorabilem illam meritoque lau-
datam vocem edidit: *Amici, diem perdidi.*

Populum in primis universum tanta per omnis occasio-
nes comitate tractavit, ut proposito gladiatorio munere,
non ad suum, sed ad spectantium arbitrium editurum se professus sit; et plane ita fecit. . Nam neque negavit quicquam petentibus et ut quae vellent peterent ultro adhor-
tatus est. Quin et studium armaturae Threcum prae se
ferens, saepe cum populo et voce et gestu ut fautor cavil-
20 latus est, verum maiestate salva nec minus aequitate.
Ne quid popularitatis praetermitteret, nonnumquam in
thermis suis admissa plebe lavit.

Quaedam sub eo fortuita ac tristia acciderunt, ut con-
flagratio Vesvii montis in Campania, et incendium Romae
per triduum totidemque noctes, item pestilentia quanta
non temere alias. In iis tot adversis ac talibus non modo
principis solicitudinem sed et parentis affectum unicum
praestitit, nunc consolando per edicta, nunc opitulando
quatenus suppeteret facultas. Curatores restituendae
30 Campaniae e consularium numero sorte duxit; bona op-
pressorum in Vesvio, quorum heredes non extabant, res-
titutioni afflictarum civitatium attribuit. Urbis incendio
nihil publice perisse testatus, cuncta praetoriorum suorum
ornamenta operibus ac templis destinavit praeposuitque
compluris ex equestri ordine, quo quaeque maturius pera-
gerentur. Medendae valitudini leniendisque morbis nullam divinam humanamque opem non adhibuit, inquisito
omni sacrificiorum remediorumque genere.

Inter adversa temporum et delatores mandatoresque
40 erant ex licentia veteri. Hos assidue in foro flagellis ac

fustibus caesos ac novissime traductos per amphitheatri arenam, partim subici ac venire imperavit, partim in asperrimas insularum avehi. Utque etiam similia quandoque ausuros perpetuo coerceret, vetuit inter cetera de eadem re pluribus legibus agi, quaerive de cuiusquam defunctorum statu ultra certos annos.

Pontificatum maximum ideo se professus accipere ut puras servaret manus, fidem praestitit, nec auctor posthac cuiusquam necis nec conscius, quamvis interdum ulciscendi causa non deesset, sed *periturum se potius quam perditurum* 50 adiurans. Duos patricii generis convictos in adfectatione imperii, nihil amplius quam ut desisterent monuit, docens *principatum fato dari*, si quid praeterea desiderarent, promittens se tributurum; et confestim quidem ad alterius matrem, quae procul aberat, cursores suos misit, qui anxiae salvum filium nuntiarent, ceterum ipsos non solum familiari caenae adhibuit, sed et insequenti die gladiatorum spectaculo circa se ex industria conlocatis oblata sibi ferramenta pugnantium inspicienda porrexit. Dicitur etiam, cognita utriusque genitura, *imminere ambobus periculum* 60 adfirmasse, *verum quandoque et ab alio*; sicut evenit.

Fratrem insidiari sibi non desinentem, sed paene ex professo sollicitantem exercitus, meditantem fugam, neque occidere neque seponere ac ne in minore quidem honore habere sustinuit, sed, ut a primo imperii die, consortem successoremque testari perseveravit, nonnumquam secreto pre cibus et lacrimis orans, *ut tandem mutuo erga se animo vellet esse*. Inter haec morte praeventus est, maiore hominum damno quam suo. [*Div. Titus*, 8–9.]

IX.
Fears of Domitian.

Per haec terribilis cunctis et invisus, tandem oppressus est amicorum libertorumque intimorum conspiratione,

simul et uxoris. Annum diemque ultimum vitae iam pridem suspectum habebat, horam etiam, nec non et genus mortis. Adulescentulo Chaldaei cuncta praedixerant; pater quoque super caenam quondam fungis abstinentem palam irriserat ut ignarum sortis suae, quod non ferrum potius timeret. Quare pavidus semper atque anxius, minimis etiam suspitionibus praeter modum commove-
10 batur; ut edicti de excidendis vineis propositi gratiam facere non alia magis re compulsus credatur, quam quod sparsi libelli cum his versibus erant:

Κἄν με φάγῃς ἐπὶ ῥίζαν, ὅμως ἔτι καρποφορήσω,
Ὅσσον ἐπισπεῖσαι σοί, τράγε, θυομένῳ.

Eadem formidine oblatum a senatu novum et excogitatum honorem, quamquam omnium talium appetentissimus, recusavit, quo decretum erat ut, quotiens gereret consulatum, eq. R. quibus sors obtigisset, trabeati et cum hastis militaribus praecederent cum inter lictores apparitoresque.
20 Tempore suspecti periculi appropinquante, sollicitior in dies, porticuum, in quibus spatiari consuerat, parietes phengite lapide distinxit, e cuius splendore per imagines quidquid a tergo fieret provideret. Nec nisi secreto atque solus plerasque custodias, receptis quidem in manum catenis, audiebat. Utque domesticis persuaderet, ne bono quidem exemplo audendam esse patroni necem, Epaphroditum a libellis capitali poena condemnavit, quod post destitutionem Nero in adipiscenda morte manu eius adiutus existimabatur. Denique Flavium Clementem patru-
30 elem suum, contemptissimae inertiae, cuius filios etiam tum parvulos successores palam destinaverat et, abolito priore nomine, alterum Vespasianum appellari iusserat, alterum Domitianum, repente ex tenuissima suspitione tantum non in ipso eius consulatu interemit. Quo maxime facto maturavit sibi exitium.

Continuis octo mensibus tot fulgura facta nuntiataque sunt, ut exclamaverit: *Feriat iam, quem volet!* Tactum de caelo Capitolium templumque Flaviae gentis, item domus Palatina et cubiculum ipsius, atque etiam e basi statuae triumphalis titulus excussus vi procellae in monimentum 40 proxumum decidit. Arbor, quae privato adhuc Vespasiano eversa surrexerat, tunc rursus repente corruit. Praenestina Fortuna, toto imperii spatio annum novum commendanti laetam eandemque semper sortem dare assueta, extremo tristissimam reddidit, nec sine sanguinis mentione. [*Domit.* 14–15.]

APULEIUS.

Apuleius was one of the most versatile writers of the second century, with a flow of language which is often merely verbiage. Teuffel well sums up his characteristics: "He is a genuine child of his age and country, versatile and many-sided in his intellectual and literary activity, but utterly uncritical, wildly fantastic, vain and conceited, devoid of taste in his diction, which is a medley of all periods and styles". Born of wealthy parents in Africa, at Madaura, about 125 A.D., he was educated at Carthage and afterwards at Athens; to write Greek thus came naturally to him, but he set himself to acquire equal facility in Latin. Yet his Latin always suggests that it is not written by a native, as we find cheek by jowl classical words and phrases and the popular words of his own day, the whole composition being tinged by the arts of too evident Greek rhetoric. Though these faults are very conspicuous in the Metamorphoses, they are perhaps less so than in some of his other writings, and yet in his preface he apologises for being 'exotici ac forensis sermonis rudis locutor'. The Metamorphoses is a story of adventures, told in the form of an autobiography by a youth who had been changed into an ass. It is thus in idea really an imitation of Lucian's similar work, Λούκιος ἢ ὄνος, and is often styled the Golden Ass of Apuleius. It is in form partly an extension of the model furnished by Lucian, but it includes also a large number of stories of various kinds, among which is the well-known fable of Cupid and Psyche (from which selections are given). Besides the Metamorphoses we have an *Apologia* (a defence written when charged with using magic arts to secure a wife), *De Deo Socratis*, an exposition of some Platonic doctrines, *De Platone et eius dogmate*, *De mundo* (a translation of a work ascribed by some to Aristotle), and a collection of Apuleius' speeches and lectures (for some time he was a public lecturer on philosophy, being a Platonist) called *Florida*. We hear of many other works on a variety of subjects chiefly scientific, but perhaps we need not regret their loss. Apuleius has been little studied by English scholars, but has met with considerable attention from the Germans, and the edition of Hildebrand (which includes all the remains of Apuleius) contains a very thorough discussion of the life and writings of Apuleius, Platonicus Madaurensis, as St. Augustine calls him. For an interesting estimate of Apuleius, see Mr. Whibley's preface to the republication of Adlington's translation of the Golden Ass, in the Tudor series.

I.

Psyche is tempted by her sisters to disobey her husband's command, and by lighting a lamp to see his face while asleep.

Tunc Psyche misella utpote simplex et animi tenella rapitur verborum tam tristium formidine: extra terminum mentis suae posita prorsus omnium mariti monitionum suarumque promissionum memoriam effudit et in profundum calamitatis sese praecipitavit tremensque et exangui colore lurida tertiata verba semihianti voce substrepens sic ad illas ait.

'Vos quidem carissimae sorores, ut par erat, in officio vestrae pietatis permanetis, verum et illi qui talia vobis adfirmant non videntur mihi mendacium fingere. Nec enim umquam viri mei vidi faciem vel omnino cuiatis sit novi sed tantum nocturnis subaudiens vocibus maritum incerti status et prorsus lucifugam tolero bestiamque aliquam recte dicentibus vobis merito consentio. Meque magnopere semper a suis terret aspectibus malumque grande de vultus curiositate praeminatur. Nunc siquam salutarem opem periclitanti sorori vestrae potestis adferre, iam nunc subsistite; ceterum incuria sequens prioris providentiae beneficia conrumpit.'

Tunc nanctae iam portis patentibus nudatum sororis animum facinerosae mulieres omissis tectae machinae latibulis destrictis gladiis fraudium simplicis puellae

paventes cogitationes invadunt. Sic denique altera
'quoniam nos originis nexus pro tua incolumitate periculum quidem nullum ante oculos habere compellit, viam,
qua sola deducit iter ad salutem, diu diuque cogitatam
monstrabimus tibi. Novaculam praeacutam adpulsu
etiam palmulae lenientis exasperatam tori qua parte
cubare consuesti latenter absconde lucernamque concinnem completam oleo claro lumine praemicantem subde
aliquo claudentis aululae tegmine omnique isto apparatu
tenacissime dissimulato postquam sulcatos intrahens gressus cubile solitum conscenderit iamque porrectus et exordio somni prementis implicitus altum soporem flare
coeperit, toro delapsa nudoque vestigio pensilem gradum
paullulatim minuens, caecae tenebrae custodia liberata
lucerna praeclari tui facinoris opportunitatem de luminis
consilio mutuare et ancipiti telo illo audaciter, prius dextera sursum elata, nisu quam valido noxii serpentis nodum
cervicis et capitis abscinde. Nec nostrum tibi deerit subsidium sed cum primum illius morte salutem tibi feceris,
anxiae praestolabimus cunctisque istis ocius tecum relatis
votivis nuptiis hominem te iungemus homini.'

Tali verborum incendio flammata viscera sororis iam
prorsus ardentis. Deserentes ipsam protinus, tanti mali
confinium sibi etiam eximie metuentes, flatus alitis impulsu solito, porrectae super scopulum ilico pernici se
fuga proripiunt statimque conscensis navibus abeunt.

At Psyche relicta sola nisi quod infestis furiis agitata
sola non est, aestu pelagi simile maerendo fluctuat et
quamvis statuto consilio et obstinato animo, iam tamen
facinori suas manus admovens adhuc incerta consilii titubat multisque calamitatis suae distrahitur affectibus.
Festinat differt audet trepidat diffidit irascitur et, quod
est ultimum, in eodem corpore odit bestiam, diligit maritum. Vespera tamen iam noctem trahente praecipiti

festinatione nefarii sceleris instruit apparatum. Nox
aderat et maritus aderat protinusque . . . altum
soporem descenderat. Tunc Psyche et corporis et
animi alioquin infirma, fati tamen saevitia subminis-
trante viribus roboratur et prolata lucerna et adrepta
novacula sexum audacia mutavit. Sed cum primum
luminis oblatione tori secreta claruerunt, videt omnium
ferarum mitissimam dulcissimamque bestiam, ipsum illum
Cupidinem formosum deum formose cubantem, cuius
aspectu lucernae quoque lumen hilaratum increbruit
et acuminis sacrilegi novacula praenitebat. At vero
Psyche tanto aspectu deterrita et impos animi, marcido
pallore defecta tremensque desedit in imos poplites et
ferrum quaerit abscondere, sed in suo pectore. Quod
profecto fecisset nisi ferrum timore tanti flagitii manibus
temerariis delapsum evolasset. Iamque lassa, salute defecta dum saepius divini vultus intuetur pulchritudinem,
recreatur animi, videt capitis aurei genialem caesariem
ambrosia temulentam, cervices lacteas genasque pur-
pureas pererrantes crinium globos decoriter impeditos, –
alios antependulos, alios retropendulos quorum splendore
nimio fulgurante iam et ipsum lumen lucernae vacillabat.
Per umeros volatilis dei pinnae roscidae micanti flore
candicant et quamvis alis quiescentibus extimae plumulae
tenellae ac delicatae tremule resultantes inquieta las-
civiunt. Ceterum corpus glabellum atque luculentum
et quale peperisse Venerem non paeniteret: ante lectuli
pedes iacebat arcus et pharetra et sagittae, magni dei
propitia tela. Quae dum insatiabili animo Psyche satis
et curiosa rimatur atque pertrectat et mariti sui miratur
arma, depromit unam de pharetra sagittam et puncto
pollicis extremam aciem periclitabunda trementis etiam
nunc articuli nisu fortiore pupugit altius, ut per summam cutem roraverint parvulae sanguinis rosei guttae.

Sic ignara Psyche sponte in Amoris incidit amorem.
[*Metam.* v. 18-23.]

II.

Venus, enraged at Cupid's love for Psyche, sets various tasks to the unhappy girl.

Sed Aurora commodum inequitante vocatae Psychae Venus infit talia 'videsne illud nemus quod fluvio praeterluenti ripisque longis attenditur, cuius imi gurgites vicinum fontem despiciunt? Oves ibi nitentes aurique colore florentes incustodito pastu vagantur: inde de coma pretiosi velleris floccum mihi confestim quoquo modo quaesitum afferas censeo.'

Perrexit Psyche volenter non obsequium quidem illa functura sed requiem malorum praecipitio fluvialis rupis
10 habitura. Sed inde de fluvio musicae suavis nutricula leni crepitu dulcis aurae divinitus inspirata sic vaticinatur arundo viridis 'Psyche, tantis aerumnis exercita, neque tua miserrima morte meas sanctas aquas polluas nec vero istius orae contra formidabiles oves feras aditum quoad de solis flagrantia mutuatae calorem truci rabie solent efferri cornuque acuto et fronte saxea et non numquam venenatis morsibus in exitium saevire mortalium, sed dum meridies solis sedaverit vaporem et pecuda spiritus fluvialis serenitate conquieverint, poteris sub illa procerissima
20 platano quae mecum simul unum fluentum bibit latenter abscondere. Et cum primum mitigata furia laxaverint oves animum, percussis frondibus attigui nemoris lanosum aurum repperies quod passim stirpibus conexis obhaerescit.'

Sic arundo simplex et humana Psychen aegerrimam salutem suam docebat. Nec auscultatu penitus intento diligenter instructa illa cessavit sed observatis omnibus furatrina facili flaventis auri mollitie congestum gremium

Veneri reportat. Nec tamen apud dominam saltem secundi laboris periculum secundum testimonium meruit sed contortis superciliis subridens amarum sic inquit, 'nec me praeterit huius quoque facti auctor adulterinus. Sed iam nunc ego sedulo periclitabor an oppido forti animo singularique prudentia sis praedita. Videsne insistentem celsissimae illi rupi montis ardui verticem de quo fontis atri fuscae defluunt undae proxumaeque conceptaculo vallis inclusae Stygias irrigant paludes et rauca Cocyti fluenta nutriunt? Indidem mihi de summi fontis penita scaturrigine rorem rigentem hauritum ista confestim deferes urnula.'

Sic aiens crustallo dedolatum vasculum, insuper ei graviora comminata tradidit.

At illa studiose gradum celerans montis extremum petit tumulum certe vel illic inventura vitae pessimae finem. Sed cum primum praedicti iugi conterminos locos appulit, videt rei vastae letalem difficultatem. Namque saxum immani magnitudine procerum et inaccessa salebritate lubricum mediis e faucibus lapidis fontes horridos evomebat, qui statim proni foraminis lacunis editi perque proclive delapsi et angusti canalis exarto contecti tramite proxumam convallem latenter incidebant. Dextra laevaque cautibus cavatis proserpunt et longa colla porrecti saevi dracones inconivae vigiliae luminibus addictis et in perpetuam lucem pupulis excubantibus. Iamque et ipsae metum incutiebant vocales aquae. Nam et 'discede' et 'quid facis? vide' et 'quid agis? cave' et 'fuge' et 'peribis' subinde clamant. Sic impossibilitate ipsa mutata in lapidem Psyche quamvis praesenti corpore sensibus tamen aberat et inextricabilis periculi mole prorsus obruta lacrumarum etiam extremo solacio carebat. Nec Providentiae bonae graves oculos innocentis animae latuit aerumna. Nam optimi Iovis

regalis ales illa repente propansis utrimque pinnis affuit
rapax aquila memorque veteris obsequii, quo ductu Cupidinis Iovi pocillatorem Phrygium sustulerat, opportunam
ferens opem deique numen in uxoris laboribus percolens
alti culminis diales vias deserit et ob os puellae praevo-
lans incipit 'at tu simplex alioquin et expers rerum
talium: speras quippe te sanctissimi nec minus truculenti
70 fontis vel unam stillam posse furari vel omnino contin-
gere. Dis etiam ipsique Iovi formidabiles aquas istas
Stygias vel fando comperisti? ,Quodque vos deieratis
per numina deorum, deos per Stygis maiestatem solere?
Sed cedo istam urnulam' et protinus adreptam *completum*
aquae festinat libratisque pinnarum nutantium motibus
inter genas saevientium dentium et trisulca vibramina
draconum remigium dextra laevaque porrigens nolentes
aquas et ut abiret inde ocius minantes excipit, commenta
se ob iussum Veneris petere eique se praeministrare
80 quare paulo facilior adeundi fuit copia. Sic acceptam
cum gaudio plenam urnulam Psyche Veneri citata rettu-
lit.

Nec tamen nutum deae saevientis vel tunc expiare
potuit. [*Ib.* vi. 11–15.]

III.
An arrest and a trial.

Commodum punicantibus phaleris Aurora roseum
quatiens lacertum caelum inequitabat et me securae
quieti revulsum nox diei reddidit. Aestus invadit animum vesperni recordatione facinoris, complicitis denique
pedibus ac palmulis in alternas digitorum vicissitudines
super genua conexis sic grabatum cossim insidens ubertim
flebam, iam forum et iudicia, iam sententiam, ipsum
denique carnificem imaginabundus. An mihi quisquam
tam mitis tamque benivolus iudex obtinget qui me trinae

caedis cruore perlitum et tot civium sanguine delibutum innocentem pronuntiare poterit? Hanc illam mihi gloriosam peregrinationem fore Chaldaeus Diophanes obstinate praedicabat. Haec identidem mecum replicans fortunas meas eiulabam. Quati fores interdum et frequenti clamore ianuae nostrae perstrepi.

Nec mora cum magna inruptione patefactis aedibus magistratibus eorumque ministris et turbae miscellaneae cuncta completa statimque lictores duo de iussu magistratuum immissa manu trahere me sane non renitentem occipiunt. Ac dum primum angiportum insistimus, statim civitas omnis in populum effusa mira densitate nos insequitur. Et quamquam capite in terram, immo ad ipsos Inferos iam deiecto maestus incederem, obliquato tamen aspectu rem admirationis maximae conspicio. Nam inter tot milia populi circumsedentis nemo prorsum qui non risu dirumperetur aderat. Tandem pererratis plateis omnibus et in modum eorum, qui lustralibus piamentis minas portentorum hostiis circumforaneis expiant, circumductus angulatim forum mediumque tribunal adstituor. Iamque sublimo suggestu magistratibus residentibus, iam praecone publico silentium clamante repente cuncti consona voce flagitant propter coetus multitudinem, quae pressurae nimia densitate periclitaretur, iudicium tantum theatro redderetur. Nec mora cum passim populus procurrens caveae consaeptum mira celeritate conplevit, aditus etiam et tectum omne fartim stipaverant. Plerique columnis implexi, alii statuis dependuli, nonnulli per fenestras et lacunaria semiconspicui, miro tamen omnes studio visendi pericula salutis neglegebant. Tunc me per proscaenium medium velut quandam victimam publica ministeria perducunt et orchestrae mediae sistunt. Sic rursum praeconis amplo boatu citatus accusator quidam senior exsurgit et ad dicendi spatium vasculo quo-

dam in vicem coli graciliter fistulato ac per hoc guttatim
defluo infusa aqua populum sic adorat:

'Neque parva res ac praecipue pacem civitatis cunctae
respiciens et exemplo serio profutura tractatur, Quirites
sanctissimi. Quare magis congruit sedulo singulos atque
universos vos pro dignitate publica providere ne nefarius
50 homicida tot caedium lanienam quam cruenter exercuit,
inpune commiserit. Nec me putetis privatis simultatibus
instinctum odio proprio saevire. Sum namque nocturnae
custodiae praefectus nec in hodiernum credo quemquam
pervigilem diligentiam meam culpare posse. Rem denique ipsam et quae nocte gesta sunt cum fide proferam.
Nam cum fere iam tertia vigilia scrupulosa diligentia
cunctae civitatis ostiatim singula considerans circumirem,
conspicio istum crudelissimum iuvenem mucrone destricto
passim caedibus operantem iamque tris numero saevitia
60 eius interemptos ante pedes ipsius spirantes adhuc corporibus in multo sanguine palpitantes. Et ipse quidem
conscientia tanti facinoris merito permotus statim profugit
et in domum quandam praesidio tenebrarum elapsus per-
petem noctem delituit. Sed providentia deum, quae
nihil impunitum nocentibus permittit, priusquam iste
clandestinis itineribus elaberetur, mane praestolatus ad
gravissimum iudicii vestri sacramentum cum curavi per-
ducere. Habetis itaque reum tot caedibus impiatum,
reum coram deprensum, reum peregrinum. Constanter
70 itaque in hominem alienum ferte sententias de eo crimine
quod etiam in vestrum civem severiter vindicaretis.'

Sic profatus accusator acerrimus immanem vocem re-
pressit. Ac me statim praeco, siquid ad ea respondere
vellem, iubebat incipere. At ego nihil tunc temporis
amplius quam flere poteram non tam Hercules truculen-
tam accusationem intuens quam meam miseram conscientiam. Sed tamen oborta divinitus audacia sic ad illa:

'Nec ipse ignoro quam sit arduum trinis civium corporibus expositis eum qui caedis arguatur quamvis vera dicat et de facto confiteatur ultro, tamen tantae multitudini quod sit innocens persuadere. Sed si paulisper audientiam publicam mihi tribuerit humanitas, facile vos edocebo me discrimen capitis non meo merito sed rationabilis indignationis eventu fortuito tantam criminis invidiam frustra sustinere.

Nam cum a cena me serius aliquanto reciperem potulentus alioquin, quod plane verum crimen meum non diffitebor, ante ipsas fores hospitii—ad bonum autem Milonem civem vestrum devorto—video quosdam saevissimos latrones aditum temptantes et domus ianuas cardinibus obtortis evellere gestientes claustrisque omnibus, quae accuratissime adfixa fuerant, violenter evulsis secum iam de inhabitantium exitio deliberantes. Unus denique et manu promptior et corpore vastior his adfatibus et ceteros incitabat 'heus pueri, quam maribus animis et viribus alacribus dormientes adgrediamur. Omnis cunctatio, ignavia omnis facessat e pectore: stricto mucrone per totam domum caedes ambulet. Qui sopitus iacebit, trucidetur; qui repugnare temptaverit, feriatur. Sic salvi recedemus si salvum in domo neminem reliquerimus.' Fateor, Quirites, exterminare latrones boni civis officium arbitratus, simul et eximie metuens et hospitibus meis et mihi, gladiolo qui me propter huius modi pericula comitabatur, armatus fugare atque proterrere eos adgressus sum. At illi barbari prorsus et immanes homines neque fugam capessunt et cum me viderent in ferro, tamen audaciter resistunt.' [*Metam.* iii. 1-5.]

IV.

The properties of a mirror.

Nam saepe oportet non modo similitudinem suam, verum etiam similitudinis rationem considerare: num, ut ait Epicurus, profectae a nobis imagines, velut quaedam exuviae, iugi flore a corporibus manantes, cum leve aliquid et solidum offenderunt, illisae reflectentur et retro expressae contra versum respondeant: an, ut alii philosophi disputant, radii nostri, seu mediis oculis proliquati et lumini extrario mixti atque inuniti, uti, Plato arbitratur: seu tantum oculis profecti sine ullo foris adminiculo, ut Archytas putat; seu intentu aeris fracti, ut Stoici rentur: cum alicui corpori incidere spisso et splendido et levi, paribus angulis, quibus inciderant, resultent ad faciem suam reduces, atque ita quod extra tangant et visant, id intra speculum imaginentur. Videnturne nobis debere philosophi haec omnia investigare et inquirere, et cuncta specula vel uda vel suda soli videre? Quibus, praeter ista, quae dixi, etiam illa ratiocinatio necessaria est, cur in planis quidem speculis ferme pares obtutus et imagines videantur: in tumidis vero et globosis omnia defectiora: at contra in cavis auctiora: ubi et cur laeva cum dexteris permutentur: quando se imago eodem speculo tum recondat penitus, tum foras exserat: cur cava specula, si exadversum soli retineantur, appositum fornitem accendunt: qui fiat uti arcus in nubibus vario, duo soles aemula similitudine visantur, alia praeterea eiusdem modi plurima, quae tractat volumine ingenti Archimedes Syracusanus, vir in omni quidem geometria multum ante alios admirabili subtilitate; sed haud sciam an propter hoc vel maxime memorandus, quod inspexerat speculum saepe ac diligenter. [*Apologia*, 426–429.]

AULUS GELLIUS.

Aulus Gellius (the author of *Noctes Atticae*), born about 130 A.D. according to Teuffel, though a man of obviously limited powers, was an industrious student of ancient writers and antiquities in general, and is fond of showing his learning by giving extracts from archaic literature: these, in many cases, are important, as they come from works which are now lost to us. The *Noctes Atticae*, though in no sense a book of any great brilliancy, is for the student of life and manners under the second century of the empire full of interest, as many of the habits and peculiarities of his contemporaries are treated by Gellius in a manner which is amusing without being really witty. Like Apuleius, who was his contemporary, and according to some critics his imitator, Gellius was very fond of parading his own learning at every possible moment. Within recent years an attempt has been made to show that Gellius was, like Apuleius, a native of Africa, but according to his own words he seems to have been born, or certainly educated from his early years, in Rome, and afterwards to have studied for a time at Athens. He is fond of archaisms, and his language is often inflated, but is, on the whole, free from many of the exaggerations of Apuleius. "The question is not how to say a thing in the best way, but what Cato, or Gracchus, or Cicero said. The age has no vigour of its own, but builds the sepulchres of the prophets, and waits for inspiration to rise from their dust" [see Nettleship *Essays on Latin Literature*, p. 248, seq.]. His criticisms are unfair at times, owing to the naturally narrow and pedantic turn of his mind, yet in other cases he shows discrimination. His pages contain no little information on a variety of subjects ranging from Roman religion to etymology. The few following selections will perhaps serve to illustrate how great this variety is.

I.

A point of casuistry: What is one's duty to one's friend?

Lacedaemonium Chilonem, virum ex illo incluto numero sapientium, scriptum est in libris eorum, qui vitas resque gestas clarorum hominum memoriae mandaverunt, eum Chilonem in vitae suae postremo, cum iam inibi mors occuparet, ad circumstantis amicos sic locutum:

'Dicta' inquit 'mea factaque in aetate longa pleraque omnia fuisse non paenitenda, fors sit ut vos etiam sciatis. Ego quidem in hoc certo tempore non fallo me, nihil esse
10 quicquam commissum a me, cuius memoria aegritudini sit, ni illud profecto unum sit, quod rectene an perperam fecerim, nondum mihi plane liquet.

Super amici capite iudex cum duobus aliis fui. Ita lex fuit, uti cum hominem condemnari necessum esset. Aut amicus igitur capitis perdendus aut adhibenda fraus legi fuit. Multa cum animo meo ad casum tam ancipitem medendum consultavi. Visum est esse id quod feci praequam erant alia toleratu facilius: ipse tacitus ad condemnandum sententiam tuli, is qui simul iudicabant,
20 ut absolverent, persuasi. Sic mihi et iudicis et amici officium in re tanta salvum fuit. Hanc capio ex eo facto molestiam, quod metuo, ne a perfidia et culpa non abhorreat, in eadem re eodemque tempore inque communi negotio, quod mihi optimum factu duxerim, diversum eius aliis suasisse.'

Et hic autem Chilo, praestabilis homo sapientiae, quonam usque debuerit contra legem contraque ius pro amico progredi, dubitavit eaque res in fine quoque vitae ipso animum eius anxit et alii deinceps multi philosophiae
30 sectatores, ut in libris eorum scriptum est, satis inquisite satisque sollicite quaesiverunt, ut verbis, quae scripta sunt, ipsis utar, εἰ δεῖ βοηθεῖν τῷ φίλῳ παρὰ τὸ δίκαιον καὶ μέχρι πόσου καὶ ποῖα. Ea verba significant, quaesisse eos, an nonnumquam contra ius contrave morem faciendum pro amico sit et in qualibus causis et quemnam usque ad modum.

Super hac quaestione cum ab aliis, sicuti dixi, multis, tum vel diligentissime a Theophrasto disputatur, viro in philosophia peripatetica modestissimo doctissimoque, eaque disputatio scripta est, si recte meminimus, in libro eius de amicitia primo. Eum librum M. Cicero videtur legisse, cum ipse quoque librum de amicitia componeret. Et cetera quidem, quae sumenda a Theophrasto existimavit, ut ingenium facundiaque eius fuit, sumpsit et transposuit commodissime aptissimeque; hunc autem locum, de quo satis quaesitum esse dixi, omnium rerum aliarum difficillimum strictim atque cursim transgressus est, neque ea, quae a Theophrasto pensiculate atque enucleate scripta sunt, exsecutus est, sed anxietate illa et quasi morositate disputationis praetermissa, genus ipsum rei tantum paucis verbis notavit. Ea verba Ciceronis, si recensere quis vellet, apposui: 'His igitur finibus utendum esse arbitror, ut, cum emendati mores amicorum sunt, tum sit inter eos omnium rerum, consiliorum, voluntatum sine ulla exceptione communitas, ut etiam, si qua fortuna acciderit, ut minus iustae voluntates amicorum adiuvandae sint, in quibus eorum aut caput agatur aut fama, declinandum de via sit, modo ne summa turpitudo sequatur; est enim, quatenus amicitiae venia dari possit'.

'Cum agetur' inquit 'aut caput amici aut fama, declinandum est de via, ut etiam iniquam voluntatem illius adiutemus'. Sed cuiusmodi declinatio esse ista debeat qualisque ad adiuvandum digressio et in quanta voluntatis amici iniquitate, non dicit. Quid autem refert scire me in eiusmodi periculis amicorum, si non magna me turpitudo insecutura est, de via esse recta declinandum, nisi id quoque me docuerit, quam putet magnam turpitudinem, et cum decessero de via, quousque degredi debeam? 'Est enim' inquit 'quatenus dari amicitiae venia possit'. Hoc immo ipsum est, quod maxime discendum est quodque ab his, qui docent, minime dicitur, quatenus quaque fini dari amicitiae venia debeat. Chilo ille sapiens, de quo paulo ante dixi, conservandi amici causa de via declinavit. Sed video, quousque progressus sit; falsum enim pro amici salute consilium dedit. Id ipsum tamen in fine quoque vitae, an iure posset reprehendi culparique dubitavit.

'Contra patriam', inquit Cicero, 'arma pro amico sumenda non sunt'. Hoc profecto nemo ignoravit, et 'priusquam Theognis', quod Lucilius ait, 'nasceretur'. Set id quaero, id desidero: cum pro amico contra ius, contra quam licet, salva tamen libertate atque pace, faciendum est et cum de via, sicut ipse ait, declinandum est, quid et quantum et in quali causa et quonam usque id fieri debeat. Pericles ille Atheniensis, vir egregio ingenio bonisque omnibus disciplinis ornatus, in una quidem specie, sed planius tamen, quid existimaret, professus est. Nam cum amicus eum rogaret, ut pro re causaque eius falsum deiuraret, his ad eum verbis usus est: Δεῖ μὲν συμπράττειν τοῖς φίλοις, ἀλλὰ μέχρι τῶν θεῶν. [*Noct. Att.* 1-3.]

II.

A question of grammatical usage.

In oratione Ciceronis quinta in Verrem, libro spectatae fidei, Tironiana cura atque disciplina facto, scriptum fuit: "Homines tenues, obscuro loco nati, navigant; adeunt ad ea loca, quae numquam antea adierant. Neque noti esse iis, quo venerunt, neque semper cum cognitoribus esse possunt, hac una tamen fiducia civitatis, non modo apud nostros magistratus, qui et legum et existimationis periculo continentur, neque apud cives solum Romanos, qui et sermonis et iuris et multarum rerum societate

iuncti sunt, fore se tutos arbitrantur, sed quocumque 10
venerint, hanc sibi rem praesidio sperant futurum."
　Videbatur compluribus in extremo verbo menda esse.
Debuisse enim scribi putabant non futurum, sed 'futur-
am', neque dubitabant, quin liber emendandus esset, ne,
ut in Plauti comoedia moechus, sic enim mendae suae
inludiabant, ita in Ciceronis oratione soloccismus esset
'manifestarius'.
　Aderat forte ibi amicus noster, homo lectione multa
exercitus, cui pleraque omnia veterum litterarum quaesita, meditata evigilataque erant.　Is libro inspecto ait, 20
nullum esse in eo verbo neque mendum neque vitium et
Ciceronem probe ac vetuste locutum.　'Nam futurum'
inquit 'non refertur ad rem, sicut legentibus temere et
incuriose videtur, neque pro participio positum est, set
verbum est indefinitum, quod Graeci appellant 'ἀπαρέμ-
φατον', neque numeris neque generibus praeserviens, sed
liberum undique et impromiscum, quali C. Gracchus
verbo usus est in oratione, cuius titulus est de P. Popilio
circum conciliabula, in qua ita scriptum est: Credo ego
inimicos meos hoc dicturum.　Inimicos dicturum inquit, 30
non 'dicturos'; videturne ea ratione positum esse apud
Gracchum dicturum, qua est apud Ciceronem futurum?
sicut in Graeca oratione sine ulla vitii suspicione omnibus numeris generibusque sine discrimine tribuuntur
huiuscemodi verba: 'ἐρεῖν', 'ποιήσειν', 'ἔσεσθαι', et similia.'
In Claudi quoque Quadrigarii tertio annali verba haec
esse dixit: I dum conciderentur, hostium copias ibi
occupatas futurum; in duodevicesimo annali eiusdem
Quadrigarii principium libri sic scriptum: Si pro tua
bonitate et nostra voluntate tibi valitudo subpetit, est 40
quod speremus, deos bonis bene facturum; item in
Valerii Antiatis libro quarto vicesimo simili modo scriptum esse: Si eae res divinae factae recteque perlitatae

essent, haruspices dixerunt, omnia ex sententia processurum esse. 'Plautus etiam in Casina, cum de puella loqueretur, occisurum dixit, non 'occisuram', his verbis:
[S.] [Sed] etiamne habet Casina gladium?
[P.] Habét, sed duós. [S.] Quid duós? [P.] Alteró te
50 Occísurum ait, alteró vilicum.
Item Laberius in Gemellis:
Nón putavi, inquit, hoc cám facturum.
Non ergo isti omnes, soloccismus quid esset, ignorarunt, sed et Gracchus dicturum et Quadrigarius futurum et facturum et Antias processurum et Plautus occisurum et Laberius facturum indefinito modo dixerunt, qui modus neque in numeros neque in personas neque in tempora neque in genera distrahitur, sed omnia istaec una eademque declinatione complectitur, sicuti M. Cicero futurum 60 dixit non virili genere neque neutro, soloccismus enim plane foret, sed verbo usus est ab omni necessitate generum absoluto'. [*Ib.* i. 7.]

III.

Who were senatores pedarii.

Non pauci sunt, qui opinantur, 'pedarios senatores' appellatos, qui sententiam in senatu non verbis dicerent, sed in alienam sententiam pedibus irent. Quid igitur? cum senatusconsultum per discessionem fiebat, nonne universi senatores sententiam pedibus ferebant? Atque haec etiam vocabuli istius ratio dicitur, quam Gavius Bassus in commentariis suis scriptam reliquit. Senatores enim dicit in veterum aetate, qui curulem magistratum gessissent, curru solitos honoris gratia in curiam vehi, in 10 quo curru sella esset, super quam considerent, quae ob eam causam 'curulis' appellaretur; sed eos senatores, qui magistratum curulem nondum ceperant, pedibus itavisse in curiam: propterea senatores nondum maioribus honoribus 'pedarios' nominatos. M. autem Varro in satira Menippea, quae Ἱπποκύων inscripta est, equites quosdam dicit 'pedarios' appellatos, videturque eos significare, qui nondum a censoribus in senatum lecti senatores quidem non erant, sed, quia honoribus populi usi erant, in senatum veniebant et sententiae ius habebant. Nam et curulibus magistratibus functi, si nondum 20 a censoribus in senatum lecti erant, senatores non erant et, quia in postremis scripti erant, non rogabantur sententias, sed, quas principes dixerant, in eas discedebant. Hoc significabat edictum, quo nunc quoque consules cum senatores in curiam vocant, servandae consuetudinis causa tralaticio utuntur. Verba edicti haec sunt: Senatores quibusque in senatu sententiam dicere licet.

Versum quoque Laberii, in quo id vocabulum positum est, notari iussimus, quem legimus in mimo, qui Stricturae inscriptus est: 30

Caput sine lingua pedani sententia est.
Hoc vocabulum a plerisque barbare dici animadvertimus: nam pro 'pedariis' 'pedaneos' appellant. [*Ib.* iii. 18.]

IV.

A criticism of Seneca as a critic.

De Annaeo Seneca partim existimant ut de scriptore minime utili, cuius libros adtingere nullum pretium operae sit, quod oratio eius vulgaria videatur et protrita, res atque sententiae aut inepto inanique impetu sint aut levi et causidicali argutia, eruditio autem vernacula et plebeia nihilque ex veterum scriptis habens neque gratiae neque dignitatis. Alii vero elegantiae quidem in verbis parum esse, non infitias eunt, sed et rerum, quas dicat, scientiam

doctrinamque ei non deesse dicunt et in vitiis morum
obiurgandis severitatem gravitatemque non invenustam.
Mihi de omni eius ingenio deque omni scripto iudicium
censuramque facere non necessum est; sed quod de M.
Cicerone et Q. Ennio et P. Vergilio iudicavit, ea res cuiusmodi sit, ad considerandum ponemus.

In libro enim vicesimo secundo epistularum moralium,
quas ad Lucilium conposuit, deridiculos versus Q. Ennium
de Cetego antiquo viro fecisse hos dicit:

is dictust ollis popularibus olim
Qui tum vivebant homines atque aevum agitabant,
Flos delibatus populi, suadaeque medulla.

Ac deinde scripsit de isdem versibus verba haec: Admiror
eloquentissimos viros et deditos Ennio pro optimis ridicula
laudasse. Cicero certe inter bonos eius versus et hos
refert. Atque id etiam de Cicerone dicit: Non miror,
inquit, fuisse, qui hos versus scriberet, cum fuerit, qui
laudaret; nisi forte Cicero summus orator agebat causam
suam et volebat hos versus videri bonos. Postea hoc
etiam addidit insulsissime: Apud ipsum quoque, inquit,
Ciceronem invenies etiam in prosa oratione quaedam, ex
quibus intellegas, illum non perdidisse operam, quod Ennium legit. Ponit deinde, quae apud Ciceronem repre-
hendat, quasi Enniana, quod ita scripserit in libris de
republica: ut Menelao Laconi quaedam fuit suaviloquens
iucunditas, et quod alio in loco dixerit: breviloquentiam
in dicendo colat. Atque ibi homo nugator Ciceronis
errores deprecatur et: non fuit, inquit, Ciceronis hoc
vitium, sed temporis; necesse erat haec dici, cum illa
legerentur. Deinde adscribit, Ciceronem haec ipsa inter-
posuisse ad effugiendam infamiam nimis lascivae orationis
et nitidae.

De Vergilio quoque eodem in loco verba haec ponit:
Vergilius quoque noster non ex alia causa duros quosdam

versus et enormes et aliquid supra mensuram trahentis
interposuit quam ut Ennianus populus adgnosceret in
novo carmine aliquid antiquitatis.

Sed iam verborum Senecae piget; haec tamen inepti
et insubidi hominis ioca non praeteribo: Quidam sunt,
inquit, tam magni sensus Q. Ennii, ut, licet scripti sint
inter hircosos, possint tamen inter unguentatos placere;
et, cum reprehendisset versus, quos supra de Cetego 50
posuimus: qui huiuscemodi, inquit, versus amant, liqueat
tibi eosdem admirari et Soterici lectos.

Dignus sane Seneca videatur lectione ac studio adulescentium, qui honorem coloremque veteris orationis Soterici lectis comparrit, quasi minimae scilicet gratiae et
relictis iam contemptisque. Audias tamen commemorari
ac referri pauca quaedam, quae idem ipse Seneca bene
dixerit, quale est illud, quod in hominem avarum et
avidum et pecuniae sitientem dixit: Quid enim refert
quantum habeas? multo illud plus est, quod non habes. 60
Benene hoc? sane bene; sed adulescentium indolem non
tam iuvant quae bene dicta sunt quam inficiunt quae
pessime, multoque tanto magis, si et plura sunt, quae
deteriora sunt, et quaedam in his non pro enthymemate
aliquo rei parvae ac simplicis, sed in re ancipiti pro consilio dicuntur. [xii. 2.]

V.

Explanation of technical terms.

Otium erat quodam die Romae in fero a negotiis et
laeta quaedam celebritas feriarum legebaturque in con-
sessu forte conplurium Enni liber ex annalibus. In eo
libro versus hi fuerunt:

    Proletarius publicitus scutisque feroque
    Ornatur ferro; muros urbemque forumque
    Excubiis curant.

Tum ibi quaeri coeptum est, quid esset 'proletarius'.
Atque ego, aspiciens quempiam in eo circulo ius civile
callentem, familiarem meum, rogabam, ut id verbum
nobis enarraret, et, cum illic se iuris, non rei grammaticae peritum esse respondisset, 'eo maxime' inquam
'te dicere hoc oportet, quando, ut praedicas, peritus iuris
es. Nam Q. Ennius verbum hoc ex duodecim tabulis
vestris accepit, in quibus, si recte commemini, ita scriptum est: Adsiduo vindex adsiduus esto. Proletario iam
civi quis volet vindex esto. Petimus igitur, ne annalem nunc Q. Ennii, sed duodecim tabulas legi arbitrere
et, quid sit in ea lege 'proletarius civis', interpretere'.
'Ego vero' inquit ille 'dicere atque interpretari hoc deberem, si ius Faunorum et Aboriginum didicissem. Sed
enim cum 'proletarii' et 'adsidui' et 'sanates' et 'vades'
et 'subvades' et 'viginti quinque asses' et 'taliones'
furtorumque quaestio 'cum lance et licio' evanuerint
omnisque illa duodecim tabularum antiquitas, nisi in
legis actionibus centumviralium causarum lege Aebutia
lata consopita sit, studium scientiamque ego praestare
debeo iuris et legum vocumque earum, quibus utimur'.

Tum forte quadam Iulium Paulum, poetam memoriae
nostrae doctissimum, praetereuntem conspeximus. Is a
nobis salutatur, rogatusque, uti de sententia deque ratione
istius vocabuli nos doceret, 'qui in plebe' inquit 'Romana
tenuissimi pauperrimique erant neque amplius quam mille
quingentum aeris in censum deferebant, 'proletarii' appellati sunt, qui vero nullo aut perquam parvo aere censebantur, 'capite censi' vocabantur, extremus autem
census capite censorum aeris fuit trecentis septuaginta
quinque. Sed quoniam res pecuniaque familiaris obsidis
vicem pignerisque esse apud rempublicam videbatur
amorisque in patriam fides quaedam in ea firmamentumque erat, neque proletarii neque capite censi milites,

nisi in tumultu maximo, scribebantur, quia familia pecuniaque his aut tenuis aut nulla esset. Proletariorum tamen ordo honestior aliquanto et re et nomine quam capite censorum fuit: nam et asperis reipublicae temporibus, cum iuventutis inopia esset, in militiam tumultuariam legebantur armaque is sumptu publico praebebantur, et non capitis censione, sed prosperiore vocabulo a munere officioque prolis edendae appellati sunt, quod, cum re familiari parva minus possent rempublicam iuvare, 50 subolis tamen gignendae copia civitatem frequentarent. Capite censos autem primus C. Marius, ut quidam ferunt, bello Cimbrico difficillimis reipublicae temporibus vel potius, ut Sallustius ait, bello Iugurthino milites scripsisse traditur, cum id factum ante in nulla memoria extaret. 'Adsiduus' in XII tabulis pro locuplete et facile facienti dictus aut ab (adsiduis ab) aere dando, cum id tempora reipublicae postularent, aut a muneris pro familiari copia faciendi adsiduitate'.

Verba autem Sallusti in historia Iugurthina de C. 60 Mario consule et de capite censis haec sunt: Ipse interea milites scribere, non more maiorum nec ex classibus, sed ut libido cuiusque erat, capite censos plerosque. Id factum alii inopia bonorum, alii per ambitionem consulis memorabant, quod ab eo genere celebratus auctusque erat et homini potentiam quaerenti egentissimus quisque oportunissimus. [xvi. 10.]

VI.

Methods of secret correspondence.

Libri sunt epistularum C. Caesaris ad C. Oppium et Balbum Cornelium, qui rebus eius absentis curabant. In his epistulis quibusdam in locis inveniuntur litterae singulariae sine coagmentis syllabarum, quas tu putes positas

incondito; nam verba ex his litteris confici nulla possunt.
Erat autem conventum inter eos clandestinum de com-
mutando situ litterarum, ut in scripto quidem alia aliae
locum et nomen teneret, sed in legendo locus cuique suus
et potestas restitueretur: quaenam vero littera pro qua
scriberetur, ante is, sicuti dixi, conplacebat, qui hanc
scribendi latebram parabant. Est adeo Probi gram-
matici commentarius satis curiose factus de occulta litterarum significatione in epistularum C. Caesaris scriptura.

Lacedaemonii autem veteres, cum dissimulare et occul-
tare litteras publice ad imperatores suos missas volebant,
ne, si ab hostibus eae captae forent, consilia sua nosce-
rentur, epistulas id genus factas mittebant. Surculi duo
erant teretes, oblonguli, pari crassamento eiusdemque
longitudinis, derasi atque ornati consimiliter; unus imperatori in bellum proficiscenti dabatur, alterum domi
magistratus cum iure atque cum signo habebant. Quando
usus venerat litterarum secretiorum, circum eum surculum
lorum modicae tenuitatis, longum autem, quantum rei
satis erat, conplicabant, volumine rotundo et simplici,
ita uti orae adiunctae undique et cohaerentes lori, quod
plicabatur, coirent. Litteras deinde in eo loro per transversas iuncturarum oras versibus a summo ad imum pro-
ficiscentibus inscribebant; id lorum litteris ita perscriptis
revolutum ex surculo imperatori commenti istius conscio
mittebant; resolutio autem lori litteras truncas atque
mutilas reddebat membraque earum et apices in partis
diversissimas spargebat: propterea, si id lorum in manus
hostium inciderat, nihil quicquam coniectari ex eo scripto
quibat; sed ubi ille, ad quem erat missum, acceperat,
surculo conpari, quem habebat, a capite ad finem, proinde ut debere fieri sciebat, circumplicabat, atque ita litterae per eundem ambitum surculi coalescentes rursum
coibant integramque et incorruptam epistulam et facilem

legi praestabunt. Hoc genus epistulae Lacedaemonii
'σκυτάλην' appellant. Legebamus id quoque in vetere 40
historia rerum Poenicarum, virum indidem quempiam
inlustrem—sive ille Hasdrubal sive quis alius est non
retineo—epistulam scriptam super rebus arcanis hoc
modo abscondisse: pugillaria nova, nondum etiam cera in-
lita, accepisse, litteras in lignum incidisse, postea tabulas,
uti solitum est, cera conlevisse easque tabulas, tamquam
non scriptas, cui facturum id praedixerat misisse; cum
deinde ceram derasisse litterasque incolumes ligno incisas
legisse.

Est et alia in monumentis rerum Graecarum profunda 50
quaedam et inopinabilis latebra, barbarico astu excogitata.
Histiaeus nomine fuit, loco natus in terra Asia non
ignobili. Asiam tunc tenebat imperio rex Darius. Is
Histiaeus, cum in Persis apud Darium esset, Aristagorae
cuipiam res quasdam occultas nuntiare furtivo scripto
volebat. Comminiscitur opertum hoc litterarum admi-
randum. Servo suo diu oculos aegros habenti capillum
ex capite omni tamquam medendi gratia deradit caputque
eius leve in litterarum formas conpungit. His litteris,
quae voluerat, perscripsit, hominem postea, quoad capillus 60
adolesceret, domo continuit. Ubi id factum est, ire ad
Aristagoran iubet et 'cum ad eum' inquit 'veneris, man-
dasse me dicito, ut caput tuum, sicut nuper egomet feci,
deradat'. Servus, ut imperatum erat, ad Aristagoran
venit mandatumque domini adfert. Atque ille id non
esse frustra ratus, quod erat mandatum fecit. Ita litterae
perlatae sunt. [xvii. 9.]

VII.

A criticism of Virgil.

Favorinum philosophum, cum in hospitis sui Antiatem
villam aestu anni concessisset nosque ad eum videndum

Roma venissemus, memini super Pindaro poeta et Vergilio in hunc ferme modum disserere: 'Amici' inquit 'familiaresque P. Vergilii in his, quae de ingenio moribusque eius memoriae tradiderunt, dicere cum solitum ferunt, parere se versus more atque ritu ursino. Namque ut illa bestia fetum ederet ineffigiatum informemque lambendoque id postea, quod ita edidisset, conformaret et
10 fingeret, proinde ingenii quoque sui partus recentes rudi esse facie et inperfecta, sed deinceps tractando colendoque reddere iis se oris et vultus liniamenta. Hoc virum iudicii subtilissimi ingenue atque vere dixisse, res' inquit 'indicium facit. Nam quae reliquit perfecta expolitaque quibusque inposuit census atque dilectus sui supremam manum, omni poeticae venustatis laude florent; sed quae procrastinata sunt ab eo, ut post recenserentur, et absolvi, quoniam mors praeverterat, nequiverunt, nequaquam poetarum elegantissimi nomine atque iudicio
20 digna sunt. Itaque cum morbo obpressus adventare mortem viderat, petivit oravitque a suis amicissimis inpense, ut Aeneida, quam nondum satis climavisset, adolerent.'

'In his autem', inquit 'quae videntur retractari et corrigi debuisse, is maxime locus est, qui de monte Aetna factus est. Nam cum Pindari, veteris poetae, carmen, quod de natura atque flagrantia montis eius compositum est, aemulari vellet, eiusmodi sententias et verba molitus est, ut Pindaro quoque ipso, qui nimis opima pinguique
30 esse facundia existimatus est, insolentior hoc quidem in loco tumidiorque sit. Atque uti vosmetipsos' inquit 'eius, quod dico, arbitros faciam, carmen Pindari, quod est super monte Aetna, quantulum est mihi memoriae, dicam:

Τᾶς ἐρεύγονται μὲν ἀπλάτου πυρὸς ἀγνόταται
Ἐκ μυχῶν παγαί· ποταμοὶ δ' ἀμέραισιν μὲν προχέοντι ῥόον καπνοῦ

Αἴθων'· ἀλλ' ἐν ὄρφναισιν πέτρας
Φοίνισσα κυλινδομένα φλὸξ ἐς βαθεῖαν φέρει πόντου πλάκα σὺν
πατάγῳ.
Κεῖνο δ' Ἀφαίστοιο κρουνοὺς ἑρπετὸν
Δεινοτάτους ἀναπέμπει· τέρας μὲν θαυμάσιον προσιδέσθαι, θαῦμα
δὲ καὶ παρεόντων ἀκοῦσαι.

Audite nunc, inquit, Vergilii versus, quos inchoasse cum verius dixerim, quam fecisse:
    Portus ab accessu ventorum inmotus et ingens
    Ipse, sed horrificis iuxta tonat Aetna ruinis
    Interdumque atram prorumpit ad aethera nubem,
    Turbine fumantem piceo et candente favilla,
    Adtollitque globos flammarum et sidera lambit;
    Interdum scopulos avulsaque viscera montis
    Erigit eructans liquefactaque saxa sub auras
    Cum gemitu glomerat fundoque exaestuat imo.
Iam principio' inquit 'Pindarus, veritati magis obsecutus, id dixit, quod res erat quodque istic usu veniebat quodque oculis videbatur, interdius fumare Aetnam, noctu flammigare; Vergilius autem, dum in strepitu sonituque verborum conquirendo laborat, utrumque tempus, nulla discretione facta, confudit. Atque ille Graecus quidem fontes imitus ignis eructari et fluere amnes fumi et flammarum fulva et tortuosa volumina in plagas maris ferre, quasi quosdam igneos angues, luculente dixit; at hic noster 'atram nubem turbine piceo et favilla fumantem' ῥόον καπνοῦ αἴθωνα interpretari volens, crasse et inmodice congessit, globos quoque flammarum, quod ille κρουνοὺς dixerat, duriter et ἀκύρως transtulit. Item quod ait: sidera lambit, vacanter hoc etiam' inquit 'accumulavit et inaniter'. Neque non id quoque incnarrabile esse ait et propemodum insensibile, quod 'nubem atram fumare' dixit 'turbine piceo et favilla candente'. 'Non enim fumare' inquit 'solent neque atra esse, quae sunt can-

dentia; nisi si 'candenti' dixit pervulgate et inproprie pro ferventi favilla, non pro ignea et relucenti. Nam 'candens' scilicet a candore dictum, non a calore. Quod 'saxa' autem 'et scopulos eructari et erigi' eosdemque ipsos statim 'liquefieri et gemere atque glomerari sub auras' dixit, hoc' inquit 'nec a Pindaro scriptum nec umquam fando auditum et omnium, quae monstra dicuntur, monstruosissimum est'. [xvii. 10.]

NOTES.

VELLEIUS PATERCULUS.

I.

3. **If verticis** is not a gloss it had best be taken as hendiadys with *gurgitis*.

7. **neque...perductam**, without bringing it to any definite conclusion: so 'ad liquidum' is used by Seneca and Quintilian.

9. **formam...spatium**, a zeugma: 'have agreed in one character and fallen into one period of time'.

18. These three are taken regularly as representatives of the old comedy: so Quintilian in book x. and Horace *Sat.* i. 4. 1, "Eupolis atque Cratinus Aristophanesque poetae | Atque alii quorum comoedia prisca virorum est". I omit after *novam* the word *comicam* which appears in the codd.

22. 'Derived their teaching from the words of Socrates.'

34. ut = even supposing that.

43. **nisi aut ab illo visum**, &c.: *i.e.* those who flourished just before or just after him: so he means roughly, his contemporaries.

49. **par** is to be taken with both *studium* and *emolumentum*, 'devoted themselves to like pursuits and made like progress'.

70. The Lacedaemonians, though proverbially not orators, yet had a concise method of putting what they wanted to say. "If a man converses with the most ordinary Lacedaemonian, he will seldom find him good for much in general conversation, but at any point in the discourse he will be darting out some notable saying, terse and full of meaning, with unerring aim" (Plato *Protag.* 342). Cf. also what Thucydides says of Brasidas (iv. 84), ἦν δὲ οὐδὲ ἀδύνατος, ὡς Λακεδαιμόνιος, εἰπεῖν.

II.

1. **deditio Mancini**: he, defeated by the Numantines (137 B.C.), made a disgraceful peace which the Romans refused to acknowledge, and as a compensation for their act delivered up Mancinus to the Numantines, who, however, refused the gift.

11. **boni**: in the common sense of the senatorial or aristocratical party: cp. use of 'optimates'.

12. agrariis legibus: mainly consisting in depriving rich holders of state lands in excess of the limit allowed by the Licinian laws of 367 B.C. and distributing them in untenable lots of thirty jugera to the needy farmers: the limit of thirty is conjectured by Mommsen from § 14 of the Lex Agraria (for which see Bruns' Fontes Juris Romani, p. 70).

13. statum: citizenship, civil rights: cp. for use of word Tac. *Ann.* iii. 28, "multorum excisi status".

56. iudicia a senatu. This seems the correct account of C. Gracchus' judicial law: is that given by the other authorities, except Livy Epitome, and Plutarch (*C. Gracchus* c. v.), who represent him as combining the equites with the senators as judices. Appian (*B. Civ.* i. 22) is very clear: τὰ δικαστήρια ... ἐς τοὺς ἱππέας ἀπὸ τῶν βουλευτῶν μετέφερε. For a discussion of the reform of Tiberius and Gaius see Underhill's edition of Plutarch's *Lives of the Gracchi*.

III.

9. On one occasion Alexander when drunk burned the city of Persepolis, and on another killed his best friend Clitus.

13. filiam = Cornelia.

27. qui oculis, &c. Possibly 'they put no other restraint upon him than watching him'. [Krause says, 'they had no mental communication with him'—which seems a frigid interpretation.]

34. The reading is doubtful: *tumultuaria* probably means 'hastily collected' as opposed to regularly trained. Perhaps it would be simpler not to read *manu* (Hahn's conjecture), but take *privata* (instead of *privatus*) and *tumultuaria* with *classe*.

43. quippe sequebatur, from combined feelings of envy and indolence: Oudendorp's conjecture of *avaritia* for *invidia*, though perhaps needless, would make good sense.

60. Dolabellae accusatio, in 77 B.C. for extortion in Macedonia.

74. Hoc igitur consule. Caesar was consul in 59 B.C., the first Triumvirate having been formed at the close of the previous year. Pompey, in addition to the ratification of his acts, wished for lands for his veterans, Caesar desired to again obtain a voice in the state (having been discredited through his connection with the Catiline conspiracy), while Crassus was connected with the moneyed class, who had a grievance, as the senators refused to grant a revision of an unprofitable contract to the publicani.

92. Bibulus made an effort to stop the agrarian law by proclaiming unfavourable omens, and employing the tribune's intercessio, but finding it useless withdrew practically into private life. The consulship of 59 was styled in joke that of Julius and Caesar.

IV.

4. fuit for the more regular *fuisset*.

15, 16. quam...dimitteret. There is obviously something missing here, (1) an order of clemency, (2) a military term, such as *tesseram* or *signum* (it is hardly possible to regard *dimitteret* as a special *militare verbum*). From Suetonius' words (*Div. Jul.* 75) it is clear that Caesar regarded his captives in a different way to Pompey. I have therefore accepted, in default of better, the conjecture of Ruhnken, which appears in the text.

28. memor beneficiorum. The title of Ptolemy Auletes had been recognized in 59 B.C. by the triumvirs (for consideration received). The king was afterwards expelled, but restored again in 55 B.C. by Gabinius, but mainly owing to Pompey's influence (see Cic. *Ep. ad Fam.* I. i. 2, 7).

45. terra defuerat: an exaggeration which is perhaps more justly applied by Juvenal to Alexander, "Unus Pellaeo iuveni non sufficit orbis" [x 168]. Velleius talks of Caesar "alterum paene imperio nostro ac suo quaerens orbem" [ii. 46].

V.

10. omnia in altera parti fuere: on Caesar's side every one was prepared.

15. detracto capite: deprived of their leader.

17. For Caesar's action cp. line 15 of § IV.

36. modum, 'limit' or 'end': the word does not appear in the MSS.

39. Pollio: *vide* Hor. *Od.* II. i. 14: the friend of Virgil (*Ecl.* viii.). He had served Caesar in the civil war, and later joined the triumvirs, being then appointed by Antony to see after the veterans who had received lands in Transpadane Gaul (possibly the *beneficia* alluded to): his *merita in Antonium* must have been largely the reconciliation he effected between Antony and Octavius at the peace of Brundisium (40 B C.).

VI.

1. Varus Quintilius: a graphic account is given by Tacitus (*Ann.* i. 61) of Germanicus' troops visiting the scene of the disaster of Varus.

4. quam non, 'how far he was from being'.

18. solita armis. Disputes generally ended by the sword were now decided by the law courts.

23. Arminius: for the later contests with Arminius see Tac. *Ann.* i. 63, seq.

26. **civitatis Romanae**, &c.: a common practice of the Romans to secure loyalty by giving either the full citizenship or most of its privileges to leading provincials: *Romanae decus* is Burmann's reading: the words in the MSS., *Romae eius*, can make no sense.

44. **Crassi in Parthis damnum**: the defeat of Crassus at Carrhae, 53 B.C., when Crassus was killed and the Roman eagles captured.

67. **hostilis feritas**. From Tacitus' words it appears that the Germans hanged some of the captives on gallows (*patibula*) and buried others alive (*quae scrobes*, *Ann.* i. 61).

SENECA.

I.

15. **lege nascendi**: 'both those who by the order of their birth we hope will survive ourselves, and those who desire most naturally to die before us'. Here we find an allusion to the Roman dread of children dying before their parents (*funera natorum*, Juv. x. 241 and Mayor ad loc.), and in general of *praematuri cineres* (Juv. xi. 44). Seneca at the beginning of the *Consolatio* says that Marcia loved her father almost as well as her children, "nisi quod non optabas superstitem: nec scio an optaveris: permittit enim sibi quaedam contra bonum morem magna pietas".

24. **advocationem**, 'delay', 'adjournment': technically an adjournment of the case to permit the securing of legal assistance.

31. **et quidem**. The *quidem* may be represented in English by repeating the substantive: 'we have come under fortune's sway, a sway which is at once stern and irresistible'.

53. **desidet**: I accept Haase's conjecture, which is necessary for the sense.

56. **Nosce te**: a translation of the Greek gnomic saying, γνῶθι σεαυτόν, cp. Juv. xi. 27: it was the oracle given by Apollo to Cyrus: "Σαυτὸν γιγνώσκων εὐδαίμων, Κροῖσε, περάσεις" (*Cyrop.* vii. 2, 20).

II.

12. **infra quod**: the soil under which one lies makes no difference.

24. **stipitem**: the crux had originally no cross-piece, but was simply a pointed pole on which the victim was impaled: after the addition of the cross-piece the victim was either left to perish in the manner we generally associate with crucifixion, or even hung upon it. The article on the word 'cross' in Dr. Murray's *New English Dictionary* furnishes a most interesting history of the word.

32. Cn. Pompeius: cp. Juv. x. 282 for a similar reflection.

34. excesserat. To represent how nearly the result was fulfilled we have, as often elsewhere, the indicative: **potuit**, however (line 45), comes under a different rule, as it belongs to a phrase of duty or possibility, and regularly remains in indicative, the perfect being employed instead of the pluperfect (*vide* Madvig 348, cp. Eton Lat. Gram. p. 315).

42. M. Cicero, cp. Juv. x. 120.

47. de suo perirent: 'that men might pay from their own money the cost of their own death' (be murdered at their own expense).

48. hastam: originally the symbol of a sale of booty taken in battle: then of sale of goods of prescribed person, the sale being technically a *sectio*, and the purchaser called *sector* (cp. Cic. *Pro Rosc. Am.* § 103).

50. M. Catonem: Cato on the proposition of Claudius (instigated by the triumvirs, who wished Cato out of the way) was entrusted with the duty of expelling Ptolemy, king of Cyprus. Cato sent a message to Ptolemy (who thereupon committed suicide), and afterwards took possession of the royal treasures, which he sold to the highest bidder. The money was brought to Rome and afterwards passed into Caesar's possession.

III.

1. Natura duce. An exposition of the fundamental principle of the Stoic philosophy: 'be a rational part of the rational system of nature': hence followed the subjection of the individual to the whole: riches and other external goods may be useful as means, but are not absolutely good in themselves: pleasure, as being individual, was (certainly by the earlier Stoics) excluded: all good actions done in rational pursuit of nature are equally right, all others are equally worthless or bad; suicide is possible when the unit ceases to be of service to the whole. For an amusing criticism of the Stoic tenets *vide* Cic. *Pro Murena* 60-66, and Horace *Sat.* I. iii. 124, seq.; and for the Stoic wise man, Cic. *de Fin.* iv. § 74. Zeno, Cleanthes, and Chrysippus were the first three heads of the school. For the system *vide* Ritter and Preller, § 391-393, Schwegler p. 123, seq.

9. ita demum: *ita* marks the general apodosis to the several protases.

31. in bonum: 'it will turn out well both readily and certainly without any harking back on the part of the doer'.

IV.

1, 2. nemo...damnavit. *Vide* note on *natura duce* above.

13. agnoverit: 'call his own'.

30. Quid? Donabit: the reading here is doubtful: I follow hat of Fickert: Haase (not without some MS. authority) would read: *Quid? Donabit? Credo, erexistis aures.*

V.

3, 4. Reason wishes to give a fair verdict, Anger wishes that the verdict it has given should be thought fair. The MSS. have in the second clause *non vult* (I have omitted the *non*), probably through a mistaken view of the antithesis.

7. advocatio: here = pleading, 'more showy pleading'.

47. Hieronymus, a philosopher of Rhodes quoted by Cicero in several places: he lived about 300 B.C., and maintained that the rule of life was the avoidance of pleasure and pain.

48. Quid ..si vidisset: cp. the similar passage in Juv. x. 36 about Democritus and the pompa at the Circensian games.

69. Plato. The allusion seems to be to the *Protagoras* 324: "οὐδεὶς γὰρ κολάζει τοὺς ἀδικοῦντας πρὸς τούτῳ τὸν νοῦν ἔχων καὶ τούτου ἕνεκα ὅτι ἠδίκησεν . . . οὐ γὰρ ἂν τὸ πραχθὲν ἀγένητον θείη, ἀλλὰ τοῦ μέλλοντος χάριν ἵνα μὴ αὖθις ἀδικήσῃ".

VI.

13. pugnum aeris, &c., 'a handful of coppers or a shilling reckoned up by a slave'.

15. milensimam: the MSS. have *aut* before *milensimam*, which looks as if some word had dropped out, but it is difficult to supply one: *milensimam* itself seems wrong as the interest is absurdly small, $\frac{1}{1000}$ per cent per month (1¼ per cent per annum, being $\frac{1}{12}$ of the legal interest). Fickert reads *haud milensimam* — presumably meaning it as a litotes.

16. manibus ad comparandum non relictis: the phrase is doubtful: the reading seems to vary between *comparandum* and *comparendum*: Haase reads *ad comparendum non retentus*: I am not sure what he means, but I suppose he takes *pedibus* and *manibus* together, and would translate 'not prevented by his maimed hands and feet from appearing in court' (is this possible ?).

17. clamet, *i.e.* before the tribunal: **vindicat**, 'and by his sureties demands his pence even in the paroxysms of his disease'.

VII.

11. plus, like *amplius, minus,* &c., frequently does not affect the case in the case of numerals: "noctem non amplius unam", but *vide* Madvig, § 305.

NOTES. 185

20. in minima cogere: this is Haase: 'to confine within a small compass proofs, &c.': the MSS. reading is *minima agere*, which may be taken as 'scatter abroad small models of great truths'.

33. The text here seems unsatisfactory: possibly *aliis* may have taken the place of *atque*, and the sentence should run, 'innoxium atque ob hoc'.

VIII.

14. praefulgeant: an allusion to the habit of gilding the victim's horns.

16. farre: a recollection of Horace, *Odes* III. xxiii. 17, seq.

22. regum aequavit opes animo: Virgil's "Corycius senex", *Georg.* iv. 132 (where the reading is *acquabat*).

43. Quidni...dederis: 'surely you have given me'.

IX.

9. Proximus, &c. Hesitation is next door to refusal. For *proximus a*, cp. Juv. x. 126, "(Philippica), volveris a prima quae proxima".

14. frontis infirmitas: want of decision.

18. occupare: used like the Greek $\phi\theta\acute{a}\nu\epsilon\iota\nu$. Cp. Livy i. 14, "Fidenates occupabant bellum facere".

26. tacite...precari: cp. Persius ii. 5, seq., "At bona pars procerum tacitâ libavit accera".

44. induit voltum: 'shows his feeling in his face'.

X.

2. Anaxagoras of Clazomenae (born 500 B.C.). His work, $\pi\epsilon\rho\grave{\iota}$ $\phi\acute{v}\sigma\epsilon\omega s$, was the chief cause of the pursuit of natural philosophy at Athens: his theory was that there existed originally an infinite number of infinitely small particles: a principle called $\nu o \hat{v}s$ set these particles into motion, and the motion continuing in perpetuity caused the combination of the particles into the universe. The theory will be found explained and criticized by Lucretius i. 830, seq. For Lucretius' own views on the various causes of earthquakes see book vi. 535, seq.

10. alii in igne: among these may be the Heracliteans, as Heraclitus regarded fire not only as the primitive element, but also as the cause of motion: the various material elements according to his theory were caused through condensation, when the fire was either arrested or partially extinguished.

23. Anaximenes, one of the early Ionic philosophers, who sought for some primitive matter from which the universe was derived. Thales found this in water, Anaximenes in air, from which, by rarefaction or condensation, fire, water, earth were formed.

XI.

8. 'She has not busied herself to gratify luxury.'

28. nuper, &c. *Ecl.* ii. 25, seq., where see Conington's note, though it is quite possible that in both this passage and *Georgic* iv. 484, *ventis* and *vento* may be 'in a time of wind'.

38. ferrum primum in usu: both in Hesiod and Ovid the last and worst age is the iron: cp. Juv. xiii. 30 and vi. 23, "omne aliud crimen mox ferrea protulit aetas".

43. Ne coniugum quidem: I accept here the *ne* of Haase, which seems to give a better sense to the passage.

55. dos fuit illa: the MSS. have *non illa*, which is difficult. Fickert retains the *non*, but puts a stop at *fuit, i.e.* 'antiquarum dos fuit, non illa', &c.

XII.

9. ambitio. MSS. *ambitionem*, which, though translateable, is hardly so satisfactory.

14. solidi auri...caelatura, *i.e.* silver vessels with raised (embossed) gold-work, technically called *asper* (also *inaequalis*, Juv. v. 38), as opposed to *levis* or *purus*, cp. Juv. i. 76, "argentum vetus et stantem extra pocula caprum".

21. sensus communis, 'communional sympathy', *i.e.* a right perception of the duties, &c., owed by the individual to the society at large. *Vide* Horace, *Sat.* I. iii. 65, 66.

25. *Vide* note on iii. 1.

XIII.

39. The MSS. have *tormentorum* alone, but after *etiamsi* some adjective seems necessary, so I have ventured to read *ultimorum*.

53. Reguli arca: cp. Horace, *Odes* III. v. 41, seq.

53. Cato: who committed suicide at Utica after battle of Thapsus.

53. Rutilii exitium: banished 92 B.C. through the exertions of the publicani, whose extortions he had tried to put down.

54. calix: an obvious emendation of the MSS. which go very far astray, *i.e. capia venantis: canis venenatus*, &c.

58. Virg. *Aen.* i. 96.

62. Decius: cp. Juv. viii. 254: the father in the Latin war (340 B.C.), the son at the battle of Sentinum (295 B.C.), the grandson at Asculum (279 B.C.).

94. Demetrius, a Cynic philosopher, the friend of the Stoic Thrasea Paetus, at whose death he was present, Tac. *Ann.* xvi. 34: according to Dio (lxvi. 13), Demetrius was banished with other philosophers by Vespasian.

XIV.

51. coena peracta: for the metaphor cp. Lucr. iii. 938.

77. Desine fata: Virg. *Aen.* vi. 376.

XV.

25. Insere: Virg. *Ecl.* i. 74.

54. The MSS. reading is *incollecta (collecta) mens...agitatur*, which, apart from the difficulty of *incollecta* or *collecta*, would require us to take the whole sentence, *quantum...aut quale*, as an accusative of respect. I therefore follow Haase.

65. in spe viventibus. Haase reads *in spem*, possibly coupling *et* with *proximum*, but the superlative with *quisque* seems to render this improbable.

82. detorto: the MSS are corrupt: *et de secto, et sancto*, &c. Fickert's *dissecto* is perhaps nearest the original, but both *distorto* and *detorto* (Tac. has *corpore detorto*) are possible.

91. usque adeone: Turnus before his fight with Aeneas. Virg. *Aen.* xii. 646.

XVI.

The story of the ἀποκολοκύντωσις, *i.e.* Pumpkinification (Simcox), or possibly apotatyosis, is that Jupiter sends Hercules as a travelled god to inquire into the case of Claudius, when he comes up as a candidate for divine orders. Hercules accosts Claudius with a line of Homer, to which Claudius makes a neat rejoinder: Hercules eventually arranges to plead Claudius' cause. The trial comes on, but Augustus, who had hitherto figured as the silent member in the gods' circle, delivers a speech in which he relates how his relatives were put to death by Claudius. The candidate then is dismissed by the vote of the examiners, and is dragged off by Mercury to the infernal regions, where Aeacus condemns him to the unexhilarating pursuit of playing dice with a bottomless dice-box (*pertuso fritillo*). While engaged at the task Caligula appears and claims him successfully as a slave.

4. mera mapalia: *mapalia* are strictly Numidian straw huts. Forcell. translates 'omnia incondite fecistis' on the strength of Festus' remark that *mapalia* is used of those 'qui inordinate vivunt', as if an observance of all the courtesies of daily life were impossible in rude huts.

7. postmeridianus, 'afternoon consul': possibly a satire on the tendency under the emperors to shorten the tenure of the consul's office.

14. iam fabam imam fecistis. Haase reads: *iam, Fama, mimum fecisti*; Bücheler: *iam famam mimum fecistis*, with a reference to *fabam mimum* in Cic. *ad Att.* i. 16, 13; even there, however, the commentators are at a loss to explain it. Billerbeck (quoted by Watson) explains that it means 'a joke', *i.e.* as the boys at the Saturnalia when electing a king used beans with which to vote. Possibly both there and here the right reading may be *fabam imam* (the *m* of *mimus* being due to dittography), as Festus gives as a proverb, "Tam perit quam extrema faba, in proverbio est, quod ea plerumque aut proteritur aut decerpitur a praetereuntibus": whatever be the reading the sense is clearly, 'you have made a farce of the honour'.

20. auctoratos: of gladiators (who hire themselves out): so Hor. *Sat.* II. vii. 59. **munere** in the technical sense of 'a show' or games.

22. Vicae Potae: the word is explained by Cic. *de Legibus*, 11, "quod si fingenda nomina, Vicae Potae, id est vincendi potis atque potiundi".

PETRONIUS.

I.

5. poteram: the imperfect of what was just about to happen, I could have been', or rather 'would have been'.

8. Of the numerous African slaves at Rome the Alexandrines seem alone to have been highly prized: for example, the poor retainer in Juv. v. has a Moor to wait upon him (his master has *flos Asiae*), yet we also find among Trimalchio's slaves, 'duo Aethiopes capillati', who wait on the guests.

13. *Aen.* v. 1.

16. Atellanicos versus: such as would figure in an Atellana (*fabula*): the *Atellanae* were originally Campanian farces introduced at Rome about 300 B.C., and thrown into proper dramatic shape about 100 B.C.: their popularity lasted till the times of the emperors. The rustic farce of Juv. iii. 174 was probably an Atellana: even Cicero (*ad Fam.* ix. 167) speaks of them with some respect.

21. desperatum valde: *insanum valde* (Plautus, *Frag.*): somewhat similar is the Greek θαυμαστὸν ὅσον.

21. idem sutor: like Juvenal's 'hungry Greekling' (iii. 76, seq.).

22. omnis musae mancipium: cp. the proverb "omnis Minervae homo".

23. trecentis denariis: a low price. Davus (Hor. *Sat.* II. vii. 43) speaks of himself depreciatingly as purchased for "quingentis denariis": *trecentis denariis* would be, roughly speaking, over £10: for a dearer slave see Hor. *Ep.* II. iii. 5.

26. Cappadocem, proverbial (with the Cretans and Cilicians, τρία κάππα κάκιστα) for deceit, lying, &c.

26. defraudit (=*defraudat*): he doesn't deny himself anything.

27. nemo parentet: the meaning is apparently that he does wisely to enjoy himself during his life, for enjoyment is not an offering which relatives can give at a grave: for *parentalia*, which took place at various times of the year (especially in the third week in February), *vide* Dict. Ant. sub voc. Parentalia.

35. mulionum fata egit: acted scenes from the life of.

37. tanto melior: 'Bravo!'

II.

1. contentione: *i.e.* the uproar occasioned by the previous admission of the cook and household to the banquet.

2. lactem: sc. *lac.*

6. insulam: a lodging-house let out generally in tenements to 'inquilini'.

17. Petraitis, a gladiator: representations of gladiatorial shows were not uncommon on tombs.

19. in fronte pedes centum: Trimalchio can afford to have a larger grave enclosure than was usual.

23. hoc monumentum, &c.: *i.e.* the grave enclosure does not descend to the heir to treat as he likes. There are various abbreviations of this formula beside HMHNS, such as HM et LSS HNS (LSS=*locum sacrum sui*=the enclosure). Trimalchio wishes his elaborate tomb to remain undisturbed.

28. in fronte: I have supplied these words, as something is necessary before *monumenti.*

30. praetextatum...anulis: prerogatives which Trimalchio had acquired as a *sevir* (*vide* below).

32. binos denarios: *i.e.* at the cost of two denarii a head.

36. cicaronem: 'little boy'.

41. The inscription would perhaps run as follows:—

C. POMPEIUS TRIMALCHIO
MAECAENATIANUS HIC REQUIESCIT
HUIC SEVIRATUS ABSENTI
DECRETUS EST
CUM POSSET IN OMNIBUS ROMAE DECURIIS
ESSE, TAMEN NOLUIT,
PIUS, FORTIS, FIDELIS
SESTERTIUM RELIQUIT TRECENTIES
NEC UNQUAM PHILOSOPHUM
AUDIVIT
VALE: ET TU.

41. C. Pompeius Trimalchio Maecaenatianus: This title is undoubtedly intended by Petronius to suggest the snobbishness of the rich freedman: a slave on being manumitted prefixed the praenomen and nomen of his master to his own cognomen: *e.g.* we have the inscription (quoted by Jahn) on the tomb of a slave with the common name Dama: M. Fufius, M. L. (=Marci libertus) Dama. *Maecaenatianus*: in imperial and other important households where there were numberless slaves, it was the custom when a slave was transferred from another house that he should be known by the name of his previous master in addition to his own: so if the title here were to be accepted literally, it would mean, 'Trimalchio, formerly a slave of Maecenas, liberated by Pompeius'.

42. seviratus: in the municipia, in order to throw open a career for libertini, colleges of Augustales were formed (though we do find ingenui among them, *vide* Dict. Ant. sub voc.), which were intermediate between the decuriones and the ordinary municipies: sometimes the *seviri* (*sexviri*) are mentioned with them, sometimes not, but the most probable explanation is that the *seviri* having held office for a year (and having during their office been obliged to disburse money in giving some kind of shows or entertainments), then passed into the guild of Augustales. During the *seviratus* these were entitled to the praetexta and gold ring.

43. decuriis: *i.e.* the associations of scribae, lictores, praecones, viatores: *vide* Tac. *Ann.* xiii. 27 for the offices open to freedmen at Rome.

45. sestertium trecenties: 30,000,000 sesterces (with numeral adverbs *centena milia* is understood, but in this phrase *sestertium* is a neuter singular, cp. 'syngrapha sestertii centies' in Cic.).

46. Vale: et tu: an imaginary dialogue between the dead man and a passer-by.

III.

2. Corcillum, 'one's wits': *vide* Dict. sub voc. *corculum*, and also *cor* for the use of heart where we say head.

4. sterteia, 'lazy fellow'.

12. coheredem Caesari: to avoid suspicion or ill favour it was customary for prominent Romans to make the emperor a legatee: the emperor, of course, was not bound to accept the legacy.

15. contra, 'exchanged for as an equivalent'. The phrase is a remarkable one, as though the word is so used by Plautus the construction there is different, contra being adverbial: *i.e. auro contra* (*i.e. posito*).

27. *Vide* 45 above.

33. mathematicus, an astrologer: they were generally Chaldaeans, and seem to have first come into prominence towards the end of the Republic: decrees were at times passed expelling them (first of all in 140 B.C., but frequently re-enacted, as in 16 A.D., *vide* Tac. *Ann.* ii. 32). Their popularity was, doubtless, due to the spread of superstition, which increased in proportion to the decay in the belief in the old national religion. For a full note on the prominent part they took see Mayor ad Juv. xiv. 248.

36. **ab acia et acu**, 'from the very beginning', a proverbial phrase derived from needlework and tailoring.

39. **tu, &c.**: these are, of course, the words of the astrologer, which Habinna should remember.

40. **tu domum tuam de rebus pusillis fecisti**: I have accepted this conjecture. The text has *dominam tuam rebus illis*, which is difficult, and even if we retain it I doubt Friedländer's translation, 'Du hast dir deine Frau Gemalin von dem bewussten Ort geholt', 'you got your lady wife from the place you wot of'.

47. **dum Mercurius vigilat**, 'by the favour of fortune': *vigilare* seems to be a technical word for the assistance of the gods: *vide* ad fin. Conington's note to Virgil, *Aen.* viii. 3.

50. **cellationem**: a set of garrets for the slaves.

55. **assem habeas**. The miser in Horace (*Sat.* I. i. 62) quotes a similar proverb, probably, as Wickham points out, a saying of Lucilius (given by Schol. on Juv. iii. 143), "quantum habeas, tantum ipse sies tantique habearis".

58. **vitalia** = grave clothes: Trimalchio goes through the farce of being laid out for burial.

PLINY (THE ELDER).

I.

6. 'Who must be especially sacred in our estimation, as it is she who renders us sacred' (*i.e.* by providing us with tombs which are respected).

9. **cuius**: the antecedent is *terra*, *i.e.* we pray that the earth may lie heavy on them when they are no more (*iam nullis*): this is the opposite of Martial's wish in the well-known elegy on the slave-girl, Erotion, "Mollia non rigidus caespes tegat ossa, nec illi | Terra, gravis fueris: non fuit illa tibi" [v. 34], and of the common inscription S T T L. [*sit tibi terra levis*].

19. **Both vitali spiritu, &c., and in malis generantium** give the same idea: it is not the earth which nourishes such things that is to blame, but the principle which gives them birth.

22. **inertium nomine**: sc. in the place of those who are too indolent to do so.

29. **pabulo fieret**: like Polynices' body (*Antig.* 29) "οἰωνοῖς γλυκὺν θησαυρὸν εἰσορῶσι πρὸς χάριν βορᾶς".

31. *I.e.* 'by simply drinking this we may perish without bloodshed, without the loss of any portion of our body (*inlibato corpore*), without any struggle on our own part, but simply with a sensation of thirst, and in such a way that after death beasts and birds will not touch our corpse, but he who has died (thus) by his own hand is consecrated to the earth'.

39. adversus unam, &c.: against earth alone (in distinction to the other elements).

44. The sense seems to be 'penetramus in viscera terrae quae summa patiatur (ea) quae extrema cute tolerabilia videantur'.

55. Placatiore: the construction is rather obscure with *dea* as an abl. absolute: the meaning is that the goddess (*i.e.* the earth) shows herself more lenient (than we should expect) considering that (1) *omnes exitus*, &c., (2) *sanguine nostro*, &c.

II.

2. si modo est alius: the commentators seem to take *alius* as = other than the sun, which is not very satisfactory: it would be tempting to read *aliquis*, *i.e.* if there is some definite god (cp. 'si est *aliqui* sensus in morte'): Detlefsen tries to give a better sense to the passage (though *alius* still remains) by punctuating 'Quisquis est, deus si modo est, alius est', &c.

4. *I.e.* he combines in his own person feeling, sight, hearing, spirit (soul), mind, and is self-contained. The distinction of *anima* and *animus* is to be found in Lucretius, who shows that the former is spread through all the body, but that the ruling *animus* (which may be affected apart from the *anima*) is in a definite place: yet at times we see the *animus* and *anima* affected together (see Lucr. iii. 137, and Munro's notes ad loc.).

22. cepas: like the Egyptians. Cp. Juv. xv. 9.

40. Some edd. put the note of interrogation after *fateatur*, and connect *inridendum* with the next sentence. The meaning is practically the same: the names of the gods do not exist really, but in our interpretation of natural phenomena we construct them (I take *non interpretatione* as = *nisi interpretatione*): it is equally absurd to suppose that the highest existence (*illud quidquid est summum*) troubles itself about human matters. This conception of the gods is that of the Epicureans (cp. Lucr. i. 57, ii. 167).

46. digitis, *i.e.* by means of rings bearing their image.

50. fulminantem, *i.e.* Jupiter Tonans.

62. utramque paginam, *i.e.* fills both the debtor and creditor side of the balance-sheet.

66. sedere: 'gain acceptance'.

NOTES. 193

70. **offensiores pedum**: for the story of Augustus cp. Suet. *Aug.* 92: Pliny (xxviii. 28) tells us that some spat in their shoe as a preventive of bad luck: to begin with the left foot foremost (as Apuleius tells us he had an unfortunate habit of doing) was unlucky: for a similar reason the steps of temples were of an uneven number, in order that the worshipper might begin and end on the right foot.

81. **sera...nunquam inritas**: As the Greek proverb (of, I believe, uncertain authorship) has it "ὀψὲ θεῶν ἀλέουσι μύλοι, ἀλέουσι δὲ λεπτά", 'the mills of the gods grind slow, but they grind exceeding small'. Cp. also Juv. xiii. 100.

91. **ut facetis**, &c.: 'to treat in a lighter vein of proof our connection with the deity'.

III.

1. **Una**: Pliny is at fault, as there were several other cases in oriental dynasties.

2. **filia**, of Leotychides: **mater**, of Agis: **uxor**, of Archidamas.

4. **Curionum**: The first was praetor (121 B.C.), the second consul (76 B.C.), the third (not a man of very high character, though a friend of Cicero) was a tribune of the plebs, and in the next year (49 B.C.) propraetor in Sicily.

12. **proscriptura**: Sillig's emendation of MSS. *proscriptus*. The proscription was by the order of Antony.

16. **Ventidius** (Bassus): the **Asculano triumpho**, refers to the success of Cn. Pompeius in the Marsian (social war, 91-88), the chief struggle of 90 being at Asculum (in Picenum) between the Roman army and the native levies under Judacilius. V. served Caesar in Gaul and in the civil war, afterwards raised troops to support Antony (was consul suffectus 43 B.C.), and later was entrusted with the Parthian war, which he conducted with great military success. For his humble origin cp. Cic. *ad Fam.* x. 18.

18. **furnariae**: so Turnebus emends the unsatisfactory *fufinariae*: **caliga militare** = as a private soldier (for the use cp. Juv. xvi. 24).

20. **Cornelius** was a Spaniard: on his trial (on charge of illegal assumption of Roman citizenship) he was defended successfully by Cicero: the *ius virgarum*, of course, could not be exercised against a Roman citizen.

25. **Tuscularorum rebellantium**: this was in the final revolt of the Latin cities: "Tusculum was compelled (in 373 B.C.) to give up its commonwealth, and to enter into the burgess-bond of Rome—the first instance of a whole people being incorporated with the Roman commonwealth" (Mommsen, vol. I. p. 356).

37. In the manner of Herod Agrippa (*Acts* xii. 23).

38. **supremo somnio** *i.e.* that his wife appeared and beckoned him away: Appian says he died of fever: the Capitolium was

eventually dedicated by Q. Lutatius Catulus in 69 B.C. Dio's statement that the name of J. Caesar was afterwards substituted for that of Catulus seems quite at variance with Tacitus' words: Tac. *Hist.* iii. 72, "Lutatii Catuli nomen inter tot Caesarum opera usque ad Vitellium mansit. Ea tunc aedes cremabatur" (*i.e.* in the attack of the Vitellians 69 A.D. on Flavius Sabinus).

40. **hoc felicitati defuisse**, so also Tac. (loc. cit.): "hoc solum felicitati eius negatum".

44. **plurimus** is a correction of the MSS. *primus*.

56. **Metellus**: the story will be found at length in Ovid, *Fasti* vi. 436, seq.

61. **curru veheretur**: this will hardly tally with the statement of Gellius (see last extract) that senatores proper (in distinction to pedarii) all possessed this right.

63. **Q. Metellus** (died 115 B.C.), an opponent of the Gracchi and distinguished as an orator (Cic. *Brut.* xxi. 81): Cic. mentions the same facts about his sons, and adds also that he left behind him 'tres filias nuptas': at the time of his father's death the fourth son was a candidate for the consulship, hence Cicero elsewhere (*Philipp.* viii. 4) speaks of the sons as 'quattuor consulares'.

76. **censurae**, *i.c.* the strictness of his censorship.

79. **bonis consecratis**: the customary proceeding in such cases. Cp. Cic. *Pro Domo sua* 47, and also the account he gives of the seizure of the possessions of Roscius Amerinus (*Pro Roscio* viii. 21).

IV.

4. **Cornelia**, sc. *familia*.

9. **vanae**, for MSS. *rariae*.

10. **supremo**, for MSS. *suprema*.

12. With the whole passage cp. Lucr. in a similar strain, iii. 870, seq.

24. The readings of the MSS. vary: we have *delenimentorum* and *clementorum*.

29. **genitis**, for MSS. *gentis*.

32. **obituri**, for MSS. *obitusi*.

V.

11. **rosa**: from *rodo*: 'eaten away'.

16. **haud promptis rebus**: 'not easily discovered qualities'.

25. **fastigata longitudine**: *i.e.* their long tapering shape ending in a full bulb: Juvenal, in his criticism of the rich woman (vi. 459), tells us that she thinks nothing base when "Auribus extentis magnos commisit elenchos".

NOTES. 195

25. **alabastrorum**: like ointment boxes (cp. *St. Matt.* xxvi. 7), *i.e.* flasks with long narrow necks to let the fragrant oil escape drop by drop.

26. The accusative **pleniorem orbem** is better with *desinentes* than the abl. of the MSS.

31. **lictorem feminae**: *i.e.* it was the privilege of wives of the imperial house to be attended by lictors.

40. **insecto**, notched: in the next line **grandini** would seem naturally to mean 'hailstones'; but Hardouin would make it mean 'like the spotted measles of swine'.

52. **In Britannia**: so Tac. *Agr.* 12 "margarita sed subfusca ac liventia".

62. **quadringentiens H.S.**: *i.e.* 40,000,000 sesterces, considerably over £300,000.

63. 'Prepared to prove the price paid by means of the receipts': the bracketed words *spira* and *monilibus* seem glosses added to explain the decorations on the hair and neck.

66. **Lollius**: he was governor in Galatia and afterwards in Gaul: he accompanied the young Gaius as tutor to the east, and is said to have accepted bribes from the princes in return for promises of imperial favour.

70. **Curius, Fabricius**: stock examples of simplicity, cp. Hor. *Odes* I. xii. 40.

87. **taxationem**, *i.e.* the *centiens H.S.*

VI.

2. **densante se frondium germine**, *i.e.* 'when the buds begin to break into leaves'.

3. **in novissimum**: not in the last place (a litotes).

5. For this very difficult passage it is possible to give rather different translations. The difficulty is increased by the fact that we have not only to explain the verbs, but also the adjectives which are grammatically in agreement with *spiritu.* To Mr. P. V. M. Benecke, of Magdalen College, I owe the following suggestions—"*continuo spiritu* must mean that the song is on one note which is taken as it were in one breath; *variatur inflexo* that the song varies as the pitch is changed; *distinguitur conciso*, the notes are separated, the breath being sharply arrested; *copulatur intorto*, the notes are closely bound together as the breath is prolonged; *promittitur revocato*, a sudden outburst after a fresh breath; *infuscatur ex inopinato*, a sudden cessation. The remaining epithets do not follow one another in any special order: 'now she is murmuring to herself, now uttering her full voice, now lower, now higher, now in rapidly repeated sounds (*creber*), now in prolonged notes, now in shakes

(*vibrans*), darting all over her voice from the upper to the middle or lower notes'."

14. **Stesichorus**: of Himera (circa 630-550 B.C.). His real name seems to have been Tisias: he is important in the history of the drama by having permanently established the three divisions of the choral song—strophe, antistrophe,'epode (*i.e.* τὰ τρία τοῦ Στησιχόρου).

24. H.S. VI. *i.e.* 6000 sesterces.

27. Similar toys are not unknown in our own day: cp. Petron. *Cena Trimalchionis* 68, "puer luscinias coepit imitari": and 69, "harundinibus quassis choraulas imitatus est": it is doubtful whether *lingua* means the actual tongue or an artificial arrangement: *indiscreta* is to be taken with *similitudine*.

VII.

1. As various kinds of wine are here mentioned, it may be pointed out that the processes were (1) treading out the grapes with the naked feet (*calcare*), the produce being *mustum* and being used for the best quality; (2) *pressum* or *expressum* by means of a press, and largely used in the composition of *mulsum*; (3) sometimes the grapes were allowed to wither after being stretched on trellis-work, and the wine made from these was called *passum* and was stronger and sweeter; (4) if the juice of these grapes was boiled down to ½ of its original volume it was called *defrutum* (and much used for mixing with or doctoring other wines), if to ⅓ it bore the name *sapa*; (5) even in the case of the best wine or *mulsum*, it was customary—however repugnant the idea may seem to a modern palate—to mix it with aloes or myrrh (cp. Juv. vi. 303, "perfusa mero unguenta Falerno"); (6) the *mulsum* was made by mixing honey in various proportions (one part to five being perhaps the maximum), with the wine (generally of class 2); (7) there was a cheap wine *lora* described in the opening lines of this extract. Though we have plenty of allusions to rare and curious old wines "cadum Marsi memorem duelli" (Hor. *Odes* III. xiv. 18, and cp. *Ep.* I. v. 4), "calcatam bellis socialibus uvam" (Juv. v. 30: though of course the age of the wine is intentionally exaggerated), or in the *Cena Trimalchionis* "Falernum Opimianum annorum centum" (again a fictitious age, as Opimius' date is 121 B.C., and Cicero in the *Brutus* speaks of it as being too old even at that time), yet the fact that it was an habitual practice to mix water with the wine in proportion varying from 1 to 3 or 3 to 1 (Hor. *Odes* III. xix. 11: cp. also Martial's epigram on the huxter of Ravenna (iii. 57) "cum peterem mixtum, vendidit ille merum") proves that the Romans were accustomed to drink new and strong wine. The best of the Italian wines were the Caecuban and the Falernian: for the various ways in which wine was treated after being made, see Excursus iv. to Becker's *Charicles*.

2. **Cato**: *i.e.* in the *De Re Rustica*.

7. The meaning is that water is added in quantity equal to a third of the wine already extracted, and after a further crushing of the skins the juice extracted is reduced by boiling to a third of its original volume.

23. **circa pericula arbusti**: probably means the danger of climbing the trees. Pliny elsewhere tells us that, owing to the height of the trees on which the vines were trained, the vine-gatherer contracted that in case of accidents he should be provided with a funeral pyre and tomb at the owner's expense.

39. **lactis**: the word is wanting in the MSS.

42. **remiges**: so Hertz emends the unsatisfactory *remeans*.

54. **Pseudolo**: of Plautus.

58. **murrinam**, see note on line 1 (5): **passum**, *ib.* (3): **defrutum** *ib.* (4).

68. **comico versu**: the author is unknown.

VIII.

2. **Apelles**: here spoken of as a native of Cos; others ascribe him to Ephesus or Colophon.

13. **manum de tabula**: used also by Cicero as a proverb: "sed heus tu manum de tabula" (*ad Fam.* vii. 25. 1).

16. **hoc est**: *i.e.* the principles of perspective.

21. **aptatam**: a blank canvas stretched for painting.

24. What the rivals drew is a matter of considerable doubt: (1) it is suggested that Apelles drew a profile of himself on the canvas; that Protogenes drew another profile inside this only with finer outline, and that Apelles on returning drew a still finer profile *between* the first and the second: (2) that Protogenes' line by means of using a different colour divided the outline drawn by Apelles, who again bisected the line of his rival by drawing one still finer.

28. **cadere in alium**: *i.e.* could not be the work of any one else's hand.

42. 'Nulla dies sine linea': we have later (I think as quoted by Erasmus) the proverbial saying in a verse, 'nulla dies abeat, quin linea ducta supersit'.

QUINTILIAN.

I.

1. **Marcello Victori**: the friend of Quintilian, to whom the whole *Institutio Oratoria* is dedicated.

14. **repetito vulnere**: *i.e.* the younger son: see line 39.

17. **corruptae eloquentiae**: see Introduction to Quintilian: it was probably a similar work to Tacitus' Dialogue.

18. **optimum fuit, infaustum opus**: 'it would have been better for me to have thrown that ill-omened work, &c., on to the untimely pyre'.

29. **matre**: the name is not known.

40. **ambitiosus**, 'I do not wish to make a show of my griefs'.

42. **qui** = how?

63. The meaning is that the young Quintilian was so far advanced for his years that it was natural to fear the thunderbolt of the envy of the gods: *invidia* here corresponds to the Greek φθόνος, which, as the motive which causes the gods to bring ruin on men, figures so much in Herodotus (see esp. iii. 40).

82. The reading in this and the following lines is open to question: *prius* is in all MSS., and must mean 'before your death': some edd. emend it to *patris* (i.e. young Quintilian's adoptive father): in the next line *omnium spes* is difficult, and the ablative makes the sense more apparent: *acutissimae* is a conj. for the MSS. *acutis* or *acutae* (some accept the fairly happy conj. *Atticae*, for which see note on Messalla (III. 172 below): *tantum poenas* as read is an aposiopesis, which the old edd. avoid by reading *tantum ad poenas amisi*.

98. **contumacius**: in good sense 'with greater firmness', cp. Tac. *Hist.* i. 3.

102. 'It is but just and kind (**aequum est boni**) to look with indulgence on.'

105. **sicut facultates**: 'like the goods our father left us'.

II.

9. **ridicula**: absurd: see on III. 194 below.

17. **An ille dolebit**, &c.: cp. Persius' attack on the pleaders who neglected this principle (Persius i. 81, seq.), and for other requisites to produce emotion (*i.e.* knowledge of the audience addressed), cp. Antonius answer to Crassus (Cic. *de Orat.* i. 54, seq.), where he says "teneat oportet venas (have a finger on the pulse of) cuiusque generis, aetatis et ordinis".

51. **Excussi**, Virg. *Aen.* ix. 476: **Levique**, xi. 40: **positis insignibus**, xi. 89: **et dulces**, x. 782.

53. **ultimi fati**, &c. = of a dying man.

65. **periclitantium vice**. 'as if we ourselves were in danger'.

III.

In this long passage I have only attempted to give brief details of the less known names: fuller particulars can be found in the larger

Dictionary of Classical Biography; or, better still, in Peterson's edition of this tenth book of Quintilian: to the latter I owe much information on this passage.

5. **Afro Domitio**: distinguished orator under the early empire (died 59 A.D.), vide Tac. *Ann.* iv. 52.

8, 9. **ut ... cesserimus ita**: 'while we must bow before the celestial genius of Homer, yet in Virgil there is', &c.: *ut* and *ita* are antithetic, and *cesserimus* is a potential subjunctive, as in line 101.

12. **aequalitate** = more evenness or consistent excellence.

13. **Macer**: a contemporary of Virgil, whose works are lost.

15. **Varro Atacinus** (so-called from river Atax in Gallia Narbonensis), 82-37 B.C.: **nomen est assecutus**, *i.e.* through the Argonautica (based, like the poem of Val. Flaccus, on Apollonius Rhodius).

24. **Cornelius Severus**: friend of Ovid: his *primus liber* is unknown.

26. For **bellum Siculum** Scaliger would read *bellum civile*: Peterson suggests that *bellum Siculum* may be a gloss to explain *primi libri*: the *bellum Siculum* was that against Sextus Pompeius.

27. **Serranum**: a generally adopted conjecture to replace the otherwise inexplicable MSS. *ferrenum* or *farrenum*: for *Serranus* see Juv. vii. 79 (Mayor's note).

32. **Bassum**: a poet and orator: vide Juv. vii. 80.

33. **Rabirius** and **Pedo** were two friends of Ovid.

36. **Germanicum Augustum**, *i.e.* Domitian, who assumed the title after a campaign in Germany.

44. Domitian posed as the child of Minerva: Peterson reads the genitive.

49. Virg. *Ecl.* viii. 13 of Pollio.

53. **Satira**: frequently derived from *satura*, *i.e. lanx satura*, a hotch-potch of various vegetables; it is claimed as distinctively Roman as dealing with Roman subjects, and not being political satire like the old Greek comedy: for a discussion of the word see Palmer's Introduction to his edition of Horace's satires. Lucilius was the main writer of the satira ("Lucilius ardens", Juv. i. 165): "fluere lutulentum", Hor. *Sat.* I. 4, 11.

61. **nisi** (some MSS. *non*) **labor eius amore** does not seem a very happy phrase, though Quintilian uses the verb *labor* elsewhere in this sense: the old editors read *ad notandos hominum amores* (? *mores*) *praecipuus*.

63. **hodieque et qui**: if we retain this reading (as both Bonnell and Peterson do) it = *hodie quoque* (a silver-age use of *hodieque*) *et qui* (the relative sentence being added as an afterthought): some edd. read simply *hodie qui*.

66. Terentius Varro (flourished in earlier part of first century B.C.): a voluminous writer best known perhaps through his Menippean satires (Petronius' work is a later instance of the satira Menippea: vide introd. note to Petronius).

71. quibusdam interpositus: probably means 'interspersed with other metres'.

72. Bibaculus: a writer of lampoons: Cremutius Cordus, A.D. 25, when on his defence on charge of having written in praise of Brutus and Cassius (see Tac. *Ann.* iv. 34), mentioned in support of freedom of speech that the poems of Bibaculus had been tolerated by Julius Caesar and Augustus.

76. Cassius Bassus the friend, and editor of Persius' poems: said to have perished in the eruption of Vesuvius (with Pliny the elder): wrote a work on metres (see Jahn's note, quoted by Conington on Persius, Sat. vi.).

78. Attius (Accius) (170–90 B.C.): **Pacuvius** (220–132 B.C.): for these early Roman tragedians, see Sellar's chapter on early Roman Tragedy (*Roman Poets*, 1st series ch. v.).

84. Varius: the epic (and Augustan) poet so often referred to by Horace (*Sat.* i. 5. 40, and elsewhere): his Thyestes was performed at the games celebrating Actium: it is mentioned (in conjunction with Ovid's *Medea*) by Tacitus in the Dialogue about orators.

91. sententia = following the verdict of: **Stilo** being the earliest of Roman critical philologists.

93. Caecilius: the famous Roman comedian, the successor of Plautus, and patron of Terence (for this cp. Cruttwell *Hist. Rom. Litr.*, p. 49).

100. Togatae, *i.e.* comedies acted in the Roman dress as opp. to *palliatae* (admittedly borrowed from Greece and acted in Greek pallium).

101. cesserit: vide line 8 above, *cesserimus*.

104. candoris: either 'frankness of judgment' (a late use of the word) or transparency (so Peterson).

111. Nonianus: an orator, and afterwards an historian in the early days of empire.

114. Bassus Aufidius: see scheme of the silver age writers.

119, 120. The reading is doubtful: the MSS. *nec immerito remitti (rem uti)* is untranslateable: Bonnell reads *imitatorem, ut cui libertus*: recent edd. accept the conj. *Cremuti* (Cremutius Cordus, vide note 72 supra).

134. inventio: management of the subject: Cornificius (about 80 B.C.), if he be the author of the Rhetorica ad Herennium, divides the orator's duty into five parts—*inventio, dispositio, memoria, elocutio, pronuntiatio* (vide Wilkins' Introd. to Cic. *de Oratore* I). *Inventio* here would cover the first two divisions.

151. ut ait Pindarus: there is nothing in the Pindaric writings we possess which really corresponds to this.

169. Asinius Pollio: a soldier, poet, and historian, belonging to the clique of Maecenas: his praises are sung by Horace (*Odes* ii. 1): see also note on Sel. V. of Vell. Paterculus.

172. Messalla: (64 B.C.—8 A.D.) friend of Tibullus: Tacitus in his Dialogue speaks of him as being even more strict in his choice of words than Cicero: he inclined, therefore, to the Attic school of oratory (who aimed at simplicity): the other schools were the Asianic, whose idea was rhetorical ornament (Hortensius being an example), and an intermediate or eclectic school, the Rhodian (to which Cicero belongs): Calvus (184) belongs to the Attic.

183. nimia contra se calumnia: too strict self-criticism.

188. Sulpicius: a leading jurist of Cicero's day: if he had no other title to fame, it would still rest secure on his famous letter of consolation to Cicero on the death of his daughter Tullia (*ad Fam.* iv. 5), a letter which, as Melmoth well says, "has drawn together whatever human philosophy has of force to compose the perturbations of a mind under the disquietude of severe afflictions".

190. Cassius Severus: banished (24 A.D.) for libellous writings: Tac. *Ann.* iv. 21, speaks of him as "maleficae vitae sed orandi validus".

194. ut amari...ridicula: the sense of the passage turns on the meaning we assign to *ridicula*: if it = mirth-provoking, then the sense is 'though his wit is bitter, yet even bitterness of wit excites our mirth'. On the other hand, as the sentence follows a criticism of Severus, it is better perhaps to take *ridicula* as = absurd (it is a late use of the word, but Quintilian so employs it in the sixth book), and translate 'his wit is bitter, but mere bitterness is absurd' (*i.e.* we want something more to constitute true merit).

197. Iulius Africanus: an orator, a native of Gaul, and a rival of Afer (see line 5 supra).

202. Trachalus: consul 68 A.D., a friend of Otho (for the story see Tac. *Hist.* i. 90).

207. Vibrus Crispus: distinguished as an orator, but even more as a successful and wealthy delator under Nero: for his influence see Juv. iv. 82, seq. (with Mayor's note), and cp. Martial viii. 99.

209. Iulius Secundus: one of the characters of Tacitus' Dialogue (on which see note).

231. Celsus (vide scheme of silver age writers, where a rather different view of Quintilian is quoted).

231. Sextios: a father and son, who expounded Pythagorean doctrines, and founded a philosophical school.

232. Plautus: the reading is doubtful; the old edd. give *Plancus*.

234. Catius: a Gaul by birth and contemporary of Cicero: he appears to be the same Catius under whose name Horace jests at the Epicureans (vide Wickham's Introd. to Sat. ii. 4).

234. Seneca: for Gellius' criticism see Sel. IV. of Gellius, and for Seneca vide Introduction to the selections from his writings.

261. The MSS. have *si aliqua* and *si parum*: Bonnell, while retaining *aliqua* (which, though difficult, is possible), reads *si partem*: I adopt Wölfflin's conj. of *obliqua*, read also by Peterson (for whose critical note on the passage see his edition, p. 207).

IV.

1. I have included this selection to show how elaborately Quintilian deals with the smallest details of his subject. Gesture with the hand was an important requisite of the orator (indeed all gesture seems to have been more studied by the Romans than the Greeks), and it is a little hard for us to see the exact meaning of some of Quintilian's directions, or when comprehended to understand their value: the latter part of the section on gesture of the hand I have omitted for this reason. Roughly speaking, the gestures he gives depend on five movements of the hand, up and down, right and left, and in front: the circular sweep he condemns, and says the gesture behind one is rare. Of the three classes of gesture which appear in this selection we have—(a) those which are formed by the junction of the middle finger (sometimes the first and middle fingers) with the thumb, while the other three are spread out (ll. 25-37); (β) those depending on the index or first finger, with the other three kept down by the thumb, or the first finger slightly pressed by the thumb and second finger; (γ) that which is produced by raising the hand, with the tops of the fingers meeting, and then dropping it in front in a deprecatory manner. Those who are familiar with Naples will know what a large place gesture still takes in Italian conversation.

7. **saltator**: for the indignity which attached to this word cp. Cic. *Pro Murena* 6. 13, where it is called "maledictum ex trivio aut scurrarum aliquo convicio".

15. **stetit soleatus**: Cic. *Verr.* 2. 5. 33.

17. **Caedebatur**, *Ib.* 2. 4. 8.

21. **Hydriae—Georgo**: two comedies of Menander.

26. Vide general note above.

27. **principiis utilis**: useful for the opening (or exordium) of a speech: the hand in this position is moved to right or left (*in utramque partem*) with a corresponding turn of head and shoulders.

30. The meaning is that it emphasizes the truth of a narrative when extended a little farther, or, if farther still, is useful in invective.

35. cubito pronuntiant: the meaning is that, if the hand be brought too far across to the left, one delivers the speech with (or over) the elbow.

39. usum Crassi: Cicero mentions Crassus' use of the index finger (*De Or.* ii. 45).

41. With the hand raised to the shoulder and the fore-finger bent we get assertion, if it point downward insistence, or thirdly (? if pointed up) number (presumably the number one): in argument, if the thumb and middle finger touch the index, then the other fingers are moderately bent when the top joint of the index is touched, but more so, if the second joint.

48. This is the third gesture (see first note, ad fin.).

53. The *De Corona*.

55. The *Pro Archia*, and compare also the opening of the *Pro Sexto Roscio*.

V.

1. M. Cato: in his book *De Oratore*: the saying is quoted by the elder Seneca: for Cicero's different view of the relation between the orator and good man cp. *De Inventione* I. 3. 4, where he points out that eloquence at one time fell into disrepute owing to its being acquired by bold pretenders.

4. Id non ec tantum: it is important not merely because, &c.: the second reason is not given.

9. Quid, &c.: *i.e.* I can take a wider proof than my own case.

16. Longius: 'these are further results of my opinion'.

27. The reasons given are in main—(1) he is not a wise man, because if he was wise he would not be evil; (2) he has not time to devote to the study; (3) his mind is preoccupied with anxiety; (4) the better a man is in character, other qualities being equal, the more perfect he will be; (5) the bad man does not know how to deal with an audience from his contempt of public opinion, and he is most liable to be disbelieved.

78. sequitur: *i.e.* they waste their efforts in trying to prove impossibilities.

89. 'Demosthenes' character does not seem to me to deserve such grave reprehension.'

94. Testimonio est: 'Take as a proof'.

95. consulatus in 63 B.C. **provincia** in: Cilicia (51 B.C.).

96. vigintiviratus, the commissioners appointed to carry out the Lex Julia (59 B.C.) for distributing the ager Campanus among poor citizens. Cicero's opposition to the execution of this law led to the reconciliation of the Triumvirs in 56 B.C. (vide Mommsen, vol. iv. p. 306, seq.).

VI.

1. A short and interesting exposition of Quintilian's views on education will be found in Hobhouse's *Theory of Ancient Education* (Oxford Prize Essays).

12. **robustior**: 'has more substance'.

18. **sinuosa**: 'wanders from the point with far-fetched descriptions'.

30, seq. *I.e.* the child whose framework has no superfluous flesh upon it is not likely to become a strong man (whether this be true physiologically or not I do not know).

36. **in qua ingenium**: 'when the critical faculty takes the place of the inventive'.

40. **sit modo**: 'provided there be some material left for the chisel or the graving tool' (*i.e.* if we draw out the metal plate (*laminam*) too fine, it may break when we come to work on it).

44. **Volo enim.** Cic. *de Or.* ii. 21.

54. **nec musta**: *i.e.* new wine should not lose its sweetness too quickly: it is the full-bodied wines which mature slowly (and become 'dry'), which are valuable many years afterwards.

72. Before **posse** understand 'to say'.

VII.

10. **illum vehementis impetus**, 'and despite the violence of his attack', lit. = the man of the violent attack: **mollis articulus** = nimble (or gentle) movement of the joints, or, as we might say, 'a mere turn of the wrist'.

18. **cum periculo**: 'to the peril of the client whose case he has undertaken'.

28. **cura docendi**: 'the pains to support their statements'.

32. **Sententiae**: 'fine sentiments': '*sentences*' is so used in Shakespeare, cp. *Merchant of Venice*, "Fine sentences and well expressed".

34. **inter umbras.** Cic. *de Or.* iii. 26.

36. **contumeliose**: 'that the true orator would regard such an epithet as an insult'.

40. *I.e.* the reduction in quantity is counterbalanced by the improvement in quality.

42. **Nam et clamant**: like a *saltator* (see IV. 6 above).

TACITUS.

I.

1. Gaio Caesare tertium consule, *i.e.* 40 A.D.—as the consulship of Collega and Priscus was 93 A.D.

2. **quarto**: the *sexto* of the MSS. seems an error.

5. **metus**: active, 'inspiring fear or formidable'.

12. **speciosae**: in good sense: as we say a 'handsome fortune': the MS. (we have two copies of one MS. of the Agricola) has *non contigerant*, which seems quite contrary to the obvious sense.

16. **non licuit**: these words are supplied by Meiser to soften the harshness of the construction.

17. **augurio votisque ominabatur**: a zeugma: 'foretold and prayed for.'

22, seq. Of the persons referred to Metius was Nero's favourite dwarf and the delator of Senecio, Messalinus a delator, Baebius a mountebank, who became a delator: he had previously been condemned for extortion in the province of Baetica, but escaped punishment; Helvidius (the son of the more famous Helvidius Priscus) was condemned for ridiculing Domitian in a farce, Mauricius and Rusticus were two brothers, one banished and the other executed by Domitian, and Senecius was put to death (acc. to Dio Cass.) for writing the life of the elder Helvidius.

28. **nostrae manus**: *i.e.*, the senators of the time.

29. The zeugma by which Tacitus makes Visus and Senecio 'bathe us in blood' is undeniably harsh and undesirable: to read *visus pudore* may perhaps be better, but even then it is not a happy phrase, so I leave the statement in its own nakedness.

33. **subscriberentur**: technical: were made subjects for delation.

47. **uxore**: Domitia.

55. **et immortalibus**: the MSS. have *temporalibus*, and the difficulty can only be avoided by either reading as in the text, or else *quam temporalibus*.

56. **similitudine decoremus**: the MS., which is obviously corrupt, reads either *militum* or *multum decoramus*: beside *similitudine, aemulatu* has also been read by some edd., and *colamus* for *decoramus*.

59. **formam.** MSS. *famam*: Muretus conj. *formam*.

II.

7. **orbitati**: in search of a legacy: for a description of the kind of legacy-hunting meant see Juv. v. 137, seq.: **non officii**, &c. = or because one has the enjoyment of a public office.

13. urbis: MSS. *orbis*, which is perhaps extravagant.

15. togatorum: retainers or clients in full dress (for *togatus* see Mayor on Juv. i. 76). Juvenal tells us that in many parts of Italy the toga was never put on except for the purpose of being buried in it.

15. comitatus et egressus: 'what a following when one goes abroad' (Peterson).

20. induerit: sc. *sibi induerit*.

29. quamquam alia: this is the MSS. reading, and will make sense, though Nissen's *grata quae* is undoubtedly easier.

32. Equidem: the speaker is Aper, a famous pleader of the day: in the opening part of the dialogue we have a discussion between him and Maternus, a poet and pleader, on the subject of poetry and oratory: in the latter part between Aper and Messalla, the former championing the methods of his own day, the latter attacking them as degenerate, and praising the old school.

37. apud patres: some such phrase is clearly necessary for the balancing of the sentence.

38. centumviros: important civil courts for deciding questions of inheritance, &c.: Pliny complains that young pleaders should make their first essay in these courts, beginning with what is most important, 'like schoolboys with Homer'.

44. Quinam: *nam* is Orelli's conjecture for *non*.

50. digito: cp. Persius i. 28.

III.

4. emergentis: some edd. regard this as a gloss. Lipsius reads *se mergentis*.

20. pretiumque, &c., wonder at the price they receive.

26. quae: rather a complicated expression, the antecedent being *tura* and *balsama*, and not *nemora*.

IV.

1. nuntium pugnae: the first battle of Bedriacum (April 19, 69 A.D.), in which the Vitellian troops were successful: in the second (fought in October) the Vitellian troops were in turn defeated by the advance portion of Vespasian's army, under Antonius Primus (for an account of the two battles see Spooner Tac. *Histories*, Introd. p. 75, seq.).

7. furore quodam et instinctu: hendiadys 'with mad enthusiasm'.

14. ut: according as he.

NOTES. 207

19. nemo dubitet: *i.e.*, in Tacitus' day: Mommsen, comparing this account with that of Plutarch, comes to the conclusion that Tacitus is guilty of a gross exaggeration.

32. tenuerint: *may have*: **reliquerit**: *could* have.

42. irent: the subj. is probably dependent on *movebat*, though it may be taken with *appellatos*.

57. Servios: *i.e.* Servius Sulpicius Galba, the predecessor of Otho.

65. Virginius (Rufus), governor of Germany under Nero: he put down a rising of Vindex, and might have had the imperial power in the place of Galba.

69. duobus: an obvious conject. from the context, esp. as Plutarch mentions the two daggers.

75. ambitiosis: urgent.

79. noxa: 'for any offence they had committed'.

V.

12. videbantur: it is simpler to take *Roma et opes* as the subject 'seemed to be withheld from him', than to take *Hicrosolyma*, and make *morari* active.

36. Bargioram: if the text be right Tacitus is wrong, as the leaders were John of Giscala and Simon Bargiora: the difficulty might be avoided by altering the position of the words.

49. excedentium: the μεταβαίνωμεν ἐντεῦθεν of Josephus: for the general idea cp. Virg. *Aen.* i. 351.

53. ambages so the MSS., though the use in nom. sing. is a solecism.

VI.

4. spei...admotus: 'connected with your hopes'.

5. ut = since (Madv. 441).

6. honorum: reaching to consul (*suffectus*) in 57 A.D.

9. Mytilenense secretum: Agrippa received, 23 A.D., a command in the East, but retired to Mitylene to avoid the jealousy of Marcellus (whose sister he had married, though he afterwards divorced her to marry Julia). Maecenas lived eight years in seclusion.

15. umbra: the life of the study or the lecture-room as opposed to the camp or the *pulvis forensis*.

22. hortos exstruit: *i.e.* laid out with terraces, &c.: cp. the *marmorei horti* of Lucan (Juv. vii. 81).

38. visum summi: *visum* is difficult, and must be taken presumably to mean 'seen under Claudius' rule': *nisum* is not much better: *summi*, the adj., though not in MSS., seems necessary with *fastigii*, though Furneaux ad loc. quotes an instance of the use of *fastigium* by itself.

57. **libertinos**: notably Pallas (cp. Juv. i. 109, where see Mayor's note and ref.).

62. **me Claudio postponis**: sc. 'in acts of generosity'.

66. **lubricum adulescentiae declinat**: 'the uncertainty of my youth causes me to err': Tacitus is fond of using the neuter of adjectives as substantives with a dependent genitive, so "humido pallidum", "inculta montium", and more strikingly, "alia honorum" (*Ann.* i. 9): (*in*) *lubrico*, however, appears in Cicero as a substantive, and Pliny the younger has "lubricum aetatis", so that perhaps this cannot be counted as parallel to the other instances. In the next line *ornatum* should be taken in conjunction with *subsidio*.

VII.

2. The suggestion is probably that he wished to add some special bequests to his will.

6. **fructum**—Halm's reading: the MSS. have *tam*.

9. **sapientiae**: philosophy: *i.e.* Stoic (vide note on Sel. III. of Seneca).

15. **adversus praesentem fortitudinem**: in contrast with the fortitude he was showing: if we read *formidinem* it = with a view to the danger which threatened (see Furneaux ad loc.).

34. **in vulgus edita**: among the lost works: **invertere** = to adapt or paraphrase.

35. **supersedeo**: I think it useless.

37. **iubet**: not in MSS., but some such word is essential.

40. **promptum ad** = ready to believe.

49. **venenum**: *i.e.* hemlock: the chilling effect of hemlock (*gelidas cicutas* as Juv. calls it, vii. 206) first seized the extremities: so Dionysus (*Frogs* 123), in talking of the different ways of death, calls that by hemlock ψυχρὸν γε καὶ δυσχείμερον | εὐθὺς γὰρ ἀποπήγνυσι τἀντικνήμια: a rapid circulation more quickly brought the hemlock to the vital organs, and the hot bath was intended to accelerate the senile flow of Seneca's blood.

PLINY (THE YOUNGER).

I.

2. The account of single days seems to square up, but the general account (*cuncta ratio*) of several days does not do so: *cuncta* is much better than the inferior *cunctis*: the meaning is clear, *i.e.* that how-

ever well one seems to have spent each individual day the result of a number of these days is unsatisfactory.

4. **togae viriles**: *i.e.* of youths taking off the *praetexta* and *bulla* and assuming the *toga*; cp. Persius v. 30, "cum primum pavido custos mihi purpura cessit, Bullaque succinctis Laribus donata pependit".

6. **advocationem**: sc. to support him by my presence in court: **consilium** may be taken generally, and there is nothing to show us that it means 'to act as an assessor'.

9. **frigidis**: unprofitable.

II.

1. Considerable ingenuity has been displayed in attempts to reconstruct Pliny's villa: it must be remembered that the Romans aimed rather at adapting their villas to suit the nature of the site than to comply to any strict architectural form.

5. **salvo and composito**: these words seem to refer to a well-spent day in Rome rather than to the time spent in the villa (which I take to be the meaning ascribed by Lewis and Short to the passage when they give *compositus* as = quiet, undisturbed).

9. **iunctis**: sc. *equis*, in a carriage.

17. **D**: there is a question as to the reading (between O, D, Δ): the objection to O is not very great, as the letter O was an oval rather than a circle: but the best view is that the porticoes are like two D's, *i.e.* D Ꟈ.

24. **valvas...fenestras**: both served as windows, the former being folding and reaching to the ground (such as are common in the modern villa).

32. **obiectu**: by the projection.

34. **continet**: collects and augments.

35. **nubilum and serenum**: are used as substantives: the meaning is that it is darkness and not cold which makes one cease to use the place.

37. **hapsida**: prob. 'of semicircular form', and not 'with an arched roof'.

41. **tubulatus**: tunnel-shaped: the MSS. are corrupt here, as we have *sublatus*, *subulatus*, and *tabulatus* (*i.e.* made of boards).

47. **plurimo sole**: well lighted by sun and sea.

53. **si mare**: if you consider the nearness of the sea: this gives a better sense than the reading *nare*.

55. **cellae**: *i.e.* the *tepidarium* and the *caldarium*.

63. **apotheca**: to store the amphorae of wine (see Becker's *Gallus*, Excursus iv.).

77. prope publici operis: almost large enough to seem a public work.

78. The reading given is a simple emendation (that of Keil) of the MSS. *ab horto singulae, sed alternis pauciores*, which can only, I suppose, mean that there was less than one window for each two on the sea side.

87. *I.e.* when the sun was nearly overhead the shade of the cryptoporticus would fall only on the xystus, but when the rays of the sun struck the cryptoporticus slantwise the shade thrown by the building would gradually increase.

95. deinceps cryptoporticus: it seems necessary to take *cryptoporticus* as genitive depending on *capite*: *deinceps*, then, can hardly mean much more than 'and': I have since consulted the note of Church and Brobribb, and from their statement that "this cryptoporticus is distinct from the one previously mentioned", I infer that they take *cryptoporticus* here as a nominative. For *deinceps* there is a variant *deinde*.

98. zotheca: a sort of recess curtained off (would properly mean a cage for animals).

107. andron: sc. a vacant space between two walls to deaden sounds.

119. deficitur: the drawback to the beauty of the situation is the want of fresh water.

III.

7. Pomponi: he was accused with P. Vitellius at the time of the fall of Sejanus (31 A.D.). Tac. *Ann.* v. 8 describes him as "multa morum elegantia et ingenio inlustri": he was released by Caligula.

12. Drusi: the stepson of Augustus and younger brother of Tiberius: he distinguished himself greatly in campaigns in Germany beginning 15 B.C., his object being apparently to make the Elbe the boundary instead of the Rhine: he died B.C. 9 from a fall from his horse.

15. volumina: *i.e.* rolls of papyrus, several of which might form one liber.

20. Aufidii Bassi: see scheme of the silver age writers.

29. auspicandi: a good omen: *i.e.* lighting a candle in honour of the god of fire.

37. cibum: *i.e.* his jentaculum or breakfast.

49. versus: *i.e.* lines of prose: for the construction with *amplius* see Madvig § 305.

53. in secessu: 'while on his holiday'.

54. de interioribus: sc. *balnei*, *i.e.* the actual operation of bathing.

NOTES. 211

65. opisthographi: the use of these would seem to show Pliny's economy, as *opisthographi* was generally used for unimportant subjects (such as school-boys' exercises). See Mayor's note on "scriptus et in tergo necdum finitus Orestes" (Juv. i. 6).

67. procuraret: *i.e.* as an imperial officer in charge of the fiscus: the career of a well-known Roman began with service in the army (centurio primipilus, praefectus cohortis, tribunus militum, praefectus alae), and he then entered political life, and qualified as here for imperial office (procurator, later legatus Caesaris) or after holding praetorship and consulship for senatorial provinces as propraetor or proconsul.

IV.

3. numen aliquod: *i.e.* some supernatural power.

7. comes: *i.e.* in his 'retinue'; for the use cp. Juv. iii. 47, "nulli comes exeo".

9. Africam: *i.e.* that she was Africa.

27. imago: the reminiscence of the phantom seemed to flit before their eyes, and their terror lasted longer than its cause.

42. auribusque praetendere: grammatically animum is also object of praetendere, but it can hardly be taken literally: the whole phrase = strengthened his resolution and deadened his ears by its help.

72. Caro: *i.e.* Metius Caro the well-known delator: see note to Tac. Sel. I. line 26.

73. summittere capillum: let the hair grow: it was the Roman custom for the accused to appeal to the pity of the jury by coming in black, with untrimmed hair and general appearance of misery (cp. Cic. *de Orat.* i. § 228, seq.): Juv. talks of "squalorem rei" (xv. 135).

V.

6. eluctatusque: struggling through the whirlpool of its own making it widens out, &c.

15. Iucundum: it is pleasant for those who are sailing up and down merely for sport and relaxation to work and rest by turns, according as they have changed their course (*i.e.* work against stream, and rest while drifting with it).

18. adnumerat: counts as her own.

VI.

4. fossa exhaustus: though its flow is checked by the ditch.

10. velut invitatus: the meaning seems to be that the Anio is so charming a river that it is courted and detained by the villas on the banks, rather than that the Anio, like a voluptuary, seeks the society of the villas: either meaning of *delicatissimus* is, of course, possible.

VII.

1. centumviri: a most important civil court dealing with questions of inheritance and adoption (see Sel. II. of Tac. line 38).

7. cum quodam: this is the reading of the Medicean MS., and is clearly preferable to *sedisse secum circensibus proximis equitem Romanum*, as the senate and equites had distinct places.

16. super eum: on the place above him on the lectus at the triclinium.

21. The old woman (according to the version of the story in Cic. *Tusc. Disp.*) was carrying a pail of water.

VIII.

8. Cp. with the whole description Shakespeare's account of the popularity of Coriolanus (Act ii. Sc. 1, 195, seq.).

19.
"Stalls, bulks, windows,
Are smothered up, leads fill'd and ridges horsed
With variable complexions, all agreeing
In earnestness to see him" (Shak. loc. cit.).

25. in singulos gradus: *i.e.* with each step of your advance.

28. monitore: more generally called 'nomenclator': a slave whose business it was to inform his master of the names of those who saluted him either in the street or attended the morning salutatio. According to Seneca the nomenclator kept a book for visitors' names.

33. latus crederes: *i.e.* without fear of personal violence.

42. deum ipsum: Keil (1870) added the word *patrem*, but he has since omitted it. The reference is to the adoption in 97 A.D. by Nerva of Trajan when the citizens were assembled on the Capitol before the temple of Jupiter, so that probably *deum* may be taken as = *Jovem*. The Panegyric seems to have been delivered in the autumn of 100 A.D. when Pliny was designated consul for the fourth time.

64. Eutropius records a saying of Trajan, "Talem se imperatorem esse privatis, quales esse sibi imperatores privatus optasset".

SUETONIUS.

I.

16. Ista quidem, 'you mean violence, then'.

17. For **aversum** many of the old edd. prefer *adversum*.

20. toga caput, so Pompey under similar circumstances, Lucan. *Phars.* viii. 613, "ut vidit cominus enses | Involvit vultus": **sinum** in next line means a fold of his toga.

25. Καὶ σὺ τέκνον: an inferior reading has also καὶ σὺ εἶ ἐκείνων: it is suggested that the καὶ σὺ τέκνον may refer to the intrigue between Caesar and Servilia (the mother of Brutus), but this is at once unpleasant and unhappy. It may be questioned whether Caesar in his dying moments would have used Greek, yet he was a master of the language. We do not know what the origin is of the more familiar 'et tu Brute' (which is not in Plutarch). Malone suggested that it came from a Latin play performed at Oxford (1582) and borrowed thence by Shakespeare (J. C. iii. 1, 77).

31. in Tiberim: as a malefactor's body dragged by an 'uncus' down the scalae Gemoniae. (See Mayor's note to Juv. x. 66.)

49. ad simulacrum, 'to represent' = *in similitudinem*.

54. omisso ordine: *i.e.* the *ordo* would be 'senate and magistrates: equites: soldiers: people by tribes' (Causabon).

57. Armorum iudicio: *i.e.* a Latin rendering of the Ὅπλων κρίσις between Ajax and Achilles: in the play the line is spoken by Ajax to Ulysses.

71. The MSS. *ad donum* is rather a strange phrase and has been variously emended (Roth retains it): besides *ad manum* there have been other conjectures—*ad munus, idoneum, odorum*.

76. For the **bulla** and **praetexta** cp. Persius, v. 30. (See Pliny the Younger, Sel. i. line 4.)

II.

2. secundarium panem: cp. the poet in Horace (*Ep.* ii. 1, 123) who lives "siliquis et pane secundo" and the contrast between the bread of the poor retainer and his patron (Juv. v. 67, seq.).

10. sabbatis: this may mean fast on sabbath days (which was not a Jewish custom) or more correctly refer to the two fast days in the week (δὶς τοῦ σαββάτου): the first may be what Suetonius meant, as the Romans were very ignorant of Jewish ways; as Causabon well says "fit enim persaepe ut ignoremus ea quae, etsi prope sub oculis geruntur exquirere negligimus": on the Jewish sabbath with relation to Roman superstition see Mayor's note on Juv. xiv. 96.

19. reiciebat sc. *evomebat*: for Caesar's custom cp. the description of his dinner with Cicero at Puteoli (*Ad. Att.* xiii. 52), where he seems to have eaten and drunk more freely "ἐμετικὴν agebat: itaque et edit et bibit ἀδεῶς". (See Mr. G. E. Jeans' note on the letter in his translation.)

24. retectis: would naturally = uncovered, but we should expect them to be covered: Suetonius sometimes affects a compound with *re* (which does not seem to alter the sense) as, *e.g.*, *remollitum, reposcente*.

36. Matutina vigilia: sc. 'early rising'.

59. et a memoria eius. Lipsius emends thus the unmeaning *etiam memoriam eius*: some edd. prefer *in memoria eius*, *i.e.* in the memoir of Augustus written by Marathus.

III.

1. Agrippa, *i.e.* Postumus Agrippa, son of Julia (Aug.'s daughter) and M. Vipsanius Agrippa (Aug.'s admiral and chief military adviser).

7. factum esse quod imperasset: a military formula: Tacitus (*Ann.* i. 6) gives the same words.

11. adlocutione: especially of an address of consolation: so Seneca (*Cons. ad Marciam*) "fatigatum amicorum adlocutione".

17. Gaium et Lucium: cp. Tac. *Ann.* i. 5, "Lucium Caesarem euntem ad Hispanienses exercitus, Gaium remeantem et vulnere invalidum mors fato propera vel novercae Liviae dolus abstulit". The relation of the persons mentioned may be seen from the following plan:

```
              1st      2nd     1st
        Scribonia=Augustus=Livia=Tib. Claudius Nero
             |                  |
        Agrippa=Julia    Tib. Nero(Emperor)=Vipsania(d. of Agrippa)
             |                                   |
  ┌──────┬───────┬─────────┬──────────┐       Drusus.
C. Caesar L. Caesar Julia Agrippina Postumus
                                  Agrippa.
```

25. mimo: I have adopted this conj. for the unsatisfactory *animo* of the MSS.

39. Clemens acc. to Tac. *Ann.* ii. 39; his plan was to rescue Agrippa from the island of Planasia and persuade the army in Germany to espouse his cause; but on hearing of his master's murder he determined to personate Postumus and to raise a rebellion: for Libo see Tac. *Ann.* ii. 27; he was grand-nephew of Scribonia (wife of Augustus), and so distantly connected (second cousin by adoption) to Tiberius.

44. praetorianis; cp. Tac. *Ann.* i. 17: the pay of the praetorians was two *denarii* (*i.e.* the smaller *denarius* which contained 10 *asses* and not that of 16 *asses*), that of the legionaries one; the regular term of service for the former was sixteen years, for the latter 20, but in their case the limit seems often to have exceeded ("tricena aut quadragena stipendia", Tac. loc. cit.).

70. in acta sua iuraretur: in 42 B.C. triumvirs swore to maintain the acts of Julius Caesar; in 24 B.C. senate ratified those of Augustus; it then became the practice to take this oath on the 1st of January each year (see also Furneaux's note on Tac. *Ann.* i. 72).

IV.

5. a calvo ad calvum: 'without distinction': the origin of the phrase seems doubtful, but it is said to have arisen from the fact of a bald man standing at each end of a row.

14. bestiarum more quadripedes: *i.e.* so bound as to have to go on all-fours.

22. catenis: a suggested reading is *catomis* 'on the shoulders' (*catomis caedi* occurs in the schol. on Juv. ii. 142).

24. Atellanae: see Sel. I. of Petronius, line 15.

47. Anticyram...elleborum: there were two Anticyras which produced hellebore (a medicine prescribed for madness), one in Phocis, the other on the Maliac Gulf: cp. Hor. *Sat.* i. 3. 83; Juv. xiii. 97. The third Anticyra (in Locris) did not apparently produce the herb but it was sometimes confused with the other two: so Hor. A.P. 300, 'tribus Anticyris caput insanabile'.

59. Oderint dum metuant: from the *Atreus* of Accius.

66. Utinam P. R.: a wish by some attributed to Nero.

68. For a description of these classes of gladiators cp. Juv. viii. 199, seq. (where see Mayor's notes).

75. clade Variana: see the Sel. of Velleius Paterculus dealing with this.

76. Fidenas: 20,000 had been killed by a fall of an amphitheatre there; for a description of the calamity cp. Tac. *Ann.* iv. 62.

V.

11. peracto principio: prob. the regular apologetic formula, 'Domini mei audite me libenter'.

16. publicare: cp. Tac. *Ann.* xvi. 4, "mox flagitante vulgo ut omnia studia sua publicaret (haec enim verba dixere) ingreditur theatrum, cunctis citharae legibus obtemperans".

16. Dubitavit an daret: the reading is doubtful; many editors retain *non dubitavit...dare*; but the appearance in some codd. of *daret*, and also *in privatis* suggested the reading here adopted, which is that of Gronovius.

29. prasinum: there were four factions (corresponding roughly to racing stables), and the chariots which represented them were distinguished by colours (white, blue, red, green); the last of these seems to have been popular, see Juv. xi. 198.

42. mappam: signal of starting dropped from above the carceres (Juv. xi. 193).

VI.

2. mensam subvertit: cp. Seneca, Sel. V. line 21.

10. Usque adeone. Virg. *Aen.* xii. 646, cp. Seneca Sel. XV. line 91.

14. **Aegypti praefecturam**: the meaning implied seems to be that Egypt was not a very important force; it is true that it was not one of the provinces to which legates of consular or praetorian rank were sent, but at any rate under Augustus it was jealously guarded (cp. Tac. *Ann.* ii. 59, and see Furneaux).

33. **Salariam et Nomentanam**: the latter was a branch from the former which lead into the Sabine district (=the salt road).

37. **proximis castris**: probably that of the praetorians though there were other castra (such, *e.g.*, as that of the cohortes urbanae).

46. **aversum**: a very probable correction of the MSS. *adversum.*

48. **se vivum**: this may be an allusion to Virg. *Aen.* iv. 564.

51. **decocta**: Pliny (N. H. xxxi. 5) says that Nero had his water boiled (to destroy impurities) and afterwards cooled with ice.

52. **traiectos...rasit**. Burmann objecting to this construction (yet compare Verg. *Aen.* v. 217) would read *per traiectos...repsit.*

79. ἵππων...βάλλει, *Iliad* x. 535.

VII.

20. **coronam...excidisse**: the technical term for this bad omen was acc. to Festus 'caducum auspicium' ("caduca auspicia dicunt cum aliquid in templo excidit").

30. **continere se**: *i.e.* remain at home.

46. **vester** = well disposed to.

52. **vexillatione**: here probably not of the veterans retained four years nominally, but often much longer 'sub vexillo' (as in Tac. *Ann.* i. 17), but of detachments of men (as in Tac. *Ann.* i. 38).

VIII.

18. **Threcum**: sc. gladiators, cp. Sel. IV. line 68.

24. **Vesvii montis**: 79 A.D. when Herculaneum and Pompeii were destroyed. Pliny *Ep.* vi. 16.

45. **pluribus legibus**: *i.e.* bring the same case on by means of a charge under a different law.

IX.

5. **Chaldaei**: see Petronius, Sel. III. line 33.

14. 'Enough to pour a libation on you at the sacrifice': the lines are from a poet Evenus: the σοὶ τράγε in the text is Roth's conjecture (the lines in the original being spoken by a vine to a goat): most edd. read Καίσαρε.

41. **arbor**: it was (Vespasian c. 5) a cypress tree which was

overturned on a windless day, but afterwards found growing as before.

43. To whom during all his rule he had been accustomed to commend each new year (*i.e.* on the Calends of January).

APULEIUS.

I.

1. In prose, beside the translation of the *Metamorphoses* into Elizabethan English by Adlington (1566), republished lately in the Tudor series with an introd. by Mr. Whibley, a beautiful modern translation of the marriage of Cupid and Psyche will be found in Mr. Walter Pater's *Marius the Epicurean*, while a discourse on the interpretation of the Cupid and Psyche myth by Mr. Andrew Lang is prefaced to the publication (Nutt. 1887) of that portion of Adlington's translation which deals with the marriage of Cupid and Psyche. The poetical versions by Mr. Robert Bridges and Mr. William Morris are well known.

9. **pietatis**: *i.e.* sisterly affection.

28. **palmulae**: probably, as Hildebrand says, 'Psyche's hand', and not any kind of artificial strop (Adlington in his trans. omits the phrase, as indeed he omits many others).

31. **aululae**: Hildebrand reads *cauculae*. Either will mean 'a small vessel' (MSS. *tabulae*). Adlington, who translates 'hanging of the chamber', must have mistaken the Latin or else had *aulaei* in his text.

81. **inquieta**: used adverbially.

II.

3. **ripisque longis**, MSS. *rupi longae*: Hildebrand has *rupisque*, and on the strength of Isid. Gloss, p. 693, he explains *rupa* as a rock 'ex utraque parte acuta'.

3. **summi vertices**: I incorporate Hildebrand's suggestion, as I agree with him that the MS. reading *imi gurgites* makes no possible sense: another conjecture is *imi gurgites vicino monte desiliunt*.

15. **mutuatae calorem**: Eyssenhardt's text is easier than Hildebrand's *flagrantia mutuata*.

23. *I.e.* the closeness of the brushwood prevents the animals getting through without the loss of some of their wool.

37. **rauca**: Lipsius' conjecture: Hildebrand suggests *pulla* as being closer to the MSS. *pauca*, and suiting the *Stygias paludes*.

40. **deferes**: for this future with imperative sense. cp. Hor. *A.P.* 385, and somewhat similarly *Sat.* i. 3. 74: in letter-writing it is common 'tu me amabis sicut amas'.

50. **exarto**: other codd. have *exerto* (*exsero*): Hildebrand in his note says that *exsero* does not mean to extend (*porrigere*), but to uncover (*nudare*): yet against this I think might be set Quintil. xi. 3. 88, "digitus......longius his partibus et liberius exseritur" (see Quintil. Sel. IV. line 32).

62. **optimi**: the more common reading is primi, which is to be taken in the sense of lord or prince.

65. **pocillatorem**: sc. Ganymede: Ovid. *M.* x. 155; Homer *Il.* xx. 232.

67. **diales**: sc. *caelestes*.

74. **completum aquae**: *completum* (if we retain this reading) is supine, and is followed by a genitive, as in Cic. *Verr.* 2. 5. 57, "completus mercatorum carcer". The codd. have *adreptum completamque* (*complexamque*): Eyssenhardt reads *complexa ungue*, which is hardly happy.

III.

1. Apuleius, having supped not wisely but too well at the house of Byrrhena, commits, as he imagines, a triple murder (really piercing some wine-skins): in the morning he wakes and repents of his crime, especially when he finds himself haled off to court: this is before he has been changed into an ass (from which event the book takes the more familiar title of the Golden Ass), a transformation which took place when he was desirous of becoming a bird.

8. **carnificem imaginabundus**: for this rare active use see Livy xxv. 13, "vitabundus castra".

12. **Chaldaeus**: see note to Petron. Sel. III. line 33.

21. **populum**: some edd. prefer *publicum*, but the meaning may well be as Hildebrand says—"cive undique confluentes effecerunt universum et conjunctum populum".

28. **circumforaneis**: cp. the taking round of the victims at the Ambarvalia: vide Virg. *Ecl.* iii. 77, Tibullus ii. 1.

29. **mediumque tribunal**: so Eyssenhardt, *i.e.* I am placed in front of: Hildebrand retains *eiusque*: some edd., to make the accusative easier, read *usque* (instead of *eius*).

39. **pericula**: *i.e.* in their desire to watch another man's danger (*i.e.* my own) they disregarded their own safety: I am not sure whether this is the sense which Eyssenhardt wishes his reading (as in the text) to have, or whether he takes *visendi* absolutely, and joins *pericula salutis* (risk to their own safety): perhaps, if the first interpretation be taken, it would be easier to read with Hildebrand *salutaria* (for the use cp. Tac. *Ann.* xv. 29), as otherwise the use of the genitive with *negligere* must be taken as an imitation of the Greek gen. with ἀμελεῖν, for which, though there are parallels with other verbs (*decipitur laborum*: *sermonis fallebar*: *regnavit populorum*: &c.), I can find no example.

43. vasculo: cp. the Greek use of the κλέψυδρα, and cp. Pliny *Ep.* vi. 2.

50. tot caedium lanienam: Hildebrand, *tantam*.

IV.

4. cum leve aliquid: cp. Lucretius' discussion of mirrors, iv. 150, seq.

8. Plato arbitratur. *Timaeus* 46 B, "And now there is no longer any difficulty in understanding the creation of images in mirrors, and in all smooth and bright surfaces. The fires from within and from without communicate about the smooth surface and form one image, which is variously refracted. All which phenomena necessarily arise by reason of the fire or light about the eye combining with the fire or ray of light about the bright and smooth surfaces" (Jowett).

AULUS GELLIUS.

I.

1. Chilum: one of the seven sages: to whom are ascribed the two famous sayings γνῶθι σεαυτόν (Xen. says this was the answer given by the Delphic Apollo to Croesus, vide Xen. *Cyr.* vii. 2. 20, seq.: it was an inscription on the Delphic temple: vide Mayor's note on Juv. xi. 27), and μηδὲν ἄγαν: he was contemporary of Pisistratus, and is said to have died of joy on his son winning the Olympian prize: for his prophetic remark about the island Cythera, cp. Herod. vii. 235; and for the fulfilment, Thuc. iv. 53-54.

38. Theophrastus (whose real name may have been Tyrtamus), was the successor of Aristotle, and head of the Peripatetic school: he wrote on scientific questions, but is perhaps best known to us by his series of Ethical Characters (though these are perhaps a later compilation made from his writings or lectures).

40. librum: *i.e. Ad Laelium de amicitia* (the quotation is from xvii. 61), either half of the full title serving as the name of the book: in it Laelius discourses on the subject of friendship (with especial reference to the death of his friend, Scipio Africanus minor) to his two sons-in-law. The criticism on Cicero is to a certain extent justified, as he frequently misunderstood or confused their writings: his quotations from them do not purport to be complete: he says himself "ἀπόγραφα sunt: minore labore fiunt" (on the whole subject, cp. Teuffel, vol. i. § 183).

54. rerum communitas: the well-known τὰ τῶν φίλων κοινά.

81. Theognis: there is a certain appositeness in the mention of Theognis as to judge from the remains of his lyric writings (Bergk. *Poetae Lyrici*), his remarks on friendship alone, perhaps, attain to any high moral excellence (vide l. 323 seq. in Bergk.).

81. Lucilius: circ. 148 B.C. Cp. Juv. i. 20 and Cic. *ad Fam.* xii. 16. Vide also note on Quintil. Sel. iii. 54.

II.

2. Tironiana cura: the freedman and amanuensis of Cicero, to whose diligence we mainly owe our collection of Cicero's letters: Gellius says elsewhere that Tiro wrote a life of Cicero.

3. Homines tenues: the quotation is from Cic. *Verr.* 2. 5. 65, §167.

5. cognitor = a person who vouches for the identity of another.

13. futurum: it might be said that the future participle with *esse* came to be looked upon as = an indeclinable future infinitive, just as there is a periphrastic form in the passive (the supine in *um* and *iri*).

36. Quadrigarii: both he and Antias were Roman annalists, who compiled a history of Rome down to their own day (*i.e.* time of Sulla): they were used and are quoted by Livy (vide xxv. 39, xxxvii. 48).

51. Laberius: a Roman of good birth (who was eventually compelled by Caesar to the indignity of appearing on the stage). His date was 107-44 B.C., and his great rival was Syrus (whom Caesar is said to have preferred). The mimes seem to have to a certain extent displaced the *fabulae Atellanae*, from which they differed in the absence of the regular stock characters, and the fact that the actors did not wear masks. Cic. *ad Fam.* ix. 16. 7, makes a comparison between the Atellanae and the mimes not to the advantage of the latter. For the *Atellanae*, vide note on Petr. Sel. I. 15.

III.

1. The view of *pedarii senatores*, which may be now said to be accepted, is that they were not without a right to speak, but were so low down on the list that they did not get an opportunity of using their privilege, and so could only signify their assent by assembling behind the speaker whom they wished to support ('pedibus ore in sententiam'). For their speaking, cp. Tac. *A.* iii. 65 "(ut) multique etiam pedarii senatores certatim exsurgerent foedaque et nimia censerent".

15. Menippea: Menippus of Gadara (circ. 280 B.C.) was the inventor of the medley of prose and verse dealing with all topics: at Rome he was imitated by M. Terentius Varro (116-27 B.C.), and in the silver age we have an example in the satire of Petronius. For Varro's treatment of these saturae, see especially Cruttwell, Hist. Rom. Lit., pp. 141, seq.

IV.

1. Seneca: cp. the criticism on him by Quintil. Sel. III. ad fin.

23. *i.e.* in the *Brutus* (15. 57).

41. The passage in Seneca to which Gellius refers does not appear in the works of Seneca we possess.

52. Sotericus: we know nothing of him, but it would seem that he was a maker of cheap and bad furniture.

V.

23. viginti quinque asses: in Gell. xxv. 12, we have an explanation, "si iniuriam alteri faxit, viginti quinque aeris poenae sunto".

23. taliones: the *lex talionis* is the 'tooth for a tooth' punishment: "sed iniurias atrociores, ut de osse fracto, non liberis modo, verum etiam servis factas impensiore damno vindicaverunt, quibusdam autem iniuriis talionem quoque adposuerunt" (Gell. xxi. 33).

24. cum lance et licio: for this method of searching for stolen property see Lewis and Short sub voc. *licium* (C); the *lanx* was a plate held in front of the face, the *licium* a belt round the abdomen.

57. The reading is doubtful, **ab aere dando** is not a very happy phrase: we have in the MSS. *ab adsiduis ab aere dando* and *ab assibus id est aere dando*.

VI.

40. The description of the σκυτάλη given here corresponds with that of Plutarch (Lysander).

50. Herod. v. 35 gives the story, though there we have no mention of the slave suffering from ophthalmia: Polyaenus says the words written were simply Ἱστιαῖος Ἀρισταγόρῃ Ἰωνίαν ἀπόστησον.

VII.

5. Vergilii: there were many adverse critics of Virgil: one of the severest is quoted by Macrobius (i. 24. 6) as expressing the belief that Virgil's desire to have the *Aeneid* burned was only natural: the attack made by Favorinus here is met by Scaliger and Heyne (Excursus 15), the latter of whom points out that Virgil was not aiming at exact description but poetical ornament.

7. So in the life of Virgil (attributed to Suetonius, but probably the work of Donatus), p. 22, "traditur cotidie meditatos mane plurimos versus dictare solitus ac per totum diem retractando ad paucissimos redigere, non absurde carmen se ursae more parere dicens et lambendo demum effingere".

23. **adolerent**: acc. to Suet.'s life the request was made to Varius, who with Tucca was Virgil's literary executor, the condition being (acc. to the life given by Servius), "ut superflua demerent, nihil adderent tamen".

35. From Pindar. *Pyth.* i. 40 (the Virgilian parallel is *Aen.* iii. 570), the παγαὶ πυρός are of course the streams of lava: ἁγνόταται is explained by Donaldson as referring to the use of sulphur for cleansing purposes.

www.ingramcontent.com/pod-product-compliance
Lightning Source LLC
Chambersburg PA
CBHW020758230426
43666CB00007B/746